教育部高等学校旅游管理类专业教学指导委员会规划教材

企业参展管理

QIYE CANZHAN GUANLI

◎ 张健康　编著

重庆大学出版社

内容提要

本书是教育部高等学校旅游管理类专业教学指导委员会规划教材中的一本,根据教育部《旅游管理类本科专业教学质量国家标准》组织编写。本书内容包括:参展是企业营销的利器、参展目标与计划、参展团队组织与培训、展前客户邀请与宣传、展品选择与运输、企业参展展台设计、现场工作与危机管理、参展商务接待与谈判、参展知识产权管理、参展后勤工作管理、展后客户跟进管理、参展效果评估。本书紧扣企业参展工作的主要脉络,注重基础理论和实务操作的有机结合,语言简洁易懂,逻辑条理清晰;对接行业实际,案例丰富典型,采用表格、图片呈现基础理论,强化教材的易读性、易用性,突出应用型人才培养导向;学习要求明确,术语运用准确,能够让人快速把握章节框架和脉络,厘清章节知识要点;课后思考题富有启发性和针对性,有助于学生和使用者把握和深化章节核心知识。本书既可作为高等学校旅游管理类专业教材,也可供会展行业从业人员参考使用。

图书在版编目(CIP)数据

企业参展管理/张健康编著. -- 重庆:重庆大学
出版社,2021.4(2025.7 重印)
教育部高等学校旅游管理类专业教学指导委员会规划
教材
ISBN 978-7-5689-2644-7

Ⅰ.①企… Ⅱ.①张… Ⅲ.①企业—展览会—管理—
高等学校—教材 Ⅳ.①F274-28

中国版本图书馆 CIP 数据核字(2021)第 063204 号

教育部高等学校旅游管理类专业教学指导委员会规划教材

企业参展管理

张健康 编著

责任编辑:史 骥 版式设计:史 骥
责任校对:邹 忌 责任印制:张 策

*

重庆大学出版社出版发行
社址:重庆市沙坪坝区大学城西路 21 号
邮编:401331
电话:(023)88617190 88617185(中小学)
传真:(023)88617186 88617166
网址:http://www.cqup.com.cn
邮箱:fxk@cqup.com.cn(营销中心)
全国新华书店经销
重庆正光印务股份有限公司印刷

*

开本:787mm×1092mm 1/16 印张:13.25 字数:325千
2021 年 4 月第 1 版 2025 年 7 月第 3 次印刷
印数:5 001—6 000
ISBN 978-7-5689-2644-7 定价:39.00 元

编委会

总序

一、出版背景

教材出版肩负着吸纳时代精神、传承知识体系、展望发展趋势的重任。本套旅游教材出版依托当今发展的时代背景。

一是落实立德树人这一根本任务，着力培养德智体美劳全面发展的中国特色社会主义事业合格建设者和可靠接班人。以习近平新时代中国特色社会主义思想为指导，以理想信念教育为核心，以社会主义核心价值观为引领，以全面提高学生综合能力为关键，努力提升教材思想性、科学性、时代性，让教材体现国家意志。

二是世界旅游产业发展强劲。旅游业已经发展成为全球经济中产业规模最大、发展势头最强劲的产业，其产业的关联带动作用受到全球众多国家或地区的高度重视，促使众多国家或地区将旅游业作为当地经济的支柱产业、先导产业、龙头产业，展示出充满活力的发展前景。

三是我国旅游教育日趋成熟。2012 年教育部将旅游管理类本科专业列为独立一级专业，下设旅游管理、酒店管理、会展经济与管理 3 个二级专业。来自文化和旅游部人事司的统计，截至 2017 年年底，全国开设旅游管理类本科的院校已达 608 所，其中，旅游管理专业 501 所，酒店管理专业 222 所，会展经济与管理专业 105 所。旅游管理类教育的蓬勃发展，对旅游教材提出了新要求。

四是创新创业成为时代的主旋律。创新创业成为当今社会经济发展的新动力，以思想观念更新、制度体制优化、技术方法创新、管理模式变革、资源重组整合、内外兼收并蓄等为特征的时代发展，需要旅游教材不断体现社会经济发展的轨迹，不断吸纳时代进步的智慧精华。

二、知识体系

本套旅游教材作为教育部高等学校旅游管理类专业教学指导委员会(以下简称"教指委")的规划教材，体现并反映了本届教指委的责任和使命。

一是反映旅游管理知识体系渐趋独立的趋势。经过近 30 年的发展积累，旅游管理学科在依托地理学、经济学、管理学、历史学、文化学等学科发展基础上，其知识的宽度与厚度在不断增加，旅游管理知识逐渐摆脱早期依附其他学科而不断显示其知识体系成长的独立性。

二是构筑旅游管理核心知识体系。旅游活动无论作为空间上的运行体系,还是经济上的产业体系,抑或是社会生活的组成部分,其本质都是旅游者、旅游目的地、旅游接待业三者的交互活动,旅游知识体系应该而且必须反映这种活动的性质与特征,这是建立旅游知识体系的根基。

三是构建旅游管理类专业核心课程。作为高等院校的一个专业类别,旅游管理类专业需要有自身的核心课程,以旅游学概论、旅游目的地管理、旅游消费者行为、旅游接待业作为旅游管理大类专业核心课程,旅游管理、酒店管理、会展经济与管理 3 个专业再确立 3 门核心课程,由此构成旅游管理类"4+3"的核心课程体系。确定专业核心课程,既是其他管理类专业成功且可行的做法,也是旅游管理类专业走向成熟的标志。

三、教材特点

本套教材由教育部高等学校旅游管理类专业教学指导委员会组织策划和编写出版,自 2015 年启动至今历时 3 年,汇聚了全国一批知名旅游院校的专家教授。本套教材体现出以下特点:

一是准确反映国家教学质量标准的要求。《旅游管理类本科专业教学质量国家标准》既是旅游管理类本科专业的设置标准,也是旅游管理类本科专业的建设标准,还是旅游管理类本科专业的评估标准。其重点内容是确立了旅游管理类专业"4+3"核心课程体系。"4"即旅游学概论、旅游目的地管理、旅游消费者行为、旅游接待业;"3"即旅游管理专业(旅游经济学、旅游规划与开发、旅游法)、酒店管理专业(酒店管理概论、酒店运营管理、企业参展管理)、会展经济与管理专业(会展概论、会展策划与管理、会展营销)的核心课程。

二是汇聚全国知名旅游院校的专家教授。本套教材作者由教指委近 20 名委员牵头,全国旅游教育界知名专家和教授,以及旅游业界专业人士合力编写。作者队伍专业背景深厚,教学经验丰富,研究成果丰硕,教材编写质量可靠,通过邀请优秀知名专家和教授担纲编写,保证了教材的水平和质量。

三是"互联网+"的技术支撑。本套教材依托"互联网+",包括线上线下两个层面,在内容中广泛应用二维码技术关联扩展教学资源,如导入知识拓展、听力音频、视频、案例等内容,以弥补教材固化的缺陷。同时,也启动了将各门课程搬到数字资源教学平台的工作,实现网上备课与教学、在线即测即评,以及配套老师上课所需的教学计划书、教学 PPT、案例、试题、实训实践题,以及教学串讲视频等,以增强教材的生动性和立体性。

本套教材在组织策划和编写出版过程中,得到了教指委各位委员、业内专家、业界精英以及重庆大学出版社的广泛支持与积极参与,在此一并表示衷心的感谢!希望本套教材能够满足旅游管理教育发展新形势下的新要求,为中国旅游教育及教材建设开拓创新贡献力量。

教育部高等学校旅游管理类专业教学指导委员会

2018 年 4 月

前言

参展是现代企业市场营销的重要手段。现代企业越来越注重把参展整合广告、公关等营销工具进行市场营销，推进产品的大流通、大交换，为客户、合作伙伴以及整个社会贡献经济价值和社会价值。在具体的实践方面，民营经济发达的浙江省中小企业越来越注重参展，依靠参展获得了70%的订单，实现了七成的产品销售，这是十分惊人的数据，也说明参展已经成为现代企业市场营销不可或缺的工具。而且，浙江省各级政府充分认识到参展对中小企业产品销售的重要性，提出"能展尽展，全力促展"的号召，积极扶持和推进省内的中小企业赴国内外参展。其他省份的政府也纷纷推进企业参展来拉动内需和外贸，企业参展蔚然成风，参展效果令人振奋。

随着会展教育的快速发展，会展专业毕业生的就业成为热点问题。行业生态链条之中，展会公司、会展中心的数量有限，能够提供的就业岗位也有限，难以消化众多高校培养出来的会展专业毕业生。而随着社会主义市场经济的蓬勃发展，作为市场主体的企业的数量爆炸性增长，其中中小规模企业数量接近3 000万家。企业参展激增带来了数量庞大的就业岗位，对懂贸易、会英语的会展专业人才需求上升，参展为会展专业的毕业生提供了就业的蓝海。因此，从就业的角度出发，会展经济与管理专业人才的培养应该从展会公司、会展中心等办展机构的视角转化为企业参展的视角，更加注重讲授企业参展过程的知识、素养和技能，培养服务企业参展的会展专业人才。鉴于此，企业参展管理课程和其教材的重要性就不言而喻了。

中国会展教育成果斐然，有目共睹。会展经济与管理专业的教材实现了从无到有，虽然其间存在着课堂理论与行业实践脱节、教材质量参差不齐等问题，但是也是一个从有到优的较快升级的过程。本次"教育部高等学校旅游管理类专业教学指导委员会规划教材"的编写，更是迈出了会展教材建设的一大步，必将实现会展教材建设质量的跨越式发展。

《企业参展管理》从企业视角出发，教程框架紧扣企业主体如何通过参展管理来取得理想的参展效果，知识内容讲述了从企业的视角指引阅读者如何开展有效的参展管理来推进订单的获得，既顺应中国会展人才的市场需求，又符合中国会展人才培养发展的定位和趋势。本教材根据教育部《旅游管理类本科专业教学质量国家标准》，积极吸纳时代精神和行业理念，努力构建企业参展管理的核心知识体系，语言简洁易懂，逻辑条理清晰；采用表格、图片呈现基础知识点，突出教材易读性和易用性；案例丰富，理论紧密联系实际，突出应用型人才培养导向;学习要求明确,能够让人快速把握章节框架和脉络,厘清章节知识点;思考题针对性强,有助于学生和使用者把握和深化章节核心知识。

　　本人任职的浙江外国语学院致力于培养具有"家国情怀、国际视野"的高素质应用型会展人才,十分注重会展专业高质量教材的建设。本教材的建设也得到了浙江外国语学院教材建设项目资金的立项资助。教材编写是一个厚积薄发的过程,本教材从提纲设计、章节编写到全书统稿,用了3年的时间。同时,教材编写也是一个博采众长的过程。本教材的编写既包括了本人长期的会展教学研究和积累的行业实践经验,也参考了众多同行的学术观点,本人在此衷心表示感谢! 另外,也要感谢重庆大学出版社的编辑们的热心帮助,正是他们的辛勤劳动,使本教材得以顺利出版!

张健康

2021 年 1 月

目 录

第1章
参展是企业营销的利器

【学习要求】

　　理解市场营销与展会的关系、理解参展是市场营销的重要手段、掌握展会的市场营销功能、掌握展会作为营销平台的发展特点。

1.1　市场营销与展会

1.1.1　市场营销与展会的定义

　　市场营销是运用展会、广告、公关等多种营销工具沟通、传播商品信息,实现商品交换,从而为客户、合作伙伴以及整个社会带来经济价值的活动。菲利普·科特勒认为:市场营销是个人和集体通过创造产品和价值,并同别人自由交换产品和价值,来获得其所需所欲之物的一种社会管理过程。市场营销的基本原理包括市场分析、营销观念、市场营销信息系统与营销环境、消费者需要与购买行为、市场细分与目标市场选择等;市场营销的基本实务包括营销战略、营销计划、组织和控制、产品策略、定价策略、渠道策略、促销策略、营销组合策略等。

　　市场营销是为客户创造价值并建立客户关系来实现企业赢利的过程,其基本的步骤是:首先,市场营销要基于企业对市场需求的理解,获取和维持客户;其次,企业要以客户为中心制定客户导向的营销战略,从长远上来考虑如何有效地战胜竞争对手,立于不败之地;再次,企业要注重市场调研,积极推行革新,在拥有大量有效市场信息的基础上,制订传递超额价值的整合营销方案,采用展会、广告、公关等手段,提升品牌美誉度和产品销售量,只有这样,才能在快速变化的市场环境中做出正确的决策,建立可赢利的客户关系并提升客户体验;最后,企业要引导和实现客户购买产品和服务,为客户创造价值,实现企业赢利,与此同时充分保障包括安全消费、了解消费信息、行使选择自由权、评价和诉说意见、索要损失赔偿、学习和得到教育等客户权益。在市场竞争日趋激烈和营销科技不断发展的背景下,市场营销呈现日新月异的局面,展会、广告、公关等营销工具的重要性越来越凸显。

展会、广告、公关等市场营销工具的实施需要多部门协调的团队作战(Team Work)。多部门协调的团队作战是指在市场营销中,要让技术开发部门根据客户的需要开发人们愿意购买的商品;让财务部门按照市场营销的需要筹集资金、供给资金;让生产部门在客户需要的时间内生产出客户真正需要的产品;让销售部门及时拿到合适的产品,采用客户喜闻乐见的方式,向有需求的客户进行销售。经过这样一个过程,技术开发、生产、财务和销售等部门就能结合起来,共同为促进商品的销售而运作,从而达到整体协作的营销效果。

展会、广告、公关等市场营销工具的实施需要开展整合营销传播(Integrated Marketing Communication,IMC)。整合营销传播是营销传播的一元化策略,是指将企业市场营销有关的一切传播活动一元化的过程。整合营销传播一方面把展会、广告、促销、公关、直销、CI、包装、新闻媒体等一切传播活动都涵盖在营销活动的范围之内,另一方面则使企业能够将统一的传播信息传达给客户。整合营销传播的中心思想是通过企业与客户的沟通来满足客户需求的价值,并确定统一的促销策略,协调使用多种不同的传播手段,用"一个声音说话(Speak with One Voice)",同时发挥不同传播工具的优势,实现促销宣传的低成本化,以高强冲击力形成促销高潮。随着新媒体的兴起和媒介融合的不断发展,营销技术导致企业市场营销生态发生巨变,营销环境的复杂化和营销手段的多样化,也要求企业采取整合营销的方式传播。21世纪,唯有变化和创新才是时代潮流。

1.1.2 营销组合与展会

1) 营销组合的定义

营销组合是指企业针对目标市场的需求和企业的营销目标,对自己可控制的产品(Product)、价格(Price)、渠道(Place)、促销(Promotion)这4个营销因素进行优化组合和综合运用,从而更好地实现营销目标。由于产品、价格、渠道、促销4个英文单词的开头字母都是P,故简称为营销4P组合(图1-1)。

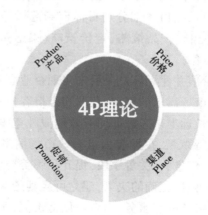

图1-1 营销4P组合

企业在市场营销过程中会不断优化组合和综合运用营销4P组合,注重产品研发,形成新颖的功能和独特的卖点,把产品的功能诉求放在第一位;会根据不同产品的市场定位和品牌战略,制定不同的价格策略;也会积极培育和发展销售网络,构建适应竞争需要的渠道;同时积极采取包括展会、广告、公关等营销工具来实施促销,并广泛宣传产品、品牌和企业形象,以实现企业的营销目标。

2) 展会与广告差异

在这里,展会和广告是企业营销最常用的两大工具,是现代企业营销的"两轮",它们相互配合,相互促进,既分立又融合。不过,展会、广告两者具有明显的差异(表 1-1)。

表 1-1　展会与广告的差异

分类	展会	广告
表现形式	展览、会议、活动等	电视广告、报纸广告、网络广告等
媒介运用	线下	线上
目标受众	批发商	终端消费者
营销形式	推式营销	拉式营销

在企业营销的框架下,讨论展会与广告的差异,能够让我们更好地认识展会、广告与市场营销的关系,便于企业在不同的宣传目标下选择正确的营销手段。展会是企业营销中的线下形式,是主要服务于 B2B(Business to Business)的营销方式;广告是企业营销中的线上形式,是主要服务于 B2C(Business to Customer)的营销方式。展会的主要表现形式是展览、会议、活动,其核心要素是参展企业与专业买家之间进行面对面的实物展示、信息交流等,展会是现代企业线下的主要营销方式。广告的主要表现形式是电视广告、报纸广告、网络广告等,大部分广告借助大众媒体在生产商与终端消费者之间开展产品信息传播,广告是现代企业线上的主要营销方式。线上营销的主要表现形式是电视、报纸、广播、杂志、互联网、电影院、户外七大媒介广告,主要依靠不断重复播放取得营销效果。线下营销的主要表现形式是展览、会议、活动,以及通过店面管理、促销活动、团队管理、公关、促销等手段为客户提供类似"一对一"的个性化品牌宣传和产品助销服务。展会的面对面交流沟通、观看实物展示、亲身实地体验、商务考察等线下形式具有更好的交互沟通性,能够很好地促进沟通目的和交易目标达成。

展会因为其空间的局限性和单位沟通成本的高昂性,更适合专业买家。企业通过争取专业买家的大批量采购订单来实现企业的营销目标,而专业买家的采购使得参展企业的产品能够高效进入流通渠道,这主要属于推式营销。而广告因为传播科技的发达性和单位沟通成本的低廉性,更适合终端消费者,其通过激发消费者的购买行为来实现企业营销的目标。而终端消费者的需求拉动了中间商向生产商采购产品来销售牟利,这主要属于拉式营销。推式营销是指生产商将产品经由中间商推入销售渠道,最后到达终端消费者手里,走的销售路径是"生产商—中间商—终端消费者"。拉式营销是指生产商通过营销手段吸引终端消费者,终端消费者向中间商提出购买需求,中间商为满足这些需求而采购生产商的产品,走的销售路径是"生产商—终端消费者—中间商—终端消费者"。需要指出的是,因为展会也有针对终端消费者的,广告也有针对中间商的,所以上述情况不是绝对的。

为了适应残酷的市场竞争,展会已经成为企业营销不可或缺的新工具。值得说明的是,展会营销和广告营销在产品的交易模式上是不同的。一般来说,通过展会购得的产品是获得订单后再进行生产的,销售模式类似期货模式,即没有事先生产出来的产品。而广告上的产品是生产出来后再进行销售的,销售模式类似现货模式,即有生产出来的产品。不同的销售模式使企业所承担的风险也不同。展会销售模式所带来的风险相对来说要小于广告销售模式带来的风险。近几年来,展会越来越受到企业的欢迎,企业在参展上的营销投入呈现井喷式的增长。当然,在现实的市场营销运作中,企业会采取展会和广告并用的营销策略,一般是"展会在前,广告在后",即先把产品推入销售渠道,然后再投放广告拉动销量,既对中间商用力,又对终端市场用力。

3) 线下展会和线上广告整合

提到线上营销和线下营销,很多人马上会想到O2O(Online to Offline)。O2O是指将线下的商务机会与互联网结合,让互联网成为线下交易的前台,这个概念最早来源于美国。但其实对O2O的概念我们可以做更宽泛的理解,只要产业链中既涉及线上,又涉及线下,就可统称为O2O,也就是不管是"Online to Offline",还是"Offline to Online",都属于O2O概念的范畴。总的来说,线下实体展会和线上营销工具的整合运用,都可以纳入O2O范畴。

O2O模式的出现是展会不断适应互联网技术快速发展的结果,是展会的影响力从线下向线上延伸的过程,也是展会借助互联网技术的发展创新。O2O模式使展会成为一个检验企业商业模式、营销能力、行动力以及操作能力的重要场景。展会的O2O模式需要特别注重主题体验设计,使线下展会有趣、好玩,让展台成为拍照的地方,让广告成为客户的日常话题,实现"传播+客户+体验+口碑"的结合。线上营销和线下营销概念中的"线"不仅包括互联网,还包括报纸、电视、广播等大众媒体。营销传播中提及的"线上线下":一是指在企业营销的某个环节或活动中,是否利用大众媒体工具;二是指营销手段的类型。而广告是典型的线上营销工具,侧重于B2C;展会是典型的线下营销工具,侧重于B2B。线下展会和线上广告的整合运用,对企业营销目标的实现具有重要意义。

目前,70%以上的品牌沟通是在线下完成的,即通过观看实物展示、面对面交流沟通、亲身实地体验、商务考察等来完成,这些线下形式实际上可以纳入展会的环节,属于展会的范畴。展会虽然主要是线下形式,但在运作过程中也会运用线上工具,线上工具是展会营销的补充和延伸。线下的营销工具有其特殊性和独特功能,与线上营销工具相互不可替代,因此两者呈现协同发展的态势。随着营销传播行业的不断发展,对展会、广告的狭义界定已经不能很好地反映行业发展状况,业界把线下营销主要视为"展会",把线上营销视为"广告"。线上营销与线下营销,或者说广告营销和展会营销两者之间在市场营销中是互补关系而非竞争关系。而客户可以通过线上了解展品特点,深化自己对产品的认知,然后到线下与企业进行更为深入的交易细节探讨,从而提高交易效率。

1.1.3　参展是市场营销的重要手段

参展是现代企业进行产品销售、市场调研和激发潜在需求的重要手段,展会各个环节的运作都有市场营销的典型特征。

展会是企业产品销售最为有效的营销手段之一。为了有效地组织产品销售,把生产的产品大规模地销售出去,企业必须在市场营销中寻求最有效的营销工具。市场营销原始动力在于促进产品销售,究其核心来说,市场营销是引导商品或劳务从生产者流向消费者或使用者的一种企业活动。通过产品销售,企业将生产的商品推向消费者领域,从消费者那里获得货币,以便对商品生产中的劳动消耗予以补偿。

企业是为了提高人们的生活水平而采用先进生产和组织方式进行社会化生产的产物。在资源短缺的经济中,企业通过在一定程度上实现资源集中和生产专业化,能够利用规模经济规律来提高生产效率,创造和传播新的生活标准。而产品销售是提高生产效率的最终环节,即通过这个环节把企业生产的产品转移到消费者手上,满足消费者的生活需求。此外,为了保持生产经营的连续,企业转让产品给消费者的同时赚取货币,以便更好地提高生产效率。通过产品销售,让商品变为货币,可以为企业补充和追加投入生产要素,而企业因此也获得了生存和发展的条件。产品销售对企业生存和发展也十分重要,企业总是尽最大努力来加强产品销售职能,因为一旦出现销售困难,企业就会面临经营困难的局面。

在当前大众媒体和新媒体数量爆发性增长、受众大量流失和注意力稀释、传播成本居高不下、传播效果越来越差的背景下,参展成为企业的不二选择,越来越多的企业把大比例的营销费用投入到参展中。而展会的两个最基本特点——“实物展示”和“面对面交流”,能够帮助企业大大提升产品销售的效率,达成营销目标。

【案例】

以民营经济为主的浙江省,其各级政府认识到参展对中小企业产品销售的重要性,提出了“能展尽展,全力促展”的号召,积极扶持和推进浙江省中小企业赴国际国内参展。这一举措取得了显著的效果,其中浙江省中小企业70%的订单是靠参展获得的,而展会也帮助浙江省中小企业实现了70%的产品销售,这是一个十分惊人的数据。

这个案例说明,展会是企业现代市场营销不可或缺的工具,参展是企业进行产品销售最为有效的营销手段之一。

展会是企业开展市场调研的法宝。为了做好产品销售,企业在市场营销过程中需要借助展会开展市场调研。诸多因素会对潜在客户的需求产生影响,例如居民收入的增长会使人们逐步放弃对低档、过时商品的消费,随之将购买力转向档次较高、新颖的商品。一种商品如果价格过高,许多人会认为消费它不合算而很少购买它,但当它的价格下降时,人们就会产生消费合算的念头,愿意多购买、多消费。潜在客户对一种商品的购买欲望从来就是不稳定的。购买欲望的变化必然影响购买力的支付方向,导致市场需求的变化。面对这种变化,生产者和经营者如果缺乏信息,在变化发生以后就会处于被动状态。因此,为了有效地实现产品销售,企业营销经理需要经常研究市场需求,弄清楚谁是潜在客户,客户需要什么样的商品,为什么需要、需要多少、何时何地需要等问题,并且需要研究本企业在满足客户需求方面的合适性,研究可能存在的销售困难和困难来源,相对应地制定满足每一个客户需求的市场营销策略。而展会的举办,为企业市场调研提供了宝贵的契机。展会举办时,大量的参展企业和专业买家聚集在有限的场馆空间内,其中参展企业展示的最新产品反映着行业发展的最新趋势和动态,专业买家的采购反映着市场的最新需求。因此,企业营销人员可以在展会开幕期间,大量接触自己的客户和观察竞争对手,进行最广泛和有效的市场调研。

企业展会营销不仅可以满足消费者现实需求,还可以激发其潜在需求。消费者普遍存在着"潜在需求",即由于某些原因,消费者在短期内不打算购买商品来满足自己的需求。潜在需求的客观存在是由消费者生活需要的广泛性和可扩张性决定的。潜在需求实质上就是尚未满足的客户需求,也从侧面说明产品在提高人们生活水平方面还有开发空间,是企业通过市场营销工具可以开拓的市场中的"新大陆"。企业既要满足已经在市场上出现的现实客户需求,也要争取那些有潜在需求的客户,提供满足潜在客户需求的商品和服务。企业要研发和制造某些可以让客户买得起、可放心使用的产品,并提供周到的售后服务,解除客户的后顾之忧,让他们建立起购买合算、消费合理的信念,从而将其潜在需求转变成现实需求,把潜在客户转化为现实客户。这就是创造市场需求的过程。展会通过实物产品的直观展示和面对面有效沟通,能够最有效地激发客户的潜在需求,满足人民日益增长的物质和文化的需求。

中国会展业快速发展的根本推动力是企业市场意识的转变和参展需求的快速提升。在市场竞争日趋激烈的环境下,展会成为企业营销的法宝。有资料显示,与以往营销费用主要投向广告的情况不同,近几年,参展成为企业营销费用的主要新流向。20 世纪 90 年代,大多数企业不太有参展意识,参展费用占企业营销费用的比例很低。进入 21 世纪后,参展支出在企业营销费用的比例直线上升,并保持迅猛的增长势头。

1.2　展会的市场营销功能

展会是展览、会议、活动等集体性活动的简称,是指在一定地域空间内,由数量众多的人员集聚在一起形成的,通过定期或不定期的产品展示、信息交换、贸易洽谈、新品发布等方式进行的集体性、和平性的物质、文化交流活动。

对于展会的这个定义,可做 4 个方面的深化解读。

第一,展会一般在一个在特定的空间内进行。这个限定的空间可以是会展场馆、会议中心、会议型酒店,也可以是室外场地等。限定的空间使人们的聚集成为现实。人们在这样的限定地域空间内聚集,实现信息的密集交流。在这个限定的空间里,专业买家可以对展品进行近距离的"望闻问切",虽然有时候行程万里,花费巨大,但是百闻不如一见,只有在看到实物和面对面洽谈的基础上,买家才会对某个商品进行大批量的订购。而展会正是在一个特定的时空内搭建了这样一个平台,服务于参展企业和专业买家。

第二，展会是由众多个体集聚在一起形成的活动。展会不是简单的个体行为，而是一种集体性、大规模的物质、文化交流活动，参与主体包括办展机构、参展企业、专业买家、服务提供商、会展场馆等。其中参展企业、专业买家数量庞大，往往数以万计。办展机构也是千方百计邀请企业参展，邀请专业买家采购，力求使自己的展会成为行业的风向标和领航者。随着世界经济的一体化和全球化的发展，现代专业性展览和博览会的规模越来越大，实现了强大的人流、物流、信息流的汇集，而其中人是最活跃的主体，是展会运作中最值得关注和研究的对象。研究好了人，服务好了人，展会的举办也就会成功。

第三，展会通过产品展示、信息交换、贸易洽谈、新品发布等方式进行营销。展会是立体化的，往往包含会议、展览和活动等多种形态、多个项目，并且总是努力实现展示、信息、贸易、发布这四大功能。我们常常可以看到，办展机构在展期内为参展企业举办配套活动，使展会呈现出立体化、多样化的内容。办展机构总是积极地借助展示、信息、贸易、发布这四大功能，满足参展企业和专业观众的需求，而参展企业也越来越注重通过产品展示、新品发布提升企业形象，以及通过参展收集市场信息，从而服务于企业的长远发展和战略实施。

第四，展会是进行物质、文化交流的集体性、和平性活动。展会不仅能够满足人们的物质需求，而且能够满足人们的文化需求。参展企业、专业买家来自世界各地，不仅带来丰富多样的商品，还带来各种不同的文化，从而在展会参与过程中实现了物质和文化的交流。展会也为人们提供了一个平台。人们通过这样一个集体性的和平聚会，使自己能在较短的时间里高效率地实现经济、政治、文化的交流，或者说是满足了物质需求和精神需求。这种集体性活动往往能传递商品信息和科技信息，以沟通产销、促进销售为主，同时融合举办地的传统文化特色，在物质交流的同时促进文化交流，在繁荣经济的同时实现不同文化的交流、交融，有利于促进世界的和平发展。

展会是企业营销的最重要的工具之一，展会的市场营销功能主要为产品展示、贸易洽谈、信息收集、新品发布等。

1.2.1　产品展示

产品展示是指把产品向客户进行详细展示，包括产品的规格、款式颜色等所有详细的信息。产品展示主要是实物展示，也可配合以虚拟展示。实物展示是指参展企业用实体产品进行展示，这些产品往往属于创新产品，或是符合发展趋势的最新产品。产品展示最直接的方式就是将产品实体展现在客户面前，这是展会最常规的呈现形态。虚拟展示是指企业通过一定的媒介，包括电视、报纸、杂志、网络等媒体，对产品进行视频和图文形式的展示性传播。随着科技的发展，智慧展示科技也越来越多地运用于产品展示之中。

展会具有强大的产品展示功能。实物展示是展会的本质特点之一。展品一般是实物形态，在没有实物的情况下也可以是具象的模型。参展企业通过声、光、电等高科技手段，精心设计展台来提升自身形象，再配合各种宣传手段、公关活动和促销活动，使企业的理念和品牌形象得到最有效的宣传，使客户在最短的时间里了解企业的产品的特点，从而开展高效的贸易洽谈和商务合作。通过产品展示，参展企业让自己的产品经受市场的检验，以便加大投入，生产适销对路的产品，淘汰不受市场欢迎的产品。

产品展示还能够提升企业形象。企业形象是指人们通过感知企业的各种标志而建立起来的对企业的总体印象,它是社会公众与企业接触交往过程中所感受到的总体印象。著名品牌专家 Keller 对企业形象所下的定义是:消费者在记忆中通过联想反映出对组织的感知。在产品展示过程中,企业可以突出展示产品质量、性能、价格以及产品设计、外形、名称、商标和包装等形象,也可以展示服务态度、职业道德、进取精神等企业文化。

1.2.2 贸易洽谈

贸易洽谈是买卖双方为了达成交易而进行的商谈活动,或是为了解决买卖双方的交易条件分歧,并取得各自经济利益的一种沟通谈判活动。贸易洽谈是在商品经济条件下产生和发展起来的,它已经成为现代社会经济生活必不可少的组成部分。展会中各种交易和合作的达成,都离不开贸易洽谈。专业买家的云集,为参展企业带来了大量的贸易机会。

中介性展会是展会最主要的形态,也是会展经济与管理专业学习的重点对象。贸易洽谈功能是中介性展会的核心功能之一,面对面交流是展会的本质特点之一。贸易洽谈是展会现场面对面的交流和沟通,这是一种达成一致意见最为高效的洽谈方式。面对面的贸易洽谈形式主要以语言表达信息,同时用表情、姿势来补充、强化、修正语言的不足,可以使传者与受者共聚一堂,直接沟通,及时反馈信息,产生亲切感,从而增强洽谈的效果,达成贸易成交。根据实际调查,大多数参展企业认为,面对面交流是他们达成营销和战略目标的关键。

谈判双方通过一定的语言、文字或肢体动作、表情等表达手段,将贸易信息传递给其他洽谈参与者,并在交流过程中有及时的信息反馈,很好地促进了传送者和接受者双方对交流信息的一致理解。在贸易洽谈中,参与双方往往精神集中、表情自然,时而与对方交流目光,时而嘉许点头,或用微笑来表示乐意倾听,或相互提出一些富有启发性的问题。因此,谈判双方能够非常有效地讨论产品的成本、效率和效益等话题,以便互利共赢,拓宽思路,实现交易的达成。

1.2.3 信息收集

知己知彼,百战不殆。收集行业和竞争对手的信息是企业参展的重要目的。信息收集是指通过各种方式获取所需要的信息。信息收集是信息得以利用的第一步,也是关键的一步。"信息就是财富""信息就是金钱"。信息收集工作的好坏,直接关系到整个信息管理工作的质量。通过参加展会,参展企业可以在很短的时间内与目标客户进行直接沟通,较全面地收集到各类市场信息,从而更好地把握行业的竞争态势和未来发展趋势,为企业制定下一步发展战略提供比较可靠的依据。参展企业信息收集的重点包括:客户对相关产品的需求变化;行业的最新技术以及本企业的掌握水平;同类产品的生产及销售情况和本企业产品的竞争优劣势;到访客户名录及业务洽谈情况等。这些信息对企业准确把握市场潮流、抢占市场先机具有不可替代的作用。

展会现场是市场资讯和行业信息最为丰富的空间。为体现企业自身的实力,获得专业买家的青睐,提升行业影响力,参展企业展示的都是自己最新的产品。特别是行业龙头企业的展品,能够很好地体现行业发展趋势。而一个成功的展会就是应该反映行业发展的热点问题和最新趋势。展会的开展能够在较短的时间内聚集大量的物流、人流和资金流,这种物流、人流和资金流大聚集的必然结果是产生巨大的信息流(社会的发展其实就是物流、人流、资金流、信息流的加速的过程)。大型的专业展览大多具有丰富的商业情报和行业趋势信息,行业龙头企业最新的产品、技术、成果会给其他参展企业带来极大的市场引领和参考价值。只有准确把握行业发展趋势和方向,企业才能立于不败之地。

1.2.4　新品发布

新品发布一般是推出企业的年度新产品或者是具有较大创新的产品。对企业而言,举办新品发布是参展企业联络、协调客户关系的重要手段之一。在展会期间,参展企业抓住专业买家云集展馆的契机,将相关客户或者潜在客户邀请到一起,在特定的时间里和特定的地点内举行新品发布,针对自己的最新产品或专利进行介绍并宣传,让自己最新研发的产品闪亮登场,吸引行业的目光,提升企业的影响力。新品发布中的产品展示及其互动环节,往往颇具观赏性和冲击力,能够吸引各界媒体的关注。新品发布会往往会邀请知名人士为发布会驻场,为新产品代言。请知名人士为产品代言,是要让大众对明星的注意力转移到发布的产品上,从而提升产品和企业知名度。

在经济全球化和信息网络化的今天,新品发布是经济和贸易活动的核心和关键。最新研发的产品往往是消费者不了解、不熟悉但又充满期待的,在这个时候,将这些创新产品进行发布,在特定的展会中闪亮登场,会吸引大量专业观众和普通观众前去参观,大众媒体也会纷纷报道其靓丽的外观和酷炫的配置,使其在市场中得以迅速推广。处于领导者地位的企业都把展会作为自己发布新产品的重要平台。在展会举办期间,不仅自己的客户会来参会,同时行业的专业买家、媒体等都会聚集在场,此时举办新品发布,成本低,效率高,能够事半功倍。所以,在参展的整个过程中,企业可以围绕新品发布,调动广播电视或报纸杂志等广告媒介以及展台设计、产品演示、现场解说等传播方式,最大限度地将新产品或新服务信息传达给受众,特别是老客户、潜在客户和新闻媒体等,使自己的新产品让更多人知晓。

展会的营销功能体现的是其经济价值。企业参展具有社会溢出价值,除了经济价值之外,企业参展还可以产生文化价值、政治价值和教育价值等。拿参展的文化价值来说,展会不仅仅是物质交流活动,同时也是文化交流活动。特别是国际性的展会,带来的国际文化交流使展会迸发出无限魅力。展会是各种社会文化、社会意识形态和价值观的载体,是不同文化相互交流与沟通的重要渠道。通过展会,我们不仅可以生动直观地向世界宣传介绍我国各地优秀的民族文化,还可以更好地学习外国先进的文明成果。每一个参加展会的国家或地区,都无不极力展示自己的传统文化,拓展与其他国家的文化交流,从而推进贸易往来。这有利于世界各国破除文化保守性与封闭性,推进对世界各国文化的认识和理解,加强各国人民之间的相互了解,增进各国人民之间的友谊。

拿参展的政治价值来说,展会是政治交往的重要方式之一,发挥着联结和促进国际与国内政治交流的作用。有人说,展会是离政治最近的活动。在国际层面,世界各国政府都十分注重利用展会创造主场外交机会,来提升国家形象和国际地位。世界重大的展会活动是各国领导人沟通国际政治事务的好机会,各国国家领导人往往会对主办国进行正式或非正式访问,直接或间接为双方国家带来巨大的贸易机会。在国内层面,通过展会可以邀请上级领导前来参加展会,创造与各级领导接触和沟通的机会,及时汇报成绩和请示工作,取得领导的肯定和赞赏,获得上级领导的支持和帮助,促进地方经济的发展。

拿参展的教育价值来说,展会是一所面向全社会普及科技知识的大学校。展会可以把抽象、复杂、深奥的思想、理论和知识转化为可视、可听、可触的直接形象,把理论性、知识性与艺术性、趣味性融为一体,从而能够更好地发挥教育价值。展会展出的是最新产品,可以说是社会政治、经济、文化发展的重要标志,观众可以通过参展弄清楚某类科学技术的发展状况,或者很快地掌握某些科学知识与技术。随着社会经济文化的发展和人民生活水平的提高,参观展会将成为人们消遣娱乐的主要选择之一。

1.3　展会作为营销的平台

平台经济(Platform Economics)盛行一时。这里的"平台"是指一种虚拟或真实的交易场所,平台本身不生产产品,但可以促成双方或多方供求之间的交易,收取恰当的费用或赚取差价而获得收益。展会的基础是真实性平台,同时也融合了互联网等虚拟性平台。展会作为营销平台,是指办展机构通过广泛的招展招商,在特定的时间里和在某个特定的场馆空间里,为某一特定商品类别搭建起交流平台。展会是企业市场营销的"航空母舰"。基于这个平台,大量的参展企业和专业买家聚拢在一起,吸引某一特定行业的信息、资金、商品、技术、人员,实现资金流、信息流、物流、人流的汇集,营造起某一产品类别独特的生态圈。办展机构不断吸收新的参展企业和专业买家进入展会平台,通过 365 天的服务增加客户黏性,并通过新技术不断赋能展会功能。展会是企业市场营销的平台,定量化、体验化、社区化发展特点鲜明。

1.3.1　定量化发展

"我知道我的广告费有 50% 被浪费掉了,但我不知道是哪一半。"这就是赫赫有名的沃纳梅克之惑。而当今世界,互联网时代的下半场已经到来,人工智能(Artificial Intelligence)、区块链(Block Chain)、云计算(Cloud Computing)、大数据(Big Data)等新科技纷纷登场。日新月异的营销科技已经取代社交媒体成为企业营销的新宠。只有参展效果可以被有效测量,因此展会才会获得企业主的青睐,公司才会大胆增加参展预算。办展机构纷纷向媒体传播自身展会的经营数据,而参展企业也越来越关注这些数据,要求对这些数据进行第三方审计和认可,把这些数据作为选择展会的依据。在此背景下,曾经被定义为定性产业的展会,如今正在变成一个定量的产业。

展会作为营销平台的定量化发展使得展会各层面的效果可以被测量。定量是与定性相对的概念。定量是指以数量形式存在着的属性,并因此可以对其进行测量。测量的结果用一个具体的量(称为单位)和一个数的乘积来表示。以物理量为例,距离、质量、时间等都是定量属性。定量指确定的量、有规定性的量、限定的量。因它有一定的限度而具有排他性,即是此量而非彼量。定性是指通过非量化的手段来探究事物的本质,其手段可以包括观测、实验和分析等,以此来考察研究对象是否具有某种属性或特征以及它们之间是否有关系。定量研究是指研究者事先建立假设并确定具有因果关系的各种变量,然后使用某些检测工具对这些变量进行测量和分析,从而验证研究者预定的假设。定性研究是指在自然环境中,使用实地体验、开放型访谈、参与性与非参与性观察、文献分析、个案调查等方法对社会现象进行深入细致和长期的研究;分析方式以归纳为主,在当时、当地搜集第一手资料,从当事人的视角理解人们行为的意义和人们对事物的看法,然后在这一基础上建立假设和理论,通过证伪法和相关检验等方法对研究结果进行检验。对定性研究来说,研究者个人背景以及和被研究者之间的关系对研究过程和结果的影响必须加以考虑;研究过程是研究结果中一个必不可少的部分,必须详细记载和报道。企业参展效果的研究需要基于定量研究,但是在定量研究的同时,也需要定性研究,定量、定性相辅相成。

展会作为营销平台的定量化发展,核心是对参展效果的关注。其中有一个重要指标就是投资回报率。投资回报率的英文为 Return on Investment,缩写为 ROI。投资回报率(ROI)=(税前利润/投资总额)×100%,是指企业从一项商业活动的投资中得到的经济回报。投资回报率是衡量一个企业赢利状况的指标,也是衡量一个企业经营效果和效率的一项综合性的指标。参展企业必须关注投资回报率。投资回报率能反映企业参展的综合赢利能力,且由于剔除了因投资额不同而导致的利润差异的不可比因素,因而具有横向可比性,有利于判断企业采用不同营销工具时业绩的好坏。此外,投资回报率可以作为选择营销工具的依据,有利于优化企业资源配置,得到预期的经济回报,更好地实现企业的营销目标。

1.3.2　体验化发展

体验经济(Experience Economy)是服务经济的延伸,是继农业经济、工业经济和服务经济之后的第四类经济类型,其强调客户的感受性满足,重视消费行为发生时的客户的心理体验。展会作为营销平台的体验化发展,是指参展企业以服务为重心,以商品为素材,为消费者创造出值得回忆的感受。传统经济主要注重产品的功能强大、外形美观、价格优势,体验经济则是从生活与情境出发,塑造感官体验及思维认同,以此抓住消费者的注意力,改变其消费行为,并为产品找到新的生存价值与空间。

在企业参展过程中,其展示的商品是有形的,服务是无形的。商品、服务对消费者来说是外在的,但体验是内在的,存在于个人心中,是个人在形体、情绪、知识上参与的所得。没有两个人的体验是完全一样的,因为体验是来自个人的心境与事件互动的感受。如果企业参展能够创造出令观众难以忘怀的体验,则必将是参展取得优秀效果的利器。

体验经济的灵魂或主观思想核心是主题体验设计,而企业参展的展台可以成为主题体验设计的重要场景,也是体验经济重要的展现空间。在体验经济中,"工作就是剧院"和"每一个企业都是一个舞台"的设计理念已在发达国家企业经营活动中被广泛应用。所谓主题体验设计是指在一个时间、一个地点和所构思的一种思想观念状态,从一个诱人的故事开始,在该题目上构建各种变化,把展品作为"道具",服务作为"舞台",展台作为"布景",使之成为一种独特的风格,使观众在光顾展台过程中产生特别美好的体验,甚至当过程结束时,体验价值仍长期逗留在脑海中。从观众角度来说,其参观展会是亲自到达展会现场,进入企业布置的展台,看到展台展出的实物产品,这里面的"道具""舞台""布景"一应俱全。企业应该把握展会作为营销平台提供的宝贵机会,在主题体验设计上下功夫,为观众创造美好的回忆、极深刻的体验、值得纪念的事件、爱不释手的产品等,以提供令人难忘的观展体验。

1.3.3　社区化发展

社区是若干社会群体或社会组织聚集在某一个领域里所形成的一个生活上相互关联的大集体,是社会有机体最基本的内容,是宏观社会的缩影。尽管社会学家对社区下的定义各不相同,在构成社区的基本要素上认识还是基本一致的。他们普遍认为一个社区应该包括一定数量的人口、一定范围的地域、一定规模的设施、一定特征的文化、一定类型的组织。社区就是这样一个"聚居在一定地域范围内的人们所组成的社会生活共同体"。其基本特点是:有一定的地理区域;有一定数量的人口;居民之间有共同的意识和利益;有着较密切的社会交往。展会作为营销平台,往往是一定的地理区域的较大客流的参展企业和专业买家的聚集;有着同一产品类别买卖需求的参展企业和专业买家大集中;他们之间有共同的产品意识和利益互补;为了达成交易能够形成较密切的社会交往的内在需求。办展机构把买卖双方聚集在一起,不仅可以在现实层面而且在虚拟层面推进展品相关的内容更新,积极促进买卖双方的信息交流和产品交易的互动,把服务周期从原先展会短短几天的展期延伸到了365天全年式服务。所以近些年,展会的社区化发展特点越来越明显。

专业性展会形成的社区,它在一定专业领域内相互关联的人群形成共同体及其活动区域,具有充沛的内在互动关系和共同文化维系力。"让展会具有社区意义"(Events as Communities)是包括贸易型展会在内的各种展会具有持续吸引力的核心武器。"让展会具有社区意义"要求办展机构把具有共同兴趣的访问者集中到一个空间,利用网站、社交工具等各种手段对线下活动进行时空拓展,达到成员相互沟通的目的,其实质就是 Online 和 Onsite 的无缝对接与融合。可分为现实、虚拟两个层面,其核心是不断生产和分享有价值的信息。只有线上、线下有创意的互动,才能给展会参与者创造良好的体验。

展会的社区化发展对企业参展意义重大。借助展会形成的社区,参展企业能够和上下游供应商、专业买家形成紧密的互动,不仅可以在展会举办期间的现实空间里进行,也可以在展期之外借助虚拟空间进行交流互动,共同促进产业发展和贸易往来。在这个过程中,现实展会是核心社区,网络虚拟空间是延伸社区,现实展会通过网络虚拟空间拓展了其影响力,大大增强了企业参展带来的市场营销效果。

思考题

1.简述展会与广告的差异。

2.如何进行线下展会和线上广告整合？

3.简述展会的市场营销功能。

4.论述展会作为营销平台的发展特点。

第2章
参展目标与计划

【学习要求】

了解影响参展决策的环境因素、掌握展会选择评估方法、掌握展会选择考量角度、理解展会选择的常见问题、理解参展目标的分类、掌握参展目标设定的常见问题、掌握参展SMART目标的设定、理解参展计划的内容、掌握参展预算的制订。

2.1 参展展会选择

2.1.1 影响参展决策的环境因素

企业在决定参展并制订参展目标与计划之前,首先要判断环境因素。影响企业参展决策的环境因素主要分为宏观环境因素和微观环境因素。

1) 宏观环境因素

宏观环境所包括的因素是企业本身以外的市场因素,并且基本上是企业自身所不能控制的,包括经济环境、政治法律环境、社会文化环境、人口环境、技术环境等。

经济环境是指影响观众购买力、参展意愿的各种经济因素。对经济环境的考察可预测和检验观众购买力、观展意愿。政治法律环境是由那些具有强制性的和对举办展会产生影响的法律、政府部门和其他压力集团所构成的,如政府对举办展会在消防、安保、工商管理和产品进出口等方面的严格要求。政治法律环境是举办展会的硬环境,企业在选择展会时需要重点考察。社会文化环境是指物质文化、关系文化、观念文化等。对社会文化环境的考察可预测和检验目标对象的喜好,帮助企业选择合适的展品和内容。人口数量是市场规模的重要标志,对人口环境的考察可预测和检验展会专业观众、普通观众的数量和质量。科学技术的发展深刻影响着企业的经营活动和方式,技术环境可对企业的参展思路、竞争模式、展会服务等提供决策支撑。

在诸多宏观环境因素中,拿经济环境来说,企业应首选经济发达的地区参展,其地区居民购买力相对较强,专业买家的采购需求大,参展的贸易机会相应更多。拿政治法律环境来说,企业应该选择政治稳定、法律环境友好的地区参展,其中特别要注意企业生产的产品在地区法律方面的差异。企业参展必须考虑人口环境,那些人口不断流失、市场需求黯淡的地区应该谨慎前往。许多跨国公司在参展决策过程中,往往会详细调研展会举办地人口的分布、结构,同时调研或者购买第三方数据分析产业及相关产业从业人员数量和结构,用以判断市场对展出产品需求的特点和发展趋势。因为拥有庞大的人口和市场需求,中国成了许多跨国公司参展选择的主要目的地。

2) 微观环境因素

微观环境因素是指对企业参展选择构成直接影响的各种因素,包括企业内部环境、目标客户、竞争者、营销中介、服务商等。

企业内部环境涉及企业财力、人力资源、经营状况、客户管理等众多指标。其中最主要的影响企业参展决策的是企业财力和人力资源。首先是财力因素。在下列情况中,参展企业可以考虑加大对展会投入的比例:参展企业有拓展、开发新市场的需要;参展企业的主导产品处于生命周期的早期阶段;产品具有高附加值、高技术含量的特点;现阶段市场较分散;参加的是行业领先的龙头展会。

企业参展需要做好统筹协调。第一是在营销经费上做好统筹安排,做好参展与其他营销工具在经费上的统筹平衡,实现营销效果的最大化;第二是把钱花在刀刃上,在参展过程中做到该花的钱必须花,不该花的钱坚决不花,合理开支每一笔参展费用。具体拿出多少营销费用参展,不同国家的企业具有很大的差异。在有"会展王国"之称的德国,企业平均将营销预算的 28% 用于展会;英国企业平均仅用 8%;美国经营高新技术产品的企业,一般将 30%~50% 的营销预算用于展会。

其次是人力资源。在决策阶段,也就是展出决定的阶段,参展企业必须考虑有没有充足的人力资源投入展会的筹备和展出工作。并且根据展出需要和人力做出相应的展出决策。展会的准备时间一般在一年以上,短的至少也要 6 个月,参展前需要做好合理的人力分配与协调,以确保最佳的展出效果。

企业参展人员主要分为后台、前台两类,工作性质与要求各有侧重。后台人员包括广告、公关、宣传、设计等不露面的参展辅助人员;前台人员包括在展台露面进行产品推销、技术展示、信息服务的人员。准备工作可以委托专业展会公司、公关公司、广告公司,即便如此,参展企业也需要有专人负责联系和监督。决策和展出内容等工作通常由参展企业自己负责。另外,展会工作的环节多、头绪复杂,工作的周期较长,牵涉的人员也很多,需要进行大量的协调、联络、管理工作。总之,展会工作的成功离不开全体人员的努力。

2.1.2 展会选择评估方法

企业在展会选择决策之前应收集本行业展会的相关资料,并依此进行评估,将评价结果作为展会选择的重要依据。展会的评估方法包括资料考察、实地考察。

1) 资料考察

资料考察是指通过对已有展会的二手数据资料分析、调研,进而形成展会选择评估。所谓二手资料是指现成的已有的资料,是一种间接了解展会信息的调研方式。展会二手资料包括行业认证、行业协会网站、展会官方网站、展会年度报告、行业期刊和大众媒体等。

在考察展会过程中,展会的行业认证成为越来越重要的评估标准。UFI(The Global Association of the Exhibition Industry)是迄今为止世界展览业最重要的国际性组织之一,经 UFI 认可的展会都是高品质的贸易型展会。展会要想获得 UFI 认证,就要在规模、效益、服务、质量、知名度等方面达到一定的标准。UFI 认证对展会的规模、办展历史、国外参展企业比例、国外专业观众的比例等都有严格的规定。

UFI 认证条件

①首先必须获得展会所在国家有关部门的认可,认可其为国际展会。

②直接或间接参展的外国企业数量不少于总数量的 20%。

③直接或间接参展的外国企业展出净面积比例不少于总展出净面积的 20%。

④外国观众数量不少于总观众数量的 4%。

⑤在具体接待服务方面,展会主办者必须提供专业的软硬件服务,展场必须是适当的永久性设施。

⑥所有相关申请表格、广告材料及目录必须使用尽可能广泛的外文,包括英语、法语、德语等。

⑦在展会举行期间不允许进行任何非商业性活动。

⑧以生产商、独家代理商或者批发商为限定服务目标,其他类的商人不允许参展。

⑨严格禁止现场销售展品或者现场买卖。

⑩展会定期举办,展期不超过两周。

⑪申请认可时展会最少定期举办过三届。

行业协会网站是获取展会质量信息的权威渠道。行业协会的官方网站会发布大量行业信息,展会尤其是专业展会往往会在这类网站上刊登广告,并且会有一些参加过该展会的企业在网站广告下留下评论。这些评论可以作为判断此类展览的专业性及效果的参考。同时,行业协会的官方网站还会实时刊登并更新各类展会信息,参展企业可以通过浏览这些官方网站间接地获取有价值的展会质量信息。

展会官方网站集聚着全面而详细的展会信息。参展企业可以通过展会的官方网站,快速了解、分辨出该展会的质量规模、品牌和效应。企业应重点了解以下 5 个方面的信息:主办方的介绍及联系方式;展会历史、历届展会资料(参展企业数量、观众人数和成交量);展会举办日期和地点、展品范围等;针对参展企业的各个项目(参展协议书、网上报名、招展书、外包服务等);观众网上预约登记、展馆周围交通等。此外,展会官方网站传递出的无声信息也暗示着展会品质的高低,比如网站制作的专业、精美和科技程度,可以体现展会的专业性。一个高质量的品牌展览绝对不会使用粗制滥造的网站。

展会年度报告大多由政府部门编制,并由权威性的年度展会汇编而成。因为资料的发布者是政府主管机构,因此可作为一种可信度较高的评估依据。展会年度报告内容一般包括展会简况、展会主要特色和服务项目、展会所在行业简况、展会合作机构、展会管理人员、展会成交数据、展会展览面积、参展企业和专业买家数据等信息。

行业期刊是企业参展的行业出版单位连续出版的刊物,内容丰富全面,具有专业性、针对性。行业期刊会用很大篇幅介绍行业内的展会信息,并主要针对专业市场进行信息传播,服务于办展机构招展招商。大众媒体的展会信息传播能够提升展会的社会知名度。展会的大众媒体信息主要集中在各类商业杂志、电视广告、互联网还有公众场所的海报等。参加展会正成为一种新的生活方式,特别是面向普通消费者的综合性展会,在各类商业杂志、电视节目上都会进行广告宣传。

2) 实地考察

"百闻不如一见""耳听为虚,眼见为实",实地考察是了解展会真实情况的最有效方法。企业参加一次展会的各类开支巨大,成本较高,相对而言,企业作为观众参加一次展会的成本较低。以专业观众的身份对展会进行实地考察是一种高效的展会评估方法。

展会实地考察要分步骤、分层次地进行。首先是粗略地看,考察展会规模、性质等整体情况,可以从现场情况和观众入手。一方面是考察展馆内的参展企业数量、特装展台规模和档次;另一方面是考察观众的数量和质量,观察观众的衣着是否正式、谈吐是否专业等。其次是观察展馆选择、展区划分和布局是否合理,这些都是体现展会主办方专业程度的重要依据。有些展馆在结构、地理位置上不适合举办某类专业展会,如有些贸易型展会在经济不发达或交通不便利的地区举办,其参展效果显然是达不到预期的。在整体感受展会概况之后,还要进行深入考察。其中一个重点是展会的科技含量和智慧化程度,包括展会网络营销、观众预登记、现场智能登记入场、资讯便捷发布管理、展台集客服务、多维度数据统计等,这些体现了展会的先进性和专业性。另外,展会的宣传布置,包括横幅、广告、展板及现场售发的材料,也可体现出展会的国际化、专业化水平。

实地考察的重要环节是现场访谈。在展览资料搜集不全面和信息不对称的情况下,对不同性质的展会相关者进行访谈是一种很好的补充方式。访谈主办方,可以获得最直接的信息和参展所需要了解的细节问题;访谈企业客户及同行,他们是展会的参展企业或采购客户,特别是实力强的客户,他们参加展会数量多,了解信息面广,可以给企业提供有效的参考;访谈行业协会,其掌握着整个行业的动态和发展,对展会情况比较了解,能够获得行业内较全面的信息。

考察人员的访谈身份和谈话内容需要提前准备,可以以专业买家的身份与参展企业交流展会相关的各类问题。访谈的内容可以围绕展会基本情况和参展感受展开。例如,对主办方的访谈,可以谈论关于本届展会的组展情况、参展人数、国际化程度,以及上届展会的参展人数和成交情况等;可与客户、同行讨论一些现场情况,如展会现场组织是否有序,主办方给出的专业观众和海外买家的数量是否名副其实等。通过对展会参与者的访谈,可以获得他们对展会情况的切身感受,能够更好地了解展会的实际状况。

通过资料考察、实地考察，企业可以充分了解展会的基本情况、品质与行业情况，包括主办单位与行业背景、展会的规模与历史、展览情况与专业特点、目标观众、参展企业构成、展出展品的展览效果、媒体的参与程度、展览的影响力等信息。在此基础上，进一步收集关于展会的行业评价，特别是该展会是否在行业中受到好评、能不能吸引权威单位和专业人士参与、有没有专业的展览服务等。在掌握较为全面的信息后，企业才能做出更准确的参展评估，但值得注意的是，选择展会应结合参展目标进行考虑，否则哪怕是一个评价结果为好的展会也未必适合本企业。

2.1.3　展会选择考量角度

展会选择的考量角度包括展会性质、展会效益、展会规模、展会举办时间和地点等。展会的选择要结合参展企业的实际，以参展目标为指导。在选择过程中，应结合展会性质、展会效益、展会规模、展会举办的时间和地点等综合判断。

1) 展会性质

展会按性质可分为贸易型展会、消费型展会和综合型展会。贸易型展会是企业与企业间的交流，主要服务形态是 B2B；消费型展会是企业与消费者之间的交流，主要服务形态是 B2C。以食品展会为例：贸易型展会是原料供应商与食品生产商，食品生产商与食品批发商之间的展会。而消费型展会则是食品生产商、食品批发商或食品零售商直接面对消费者的展会。综合型展会兼顾贸易型和消费型，这类展会往往在展期的前几天只对专业观众开放，进行 B2B 的贸易洽谈，以实现销售指标为主要目标；展会的最后两天（很多时候是周末），向社会公众开放，进行 B2C 的直接售卖，实现扩大社会影响的附带目标。

企业在选择展会时，可以根据展会性质结合本企业的展出产品选择展会类型。产品如果是产业半成品或原材料，主要客户是产业下游企业，企业应该选择贸易型展会。如果是终端消费品，企业选择展会还需要紧扣参展目标——为了获得更多订单，则应该选择贸易型展会；如果是为了零售，则应该选择消费型展会。企业在根据展会性质选择展会时，还要时刻结合自身参展目标：这个展会是否符合公司发展战略？能否实现参展目标？这个展会是否能满足企业的销售策略？能否增加现存市场的产品销售？能否推出换代产品？能否开拓新的市场？还是区域或纵向销售？如果能清晰地回答这些问题，那么就能更准确地做出是选择国际性展会还是地区性展会的决策了。

2) 展会效益

判断展会效益的具体指标有：展会成交量，参展企业和专业买家的数量、质量，以及办展机构的实力。展会成交量是指展会期间参展企业和专业买家签订成交合同、达成成交协议的数量。这是考察展会，特别是以成交为目的的贸易型展会最硬的指标。真实的展会成交量最有说服力，但要注意，部分展会可能存在着虚报成交量的情况。

参展企业的数量和质量不仅指参展企业的数量还有领袖型企业、龙头企业参展的情况。参展企业的数量可以判断展会的规模是否符合企业需要，参展企业的质量可以考察展会在行业内的影响。参展企业的数量和质量直接关系到展会的存亡,是考量展会的一个重要指标。专业买家往往是采购意图明确的中间商,对于贸易型展会尤其重要,专业买家的数量和结构能充分显示展会的经济效益和社会效益。能吸引大量专业买家的展会,必定是行业内各方面都比较成功的展会。以中国进出口商品交易会(即广交会)为例,每届都有几万名海外专业买家和批发商前来采购,已成为中国企业寻求出口机会和拿到外贸订单的重要平台。

办展机构实力是指展会承办机构的专业实力,包括主办机构、协办机构的权威性和影响力。中国办展机构由展会主办方、承办方以及协办方构成。主办方一般是政府机构或行业协会,承办方是展会实际的组织者和操作方,协办方是相关协同单位。主办方决定着展会的级别,如广交会的主办方是中国商务部和广东省人民政府,这证明广交会引起了足够的重视。承办方体现着展会组织的专业水平。目前像德国汉诺威展览公司、荷兰万耀企龙展览有限公司等国际会展公司纷纷加入中国,这些国际会展机构拥有丰富的办展经验和专业人才,其承办的展会具有高质量、高效益的水平。中国会展公司与国际会展机构同台共舞,既合作又竞争,国内的展会运作也有长足进步。中国会展公司凭借着对市场的深刻认知,举办展会的质量和水平也不逊于国际会展机构。

3) 展会规模

展会按规模可分为国际性展会、地区性展会和公司性展会。不同规模的展会所吸引的参展企业和观众也不同,都会影响企业的参展效果。国际性展会的参展企业和专业买家来自世界各地,反映世界科技前沿趋势;地区性展会则更多地吸引当地的和国内的买家,特别是一些规模不大的展会,目标消费者就是当地买家。

企业选择展会的依据,并不在于规模大小或是国际化程度,重要的是所选择的展会是否符合企业的参展目标。对于想获取订单以满足生产需求的中小企业,花费很高的成本参加国际性展会,成本与收益未必能相抵,也许参加客户多的地区性展会更能达成目标。以鞋展为例,中国目前大大小小的鞋类展会有十几个,其中规模最大、影响力最强的是中国东莞国际鞋展,参展企业多来自中国,买家则是来自世界各地的大品牌、大买家。在这个展会上,中国中小型制鞋企业不必走出国门,就能获得来自世界各地的订单和交易合同。中国东莞国际鞋展的成功,究其原因,是近年来中国快速发展的制造加工业和出口贸易,特别是制鞋这类密集型劳动产业,在中国有较广泛的产业基础。在国际上,三大知名鞋类展览之一的德国杜塞尔多夫国际鞋展,历史悠久,每年能吸引来自全球各国的 1 500 家参展企业进行品牌文化和企业形象展示。但对于中国大多数的中小企业而言,其发展阶段还停留在贴牌、加工阶段,缺少属于自己的品牌,其参展的核心目标是拿到订单,按品牌方的订单要求完成产品。因此,就参展目标来说,中国中小型制鞋企业没有必要花费高成本远赴德国,参加东莞国际鞋展更有利于实现企业参展目标。

4) 展会时间和地点

展会具有明显的淡旺季,一般来说,每年的 3—6 月和 9—10 月是展会的旺季,而每年的 7—8 月和 12 月—次年的 1 月是展会的淡季。展会的淡旺季主要是企业的采购周期使然。

企业在执行年度和半年度生产销售计划时，采购的需要形成了展会的旺季；同时，气候也是一个原因。在气候适宜的春季和秋季，便于参展企业和专业买家出行。另外，社会文化环境也是造成展会淡旺季的原因，如欧洲人普遍喜欢在每年的暑期外出度假，度假期间不会处理任何工作，这个时间点在欧洲市场举办展会效果不佳。就开幕时间来看，杭州西湖国际博览会（简称"西博会"）的开幕时间是每年10月的第二个星期，广交会的开幕时间是每年4月中下旬（春交会）和10月中下旬（秋交会），华东进出口商品交易会（简称"华交会"）每年3月1日在上海举行。当然，由于中国市场巨大，展会数量爆发式增长，而好的展馆数量有限，因此也会有在夏天或冬天举办的展会。

举办地也是企业选择展会的一项重要考量因素。成功的展会一般拥有区位优势或产业（市场）基础。区位优势，即展会举办地是地理位置优越、经济发达的地区。地理位置优越，便于人员的流动和物品的流动；经济越发达的地区环境越优越，基础设施设备、专业服务、社会治安能够保证展会成功举办。产业（市场）基础，即展会举办地是该行业的生产基地或交易中心。例如，中国的小商品交易会，全国虽有数十个甚至上百个同类展会，但最有影响力的当属中国国际义乌小商品博览会（简称"义博会"），虽然义乌不是经济发达的中心城市，没有很好的区位优势，但是依托产业（市场）基础，是中国乃至世界最大的小商品交易市场和生产基地之一。义博会生命力旺盛，取得了令人印象深刻的成功。

2.1.4　展会选择的常见问题

1）因费用低而选择参展

很多企业在做参展选择时，将参展费用作为一个重要的考虑因素。投入与产出之间的平衡是必需的，企业活动都希望低投入、高产出。然而俗话说"一分钱，一分货"，虽然不乏有性价比高的展会，但多数展会规模质量、效益与价格成正比。

一些展会之所以参展费用低，有以下两个原因：一是展会刚刚开始举办，知名度不高，希望通过低价吸引参展企业。当然此类展会中不乏具有发展潜力大的展会，但也存在知名度不高、难以吸引专业买家等问题。参加此类展会，虽然节省了一定的参展费用，却有可能接触不到预想的专业买家，达不到预期效果。二是展会举办地的经济效益不够好，市场潜力不大。目前中国展会遍地开花，展馆大规模建设，许多基础条件不够理想的城市也纷纷提出"打造会展城市"的口号。这些城市无论是交通通达性、经济发展水平，还是产业发展状况，都尚未达到举办高水平展会的标准。这就好比在不适宜的土壤里播下种子，种子无法获得生长的必需环境，其长势不乐观。去这些城市参展，参展效果也必然不理想。这些地方性展会在当地政府的推动下举办，是为了发展会展经济，而非依据区位优势和产业基础选择举办地，自然不会有广阔的市场。参加此类展会，因为市场潜力不大，目标观众针对性弱，也达不理想的参展效果。

还有一类展会，早期知名度高，在行业内有一定吸引力，参展费用也不低，但由于市场的变化和运营上的失误，展会越办越差，一届不如一届。为了吸引更多的参展企业，只能采取降价措施，在价格上吸引企业。此时企业就要做出判断，这类展会在行业内还有没有吸引力,是否在价格降低的同时,质量也在大幅度降低。

2) 因主办方而选择参展

中国展会的主办方有很强的政府背景和行政色彩,一方面为展会提供了公信力的保证;另一方面也会使得行政手段过于强烈。例如,一些展会若由企业所在地的政府或直接主管部门举办,其往往通过行政手段要求企业参展。展会在行政干预的背景下举办,参展企业缺乏自主选择权,质量很难控制,企业参展效益难以保证。

还有一些展会的主办方是企业所在的行业协会。借鉴国外展会的成功经验,行业协会在行业内部调整结构、协调企业之间关系以及加强行业自律等方面起到了重要作用。由这样的行业协会举办的展会是可信赖的,在行业内部能获得良好的效果。行业协会举办展会本身是值得推广的,但目前国内有些行业协会的组织功能并不健全,对促进行业发展起不到应有的作用,有的举办展会只是为了追求自身的经济利益,这样的展会质量也可想而知。

3) 受展会错误评价误导

受展会错误评价误导也是造成企业参展选择出现问题的重要原因之一。媒体、政府、商会、行业协会对展会的评价可以作为选择展会的有力参考,但是也会有不准确、不符合专业要求的评估,受到误导的企业在参展选择上会出现问题。评价不准确的原因是多方面的,有的是因为给出评价的组织本身就是展会的主办方,评价内容往往是择优而讲,规避缺点,不能客观全面地给出评价。媒体报道的评价往往是从媒体的标准出发,但不一定符合参展企业的评价标准。

2.2　参展目标设定

参展目标是展会选择的核心要素,所以企业应该优先设定参展目标,再根据参展目标选择合适的展会。

2.2.1　参展目标的分类

参展目标是展览策划、筹备、展出、后续等每一项工作的指导方向,也是每一项工作评价的基础和标准。因此,参展企业应高度重视参展目标并做好目标制订工作。在做出参展决定后,参展企业应及时根据营销战略(或经营意图)、市场条件和展会情况制订明确的、具体的展出目标。设定可实现的目标能帮助企业获得理想的参展效果,但是在实际工作中,不少参展企业未制订展出目标,或者制定的目标过于笼统、含糊而导致展出成果达不到预期效果。相比之下,具有明确目标的参展企业会有更佳的展出表现并获得更好的展出效果。因此,设定参展目标是企业开始整个参展过程的关键起点。参展目标主要有以下 6 类。

1) 探测市场反应

生产厂家都在不断研制新产品、设计新服务项目,参展企业在大批量、大规模推向市场之前要了解市场反应。展会是快速了解市场反应的最佳场所。展出新产品是很多参展企业的主要展出意图,而专业买家参加展会主要是为了做到"4 个了解":了解新产品;了解新市场;了解参展公司所处行业状况;了解市场新的发展趋势。这是因为,首先展会是一种可以在短时间内接触到大量采购者的高效平台。与其他市场测试方式相比,利用展会这种方式试探市场对产品或服务的反馈,既节省时间又节省费用。其次,专业买家往往是有采购需求的业内人士,因此收集他们对产品性能、质量、价格、包装、服务等各方面的批评、要求和意见,可以基本了解市场反应,并据此及时对产品进行调整。

但需要注意的是,在展会上推出新产品、新服务很容易向竞争对手暴露秘密,因此要更加谨慎、周密地做好产品保密工作。展览业所指的新产品与产业所指的新产品有所不同:展览上的新产品包括新发明的产品、改进更新的产品,以及市场已有的但对于参展企业本身是新经营的产品。此外,展会上的新产品类型不局限于实体产品,也可以是模型、概念、设计等。有一些"产品"须先有买主才能生产,比如大型成套化工设备及机械等。

2) 建立和维护企业形象

建立和维护企业形象需要处理好与客户、竞争对手、行业、市场和媒体的关系,且不同参展阶段侧重点各有不同。对于新参展的企业,目标是建立良好的企业形象;对于多次参展的企业,目标是维护或提高企业形象。企业形象在商界有着非常重要的意义和作用。新进入一个市场及一些特别时期,参展企业都可以考虑将建立、维护形象作为最主要的参展目标。

3) 宣传企业产品和服务

展会在宣传企业产品和服务方面有着独特的优势。

首先,实物展览能使观众沉浸式地调动各感官来感觉、认知产品,而大部分其他宣传媒介,如报刊、电视、电台等,一般只能使用听觉或视觉等一至两种感觉,这大大限制了客户对产品的了解。因此,展会能让观众从各方面直观了解企业产品和服务是展会的第一大优势。

其次,展会可以展览企业几乎所有的产品。在市场经济中,除规格、品种相对固定的大宗初级产品如农产品、矿产品等需要通过交易所进行买卖外,绝大部分商品都需要看样订货。贸易团组和推销员虽然也可携带样品向客户显示,让客户从多方面了解产品信息,但是他们不可能随身携带太多太重的产品。而展会则可以展览几乎所有产品,大到飞机,小到螺钉。这就给展会提供了独特的机会,参展企业可选派设计、生产部门的人员参加,充分全面地展示产品,与专业观众进行深层次的交流。

最后,参展企业可以与观众进行双向交流,即介绍产品、解答问题、交流技术。这样能使客户全面深入地了解产品,增加对产品的信心,从而提高成交额。对于需要扩大产品影响的参展企业,都应当制订相应的产品宣传目标。

4) 发展和维护客户关系

确定交流目标,建立个人关系,接触客户,提升企业形象,了解客户状况,了解客户的要求,挖掘现有客户的潜力,收集市场信息,加强与利用媒介的关系定价,将产品和服务推向市场等,是展会非常重要的作用。

客户关系是贸易成交的先决条件。许多商家将客户关系视作商场的生命线,他们认为客户关系的重要性等同于甚至高于成交的重要性。在当今竞争极为激烈的市场,建立和巩固优质的客户关系应当作为最重要的参展目标。

对于新进入市场或者想扩大市场的参展企业来说,应把建立新客户关系作为首要参展目标。在专业贸易展会上有很多目标观众,目标观众就是潜在客户。参展企业不能被动地等待目标观众,应当主动地、明确地接待目标观众,需要制订明确的参展目标来指导展台接待工作。在宣传企业和产品的同时,与之建立联系并及时跟进,争取建立与发展稳定的客户关系。

对于已进入市场的参展企业,巩固老客户关系也是工作要点,既要与老客户保持生意关系,也要防止客户流失。研究人员指出,产品本身的差异不是造成客户倾向或偏爱的主要原因,而是客户对企业的信任度。平日里,参展企业可能不太容易与老客户面对面地接触,人际交流有待提高,借展出机会,参展企业可以邀请老客户到展台参观,见面交谈,让老客户看看新产品,听听老客户的要求和意见。有问题就解决问题,有机会就做生意。而客户也能借机会确认他所打交道的参展企业是稳定、活跃的企业,并希望与之保持接触和交流。

5) 市场调研

了解并熟悉市场是进入市场、占领市场的必要和先决条件,好的展会是进行市场调研的好机会。参展企业应当将市场调研始终作为展出目标之一。一方面,好的展会汇聚了市场中几乎全部卖主和买主,因此能充分、全面地反映销售渠道状况、市场供求水平、客户情况甚至市场发展趋势等;另一方面,在展会上,参展企业能够免费、"合法"地收集到几乎所有主要竞争对手的情报,包括生产技术、营销等情况。竞争对手往往会在追求新客户、追求新订单的努力和诱惑下,放松警惕,泄露商业秘密,比如专利产品的技术性能、价格条件、运输条件、包装条件等。

对于新进入市场者或者想扩大市场者,市场调研尤为重要。一些展览专家指出,由于展览费用高、成本高,参展企业不宜将市场调研作为唯一的参展目标。需要指出的是,规模小、档次低的展会,不能覆盖参展企业目标市场的展会,不适宜作为市场调研的场所,也不宜将其市场调研结果作为主要参展目标。

6) 成交目标

成交是商家经商活动至关重要的一环。商家所有的商业活动几乎都是为了成交,商家的成败也基本由成交量决定。展会的宣传优势是巨大的,对于推出新产品、寻找新客户、促进销售和达成交易作用也很大。

对于参展企业,也就是在展台里推销产品的商家,成交自然是最重要的参展目标。务实的美国展览实业界声称,参展企业可以根据自身情况制订多种展出目标,实现多种展出效果。但是不论制订何种目标,最终都应是为了达成交易。从现阶段看,成交是参展企业的终极目标。当然展会现场成交数量往往比较少,通过展后洽谈实现下单是大多数成交的形态。

在经济大国也是展览大国的德国,贸易量的80%是通过展会达成的。这一统计数据说明了展会在成交方面的作用。在展会上,参展企业为"卖"有备而来,专业买家为"买"有备而来。在仔细观察实物展品,对展品进行全面、彻底的介绍或了解后,双方就价格条件、包装条件、运输条件、交货条件、支付条件等进行讨价还价,最终达成一致,签订合同。如果企业在参展前做好各项签约的准备,配合高效的展台工作,则往往能够获得理想的订单数量。

展会促进成交的作用是其他营销方式难以比拟的。促销、公关等单向交流方式具有较大的局限性,无法实现高效双向交易;人员推广虽然与展会有着相似的作用,但是在大部分情况下,沟通效率不及展会效果。参展企业应高度关注展会的成交作用,但是一些政府主导型展会可能会忽视成交而重视成就展示,把宣传作为核心目标。

企业参展成功的关键

在强手如林、竞争激烈的环境下,越来越多的企业纷纷看中在展会上的成功,那我们到底该如何在展会中一举取胜呢?

1) 要抢眼球,从细节着手

在商贾如云的展会中,任何一个参展企业都期望抢尽眼球,但是参展企业都将抢眼球寄托于大展台和展台的豪华装饰上,这难免是一个误区。在量力而行的同时,要在展示会上脱颖而出,关键就要做好细节。

同样,有了好的展台和豪华的展台装饰,仅仅只能引起关注,最终还是要在具体的产品推介中达到让观众了解产品和认可产品的目的。巧妙地利用好细节,往往会起到意外的效果。

2) 要利用好"人"这个最活跃的因素

在展会中,人是最活跃的因素,很多企业用已经录制好的光盘进行产品展示,虽然节省了人力,但是,这种展示方式灵活性差,不能个性化地解决观众的疑问,也会让产品推介人员对其产生依赖,缺少实战训练,打击推荐的积极性。人员的一对一高效沟通能提高信息传播效果,并且在推荐的过程中运用语气、肢体语言等辅助手段,让沟通更有针对性和人性化。

3) 要关注需求链的每一个环节

需求链的每一个环节都必须得到充分关注。因为观众的身份比较复杂,有经销商、老板、官员、采购人员,面对如此复杂的人员,在推介产品的过程中会碰到不同的需求关注点。因此,事先对每一个环节的需求关注点进行充分的了解和研究,并给出相应的对策,不但让产品的推介过程游刃有余,还能真正解除各环节的疑问以及需求。

4) 要策略服从执行

一次成功的参展,最重要的在于事前周密的准备、规划和展会期间的细节。在制定策略之前,首先评估自己在有限时间内和有限资源的状况下能够达到的执行力。也就是说,策略一定要服从执行力。一个装饰豪华的展台,若产品推介人员的推介水平不能与之匹配,往往会起到相反的作用。反之,如果展台位置、硬件不佳,也可用软件提高服务接待水平弥补。

关于参展的几个观点:

一是产品才是展会的主角。

许多参展企业往往忙于布置展台、营造氛围,甚至不惜重金邀请明星助阵。这些宣传吸引手段没有错,错就错在如果过于关注展台的氛围,甚至是拉来重量级明星、热热闹闹的乐队助阵,往往会喧宾夺主。一次展会的成功,产品的展示才是最关键的,因此,对产品的包装到位,是展会成功最关键的要素。观众来的目的是寻找合适的产品,只有高质量的好产品才能真正打动观众。特别是专业性的展会,在产品高度同质化的情况下,如何淋漓尽致地差异化展示产品才是最重要的。

二是"死角"与"活角"的辩证观。

所谓"活角"展台,一般是指那些处于人流量比较大的位置的展台,甚至是正对展会大门的展台,是所有参展人的必经之路。而"死角"展台,一般处于展会位置不佳的楼层或楼层角落,这样的展台人流量小。"活角"展台和"死角"展台,对于展示效果来说,并不是绝对的分水岭,也就是说哪怕是"活角"展台也未必一定就有好的展示效果。

第一,"活角"展台一般都被有影响力的大企业占据,形成了正面的拼杀,这样的拼杀体现在展台的布置、现场氛围的调节等各方面。一个细节不到位,优劣立现,容易暴露展台的缺陷。

第二,"活角"展台人流量大,现场火爆,但与观众就产品的一对一沟通精力显然不足。基本的产品功效展示是通过事先录制好的宣传资料来表现的,如 DM、产品本身、宣传片等,这样的表现与一对一的沟通相比,缺乏灵活性,难以把握观众的现场情绪。相反,"死角"展台虽然人流效果不是很好,如果通过一些灵活有效的手段解决这个问题,也能让展台成为该展区的"明星展台",与周围展台的区别立显。因此两种截然不同的展台效果,关键还在于人的具体操作。

三是务必将展示效果变成销售的胜果。

很多企业参加展会,都会将展会的目标确定为:展示产品、展示企业,与经销商交朋友,最终实现市场的开拓。但是不少企业在真正执行目标时就变得虎头蛇尾了。展会的成功,主要在于实现市场销售。也只有将展示效果变成销售胜果的参展,才是真正意义上成功的参展。企业参展时常会发生诸如收集的资料遗失,对有兴趣的经销商跟踪不严等问题。参展之后要做的事情也很多,例如:及时对参展效果进行评估;及时整理在参展期间对产品有兴趣的经销商的资料;进一步收集这些经销商的资料;对这些经销商进行评估和分级;对与自己企业相匹配的经销商进行进一步的沟通。如此看来,或许成功参展,仅仅是一次更全面营销活动的开始。

需要指出的是,想在有限的时间和空间范围内,达到很多目标是不现实的。企业参展目标越明确,参展成功的概率就越大。筛选参展目标的过程是一个艰难的抉择过程。可以将公司参展目标罗列出来,筛选出最关键的几个,并把企业的资源集中在最重要的目标之上,然后脚踏实地地充分利用时间、预算以及团队的努力实现其中的一个或两个目标。如果设定太多的目标,会导致参展没有重点、计划不周和手足无措的情况,这都将与企业所期待的参展效果背道而驰。

在明确参展目标后,要向公司高层领导展示参展目标与公司目标的匹配度,从而获得管理层的支持。许多参展企业面临的一个很现实的困境就是没有得到管理层的大力支持。如果能得到管理层的支持,展会成功举办的概率就会大大增加,员工也会因此备受鼓舞,与公司整体的营销理念也更加融洽。

2.2.2 参展目标设定中的常见问题

企业在设定参展目标时往往容易犯以下 4 个错误,导致展后无法有效跟进和管理。

1) 参展目标含糊不清

含糊不清的目标就是无效的目标。设定的目标过于抽象,实际无法具体操作,如本次参展主要目的是见老客户、推广新产品、争取收获 200 张销售线索名片等。

参展目标应当具体化且可操作,如要见哪些老客户、发多少邀请函、确认有多少客户会来到现场、具体分配谁接待谁、主要推广哪些新产品、如何展示新产品、怎样测试新产品、如何获得目标市场客户反馈等,都需要列出具体的细节,量化目标,明确具体责任人。

比如要收集 200 张销售线索名片,需要表述清楚名片是来自哪个地区、国家的客户,客户的性质是分销商、零售商、OEM 商还是贸易公司,还包括客户的职位、行业经验、专业知识等信息,以及需要达到哪个层次等。

2) 目标过高或过低

设定参展目标的作用是提升参展的投资回报率,保证高效展出。参展目标如果定得过高以至于参展期间不论工作人员如何努力也完不成相应工作量,这样的目标就不是可衡量的工作标准,而是可望而不可即的。参展人员会因此失去达成目标的信心。但是在参展期间能够轻易完成工作量,就表明目标过小、过低。所以,目标设定要有挑战性,能激励人,能让相关人员获得利益。

3) 目标没有主次大小之分

在参展的目标管理中,任何大目标都是一连串小目标组合的结果。小目标是大目标的前提,大目标是小目标的结果,小目标之和是大目标。因此,在设定参展目标时一定要让每个参展人员明确团队参展的大目标及各自的小目标,按主次关系、轻重缓急分配、安排参展人员工作。如果主次颠倒,就有可能无法按时完成工作,最终影响整体参展目标。

4) 随意更换目标

不少参展企业在展中经常随意更换目标,不仅使参展人员无法掌握工作重点,也造成资源的极大浪费。西方谚语云:目标是刻在石头上的,计划是写在沙滩上的。这说明目标一旦确定便不能轻易更改,但为了更好地实现目标,相关的计划、路径可以进行适当调整。

2.2.3　参展的 SMART 目标

如果不对参展目标进行量化,那么它实现的可能性会大大降低。参展目标一旦确定,第一步要做的就是量化参展目标,使之变得可衡量,让每个参展人员为这一目标而努力。量化目标并定期检查,发现问题及时改进。如果企业的参展目标是要获取优质的未来客户群,可将目标量化为每天获得 20 位优质未来客户。如果第一天结束,发现参展成果远低于预期,那么企业就要在第二天开展前找出问题并解决。只有这样,才有可能在展会结束时最大限度地实现参展目标。

1)有效目标的 SMART 条件

目标应该是期望的具体化,是一个期望的结果,是为实现或完成工作确定的一个总体方向,同时也是对工作任务的一个概述。有效目标的 SMART 条件必须具备以下特点:

①具体的(Specific)(数量/物体/形式)。

②可评估的(Measurable)。

③可实现的(Achievable)。

④有结果的(Resultful)。

⑤有时间限制的(Time-based)。

2)设定参展团队目标

在确定我们的参展目标前,首先要确定谁是我们的客户,目标市场在哪里,客户的业务类型是什么,他们的年销售额是多少,客户的采购习惯、模式是怎样的,我们的客户应该具备什么经验、行业知识,他们会对什么感兴趣,他们的职位是什么,是采购决策者、技术人员还是终端用户,是决策团队还是采购代理。服务老客户时要注意,具体见哪些老客户,他们分别来自哪里,通过邀请函确认有多少客户会来到现场,具体分配谁接待谁,主要提供哪些个性化服务,介绍哪些新产品,销售目标是多少。例如,设定具体的参展团队目标如下:

①主要市场:欧洲。

②业务类型:分销商/进口商。

③年营业额:800 万~1 200 万美元。

④经验:3 年以上的渠道分销经验,经销、代理过类似产品。

⑤知识:熟悉物流、包装及产品的鉴别参数等。

⑥兴趣点/关注点:新产品的研发能力、质量认证、准时交货能力、产品规格细分等。

⑦参展团队的目标:展会期间接待 500 位潜在客户,2%的成交率,10 位新客户在展后 3~6 个月内下订单,会见 30 位老客户。

3)设定展台销售人员目标

设定展台销售人员目标应列出行动结果,而非目标结果。行动结果是每个销售人员自己可以保证的,能掌握主动权的结果。而目标结果在一定程度上是由外界决定的,本人短期内较难控制。行动结果如下：

①向 100 位目标客户展示公司产品和服务。

②问卷采访 30 位目标客户。

③收集 10 位竞争对手信息并完成汇总报告。

设定有效的个人目标要尽量减少成员间的相互依赖，避免出现张三没有完成任务导致李四也无法完成任务的情况。实施行动计划的人应该知道要做什么、如何做，自发地采取行动，具备采取行动所需要的资源。

有没有目标指导参展团队的行为模式会完全不一样。明确目标后，有了目标团队就有了动力，团队的焦点就会放在期望的目标上，并为目标全力以赴地奋斗。

2.3 参展计划制订

2.3.1 参展计划内容

展会是一项极具挑战的系统工程，受制因素很多。从前期的市场调研、计划制订、展台选择、展品征集、展前推广、客户邀请、展台布置到展中管理、展后销售线索追踪，形成了一个互相影响、互相制约的有机整体。任何一个环节的失误，都会直接影响展会的投资回报率。如果对展会的这些特性了解得不够，参展企业即使花费了大量的人力物力，也未必能取得预期的效果。为了更好地实现企业参展的目标，必须制订周详的参展计划。参展计划方案应包括以下内容。

参展计划方案

①展出目标：确定参展的目的或预期达到的目标。

②展出重点：确定参展所要宣传或展览的重点项目，突出展台形象，使其在整个展馆中有吸引力。预先确定重点突出哪种产品，或重点测试哪种产品，以达到促销和测试的目的。

③时限要求：根据展会的时间确定各项工作的起止时间。

④人员安排：指定参展项目的管理人员及确定各自的分工、职责。

⑤筹备工作：

● 预订展位。一旦企业决定要参展，应及早预订展位，特别是一些较大的展会，参展企业很多，因为主办方需要足够的时间去做布展等准备工作，参展报名时间会相应地提早截止。所以企业应当提早报名，不要错失良机。

● 筹划和布置主题、标志、色彩、文字照片、图片、展品、布局、公司简介和小礼品。

● 准备产品详细目录、图片、规格、技术指标、质量认证等具体信息、样品。

● 准备展会费、展前推广、目录、展品、人员、差旅、酒店。

● 向已有客户发出邀请，告诉他们企业的展位号，欢迎他们前来参观交流。

● 确定在展会期间开展的各种活动,是否举行现场促销活动及邀请必要的主持人准备产品介绍等。

● 制定销售规则,如最低采购量(MOQ)、价格浮动和幅度、付款条件、价格表、订单表、咨询登记表等。

● 对指定的展台设计和施工公司提出要求。

● 物流运输工作。

⑥资金计划:安排全年度用于展会推广预算的核对清单、编制预算表。

国内展会准备日程表

1) 12 个月前

①从展会的规模、时间、地点、专业程度、目标市场等各方面,综合专家意见,确定全年展会计划。

②与展会组织单位或代理公司进行联系取得初步资料。

③选定场地,争取最佳的展位位置。

④了解付款形式,决定财务计划。

2) 9 个月前

①设计展会结构。

②取得办展机构方的设计批准。

③选择并准备参展产品。

④与潜在客户及现有客户联络。

⑤制作展会宣传册。

3) 6 个月前

①以广告或邮件等方式进行宣传活动。

②确定出行计划。

③支付展会场地及其他服务所需的预付款。

④复查公司的参展说明书、传单、新闻稿等宣传资料。

⑤对展会的翻译或讲解员进行短期培训。

⑥向服务承包商及展会组织单位订购促销广告。

4) 3 个月前

①继续追踪产品推广活动。

②最后确定参展样品,并准备大量代表本公司产品品质及特色的样品,贴上公司标签,准备赠送给索取样品的客户。

③将展台结构设计做最后的确定。

④设计访客回应处理程序。

⑤训练参展员工。

⑥排定展会期间的约谈。

⑦安排展会现场或场外的招待会。

5)4 天前

①将运货文件、展会说明书及传单等额外影印本放入公事包。

②搭乘飞机至目的地。

6)3 天前

①抵达饭店登记。

②视察展会厅及场地。

③咨询运输商,确定所有运输物品的抵达。

④指示运输商将物品运送至展馆。

⑤联络所有现场服务承包商,检查所有前期准备工作是否就绪。

⑥与展会组织代表联络,告知通信方法。

⑦访问当地客户。

7)2 天前

①确定所有物品运送完成。

②查看所订设备及所有用品的可得性及功能。

③布置展台。

④将所有活动节目做最后的确定。

8)1 天前

①对展台架构、设备及用品做最后的检查。

②将促销用品发送至直接分配中心。

③与公司参展员工、译员等进行展前最后检查。

9)展会期间

①尽早到会场。

②展会第一天将新闻稿送到展会记者通信厅。

③实地观察后尽早预约明年场地。

④详细记录每一位到访客户的情况及要求,不要凭事后记忆。

⑤对于没有把握的产品需求,不要当场允诺,及时汇报总部做出合理答复。一旦应承,必须按质、按期完成,以取得客户合作的信心。

⑥每日与员工进行简单小结。

⑦每天将潜在商机及客户资料送回公司,以便及时处理及回应。

10)展会结束

①监督展台拆除。

②处理商机。

③寄出答谢卡。

2.3.2　制订参展预算

1) 参展预算的构成

参展预算的主要关注事项是控制成本、提升投资回报率,特别是对中小企业而言。参展预算费用主要包括以下几个方面(图 2-1)。

① 基本费用:展位费、能源供应、参展证件、电话、传真、互联网、停车许可证等。

② 展台设计、搭建费用:创意建议书、规划、刻字、展具、图片、幻灯片、标志、装修和装饰、声像支持的展示等。

③ 展台设备费用:家具、地毯、灯光、视听设备、投影仪等必要设施设备的租赁费。

④ 展台服务费用:观众招待、口译、辅助员工等。

⑤ 推广材料费用:邀请函、赠送品、广告资料、产品目录、广告费、邮费、新闻夹、资料翻译、广告宣传费、资料印刷费、礼品制作费等。

⑥ 运输、物流和垃圾处理费用:储藏、保险、过境税、垃圾处理等。

⑦ 参展人员差旅费:机票、火车票、长途汽车费、市内交通费、食宿费和款待费。

⑧ 其他费用:咨询、展会市场调查、培训、会议室租赁等的费用。

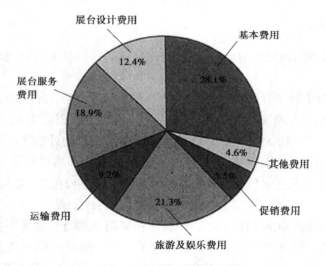

图 2-1　展会各项开支比重

2) 计算所需的展台面积

企业需要购买多大面积的参展展位? 第一步要从参展目标开始。假如一个展会的参展观众预计有 20 000 人,其中 8% 的参展观众是企业的目标客户,即 20 000×8% = 1 600 位目标客户。这 1 600 位目标客户是一个理想状态的客户数,实际情况可能会少很多。根据以往经验,大约只有 45% 的潜在客户会对企业展位感兴趣,那么实际潜在的客户就是 1 600×45% = 720 位目标客户。

为了在展期内有足够的空间来接待这 720 位目标客户,企业必须回答两个问题:整个展会的有效展期时间是多长？需要花多长时间来和每个客户进行交流以达到展会的目的？展会时长要根据展会的活跃期计算而不是根据展会的总时长计算。通常而言,展会中会有一些分散观众注意力的活动,比如教育性会议、主旨演讲,或者节目表演。在很多展会中,越来越多的观众选择下午而不是上午看展。为了实现企业参展的目标,假设展会一共有3天,每天开放8小时,总计24小时。根据经验,展期内每天最后的2小时和午饭时的1小时是低效的,所以企业的有效展期时间应该是:24小时展期−9小时(3小时低效时间×3天)=15小时有效时长。因此,每小时需要接待的目标客户数就是用目标客户的总数除以展会有效时长:720÷15=48位目标客户/小时。

第二步是计算人力资源。每个展台工作人员需要花多长时间和目标客户交流以达成参展的目标？根据经验,假定是10分钟。因此如果为每个展台的员工设定1小时和6个客户交流的目标(不考虑展台工作人员与非目标客户交流、在展台等待客户的时间等),那么我们每个小时可能就有48位客户光顾,企业相应地就需要配备8名展台工作人员。

第三步是依据经验法则计算。每个展台的工作人员需要4.5 m^2 的活动空间来工作,也就是说,在3 m×3 m的标准展位中,两名员工能同时和两位客户进行交流。这里的"活动空间"是指除去企业展示产品、展示、演示等场地之后的剩余空间。所以,企业需要购买46 m^2 的空间(8个人的活动空间+100 m^2 的搭建空间)的展位面积来满足参展所需的展台空间。

3) 参展费用的测算

参考以往经验来判断预算的增长是非常有效的。《美国贸易展会周刊》为展会提供了以下两种计算方法。

方法一:根据估算数据的平均数得到展会项目的总成本,这个成本是展位成本的3倍。也就是说,如果企业的展位费是2万美元,那么整个展会项目就要花费6万美元。

方法二:如果企业不知道该展会的以往成本或者按照企业的计划实际会花费多少,企业可以通过展位面积来计算。根据《美国贸易展会周刊》,展会平均每平方英尺①的展位成本为21.76美元。因此,如果企业租了500平方英尺的展位,企业的参展成本就是21.76×500×3=32 640美元。

企业参展的实际经费安排往往会少于预算,审批部门往往会在参展预算上砍上一刀,甚至将原来的计划缩减三四成。参展经理必须合理地进行参展目标的筛选,通过核查每个部分的花销,组合使用节省预算的方法。比如运输,一般而言,展会都会有指定的运输商。指定运输商的价格可能很贵,但是指定运输商可以保证货物准时送达,因为他们明白展会的紧急性并在装货时有限装运展品。可能的话,尽量避免在最后关头装货,因为装箱费用会比较高。如果参展的展会没有指定的运输商,那么可以考虑和同一地区参展企业一起从所在地集中运送,这样可以降低一些运输费用。比如媒体宣传,如果企业和媒体构建起融洽的关系,则可能有机会让媒体成为企业的免费促销伙伴;或者是企业只投入少量的资金而获得重点宣传报道。还有展会服务,展会服务的订购价格在开展前始终处于变动状态,越临近开

---

① 1平方英尺≈0.09平方米。

展,价格越高。临期购买展会服务,面临着昂贵的费用支出。参展经理需要及早预订企业需要的所有服务。另外,在部分地区,企业可以在当地雇佣展台工作人员,而不用自己的员工。一般来讲,自己员工参展时的出差和交通成本都是比较高的。

4)设定参展投资回报率

下面是一些计算投资回报率的方法。

(1)展会销售增长百分比

参展企业会通过当年的销售数字除以上一年的销售数字,再乘以100%,来计算展会销售增长的百分比。比如,当年的销售数字是178万,上一年的销售数字是132万,那么178÷132≈1.348,1.348×100%≈134%,以此得出:当年销售增长百分比约为34%。

举个例子,如果企业去年参展花费了100 000美元,获得了100位目标客户,那么每位目标客户的平均成本就是1 000美元。如果企业今年参展花了同样的钱,那也就有理由期待能获得同样数量的目标客户。但是,企业会期待展会效果的提升。每一位新的目标客户是不是都需要花费1 000美元才能获得?随着参展经验的提升,企业的获客成本应该会降低。企业期待下一年花费100 000美元获得150位目标客户。这样,展会目标客户增长百分比就达到了50%。

(2)展台新老客户的访问量

展台新老客户的访问量是衡量投资回报率的有效指标。因为老客户已经存在业务关系,比较容易吸引;真正的挑战是能否有效吸引新客户。企业需要让每个展台的工作人员明白什么样的客户是公司业务的目标客户,并能在短时间内接近他们、预测他们是否存在采购需求。

(3)开展展后跟进活动

提高投资回报率的另一个方法就是开展展后跟进活动,比如邀请客户到公司实地访问等。展后活动要符合客户进一步了解企业和产品的兴趣;在形式上投其所好,根据客户的个性特点来进行设计。

(4)优质目标客户的数量

展会的优质目标客户是与企业展台的工作人员有有效交流沟通并对企业产品或服务有较大兴趣的客户。这类客户数量越多,参展投资回报率就越好;反之,就越差。参展企业规模不同,对"优质"的定义不同。参展企业可以在展前设定优质目标客户的标准或是名单,以便展后更科学地测算投资回报率。

(5)媒体曝光

媒体对企业或是展品的正面报道,能够有效提升企业的知名度和关注度,帮助企业获得更多订单和客户访问量。媒体正面曝光越多,企业有形或无形的宣传效果就越好。企业要与媒体构建良好的关系,积极向媒体投稿,充分利用媒体资源开展传播活动。参展工作人员应该收集媒体的报道文章、录制视频报道,作为测算展后投资回报率的依据。

思考题

1.简述展会选择的评估方法。

2.简述展会选择的常见问题。

3.参展目标设定的常见问题有哪些？

4.如何设定参展的 SMART 目标？

5.如何计算参展所需的展台面积？

第3章
参展团队组织与培训

【学习要求】

　　了解参展人员分类及来源、理解参展人员的知识结构、理解参展人员的能力结构、理解参展人员的性格结构、理解参展培训的内容模块、理解参展培训的具体内容、掌握参展培训的形式。

3.1　参展人员的构成与来源

　　人是第一生产力,也是企业参展成功与否的关键所在。企业的参展目标和各岗位的具体要求是配备参展人员的基本依据。研究表明,企业的参展目标能否实现很大程度上取决于参展人员的素质和努力,因此参展人员的配备至关重要。如果说展台和展品展示的是企业的硬件,那么参展人员则是展示企业形象不可或缺的软件,是决定企业参展效果的重要因素。

3.1.1　参展人员分类

　　参展人员按工作性质可分为筹备工作人员和展台工作人员。筹备工作人员组成筹备组,负责展品选择和运输、展台设计和施工、参展宣传和联络及相关的行政、后勤及财务等工作。展台工作人员组成展出组,负责展台管理、观众接待、贸易洽谈、产品演示、信息收集、展期公关及接待联络等工作。筹备工作人员可以称作"后台"人员,不与观众见面。展台工作人员可以称作"前台"人员,是展会期间与观众见面的人员。从广义上来说,上述所有参加参展工作的人员都属于参展人员。而从狭义上来说,参展人员主要指展台工作人员,也是本章要重点讲授的对象。展台工作人员可以分3类:展台管理人员、展台业务人员和展台辅助人员。

1) 展台管理人员

　　展台管理人员的主要工作是展台管理,具体工作内容是维护展台工作秩序,保证展台工作效率。展台工作是集体工作,协调管理工作需要有秩序、有效率。展台管理的目的是创造良好的展台工作环境和秩序,提高参展工作人员的工作效率,提升参展效果。展台管理不善会造成参展筹备工作付诸东流,导致参展效果不佳。展台管理一般需要任命展台经理,负责展期内展台内的全部工作。为确保参展各项工作衔接的顺畅,展台经理最好由筹备组的项目经理担任。

展台经理的任职资格:具有营销知识和参展经验;熟悉展出地的语言和贸易习惯;完全理解和认同企业的参展目标;熟悉公司经营政策和战略;熟悉展品技术特性;熟悉参展工作人员;有行政管理能力和人事管理经验;有较强的计划能力和迅速解决问题的能力;办事有原则,可随机应变,精力充沛,待人友善。

2) 展台业务人员

展台业务人员的主要工作是贸易洽谈,具体包括接待客户、介绍展品、洽谈贸易和签订合同等内容。贸易洽谈是参展的根本目的,也是参展最主要的工作。展台是企业与买家面对面的场所,为买家提供全面了解展品、沟通谈判和签订合同的平台。

展台业务人员是展台工作的主力军。参展目标的实现很大程度上取决于展台业务人员的能力和努力。展台业务人员应根据参展目标和展出内容配备,主要包括销售人员、技术人员和公关人员。销售人员的主要工作是接触、辨别、选择目标观众,并与选择的目标观众即潜在客户建立联系,最后与新老客户洽谈贸易、签订合同。技术人员的主要工作是介绍、说明产品和展务。公关人员的主要工作是同媒体、贵宾等打交道,解决与他人发生的纠纷,并与销售人员一道开展建立新客户关系、巩固老客户关系的工作。

展台业务人员的任职资格:有销售经验和参展经验;熟悉展出地的商业语言;精力充沛,坚韧不拔,能长时间、高强度地工作;仪表、举止、谈吐好;具有友好、愉快的态度和开拓意识,能使参加互动交流的买家感到放松;态度积极主动,在每个潜在客户出现时主动建立关系;有集体感和合作精神,能与人共事,并能积极地影响同事的情绪和行为;有奉献精神,愿为成功参展尽全力工作。

3) 展台辅助人员

展台辅助人员是展台工作人员的组成部分。展台辅助人员的主要工作是辅助展示和维护展台秩序,主要包括接待人员、翻译人员、表演示范人员、安全保卫人员、清洁工等。这些人员多是从当地雇用的人员。

接待人员主要是指在问讯台或在展台专门负责接待的人员。接待人员的主要任务是接待观众、记录观众基本情况、回答简单问题、提供展台综合资料,并将观众介绍给相应的展台工作人员或将贵宾、记者等特别观众介绍给展台经理或公关经理。此外,如果不另外安排招待人员,接待人员还需要兼职招待工作,接待人员与招待人员经常混用。招待人员主要是指在接待室里做服务工作的人员,工作内容包括保持接待室整洁、提供饮料等。

翻译人员是国际性展会中熟练举办国语言、承担贸易洽谈语言翻译的工作人员。秘书是提供办公基本服务的人员。大型企业的大规模展台往往需要秘书负责接听和回复电话、整理资料、记录文件、打印文件、发放资料等。

　　表演示范人员是指起衬托展品或吸引观众作用的人员,如车展中的模特。表演示范只是加强展示效果,以直观的形象和视觉冲击推进交易的达成。表演人员与操作示范人员不同。操作示范人员一般是指操作复杂机器设备并示范产品制作过程的人员,本身是技术人员。操作示范是销售过程的组成部分,操作示范人员通过操作示范、解说使观众更了解产品。所以,表演示范人员属于展台辅助人员,操作示范人员属于展台业务人员。

　　安全保卫人员通常是指看管展品、道具并维护参观秩序的人员。展出价格昂贵展品的参展企业尤其要考虑雇用安全保卫人员。有两个时段常需要安全保卫人员:当展品已运到展台,参展工作人员不能始终看守展品时;撤展期间,展品、道具特别容易出现被盗情况时。在整个展会开幕期间,安全保卫人员的任务是防止盗窃、损坏展品道具,引导参观人流和维护展台秩序。安全保卫人员可以由展会或当地的保安公司提供。

　　清洁工是参展不可或缺的人员。在一般情况下,办展机构只负责展会会场公共面积的清扫,而展台内清洁由参展企业自行安排。展台清洁工作每天至少全面做一次,在展期内要不时地打扫以保持展台清洁。清洁工可以由展会或当地清洁公司提供。规模小的参展企业如果不愿意另外开支,可以由展台工作人员自行打扫。

　　辅助人员的任职资格:熟悉当地商业环境;了解企业的参展目标和展品;熟悉专业业务;态度友善,工作努力,能与他人合作。

3.1.2　参展人员的来源

　　参展人员的来源一般有 3 个:总部派出人员、展出地代理商和临时雇用人员。3 个来源渠道的人员各有利弊。

1) 总部派出人员

　　总部派出人员的优点:一是熟悉产品,重视参展效果;二是能为参展尽心尽力;三是能通过参展了解当地市场情况,熟悉当地市场客户,积累参展贸易知识、技术和经验。缺点:一是人生地不熟,派出人员可能不了解当地情况;二是企业需要为派出人员在交通、住宿等方面承担较大的开支。

2) 展出地代理商

　　展出地代理商的优点:一是熟悉当地的客户、市场以及风土人情,能够容易展开后续工作;二是参展企业可以大大节省交通、住宿等方面的费用。缺点:一是当地人员可能同时为自己或他人谋利益;二是可能将所积累的客户关系、贸易和参展经验、知识以及技术变成私有财产,使企业利益受到损失。

3) 临时雇用人员

　　临时雇用人员是指专门为参展临时雇用的人员。优点:一是更熟悉当地市场;二是可能不需要任何交通、食宿等开支;三是不会影响总部或当地机构的正常工作;四是易于指挥。

缺点:一是对企业的长期目标不关心,不能尽心尽力为企业服务;二是可能对展品了解甚少;三是其在展会上积累的知识和经验无法在企业后继参展中发挥作用。

因此,企业需要充分考虑清楚使用总部派出人员、展出地代理商和临时雇用人员这 3 类人员的利弊,并斟酌决定哪些岗位由公司总部派出人员担任,哪些岗位使用展出地代理商或临时雇用人员。

3.2　参展人员的知识、能力和性格

3.2.1　参展人员的知识结构

参展人员需要多方面的专业技能,而知识结构是选择参展人员时首先要考虑的因素。一般来讲,参展人员需具备以下的知识结构(表 3-1)。

表 3-1　参展人员需具备的知识结构

序号	知识结构	说明
1	公司相关知识	参展人员都必须了解一些有关公司历史、目标、组织、政策和程序的信息。让参展人员了解公司的历史和当前的目标是非常重要的。这些背景知识有助于参展人员理解公司使命,接受最高管理层的价值观
2	产品知识及应用	参展人员必须了解他们参展的产品,并掌握产品的不同使用方法。熟悉产品的特点要从书面知识开始,而在实践中运用这些信息解决客户的问题则需要进一步训练
3	竞争产品的知识	参展人员了解竞争对手的产品,应该像了解自己的产品一样,因为他们必须在参展时与对手竞争。对竞争产品的细致了解,可以使参展人员设计出优于竞争对手的产品演示
4	展会知识	参展人员应当具备有关展会性质、展会分类、展会设计、展会实施等方面的专业知识
5	客户知识	在当今的竞争环境中,参展人员必须以客户为导向才能成功。因此,参展人员必须了解客户的业务。每个客户的重点和问题都不同,参展人员必须能够识别它们,并做出相应的反应。在与客户交流中,参展人员通常需要与不同的人打交道,必须了解所有对购买决策有影响力的人的观点和偏好
6	业务适应	熟悉企业产品的知识和技术,参展人员才能做好客户的顾问;参展人员的知识结构要与参展产品的技术相匹配
7	关系建立技巧	许多公司专注于与特定的客户建立长期关系。参展人员必须接受有关培训,以便识别这些客户并建立长期关系。此外,参展人员必须同客户一起工作,预测并识别问题,找到互利的解决方案,这在很大程度上要求相互坦诚,信任和承诺

序号	知识结构	说明
8	团队参展技巧	培训必须重视团队参展技巧的几个要素：善于察觉同伴的需求；与同伴合作，信息共享；包容别人的缺点；虚心接受别人的意见；将团队的成功置于个人成功之上等
9	时间管理技巧	大多数参展人员对自己所管辖的区域有极大自主权。他们不仅要为客户分配时间，还要分配时间在工作的各个方面。参展、服务和行政工作培训的主要目的是使参展人员清楚认识到时间的无效使用将大大降低他们的绩效
10	计算机辅助参展	许多公司培训参展人员时使用计算机来分配接待客户的时间并制订拜访日程，以及处理工作中的许多细节，如发出订单、提交拜访日志和报告、设计说明书和报价单。许多参展人员还把笔记本电脑作为其参展介绍的必要部分。由于参展活动的绩效越来越依赖于计算机的使用，许多公司都提供了计算机应用技术的培训课程
11	参展技巧	参展人员必须学习参展技巧与手段，使自己能够与客户进行有效交流，并说服客户
12	知识产权与法律知识	在展会计划、实施、施工、展出等工作中必须遵守有关规定。与施工有关的法规包括劳工注册法规、建筑法规、技术设施法规、展台施工规定等；与展品及贸易有关的法规包括贸易法规、商业法规、海关规定、保险规定、版权法规等

3.2.2　参展人员的能力结构

参展人员的能力在这里主要是指领导、协调、合作、交际等方面的能力。这些能力对参展工作相当重要，缺乏这方面能力的人员不容易做好参展工作。

首先是解决问题的能力。解决和处理问题的能力以及遇到问题时的态度是参展人员重要的能力构成部分。面对问题的态度不同，解决问题的能力也天差地别。对于参展人员来说，展期现场情况变化莫测，随时会有意外情况发生，因此参展人员需要有较好的应变能力、解决问题的能力。

其次是人际关系能力。人在社会上生活，就要跟人打交道。善于处理人际关系的人更容易成功。参展人员需要具备较好的人际关系能力，例如能和客户、同事搞好关系，让他们认可、相信自己的话，这样能使工作更有效率。

最后是沟通说服能力。参展人员每天需要接触形形色色的陌生人，在展会上要把自己的产品展示给他们，并让他们接受。在这个过程中需要把自己的想法表达清楚，努力说服对方，使潜在客户变为现实客户，这要求参展人员具备较好的沟通说服能力。

3.2.3　参展人员的性格结构

性格是一个人对现实的稳定的态度，以及与这种态度相应的、习惯性的行为方式中表现出来的人格特征。性格体现为人格因素，表现为不同的人格特征（表3-2）。

表 3-2　人格因素和人格特征

序号	人格因素	人格特征
1	尽责性	显示了胜任、公正、条理、尽职、自律、谨慎、克制等特质
2	外倾性	表现为热情、社交、果断、活跃、冒险、乐观等特质
3	宜人性	表现为信任、直率、利他、依从、谦虚、移情等特质
4	经验开放性	表现为想象、审美、情感丰富、求异、创造等特质
5	情绪不稳定性	表现为焦虑、敌对、压抑、自我意识、冲动、脆弱等特质

参展工作需要与方方面面的人打交道,筹备期间与展会组织者、运输公司、施工公司等打交道,展会期间与观众打交道,形成互相影响。因此,企业应多选择一些具有尽责性、外倾性、宜人性、经验开放性等人格属性的人员参展,尽可能避免情绪不稳定性人员。

参展项目经理需要高度重视参展人员的挑选。参展是一门执行的艺术,大多数营销计划的成功不仅依赖于计划,还更多地依赖于团队里的人。参展工作环环相扣,除了团队合作,参展人员的个体能力有时也会事关参展成败。在参展管理中,参展项目经理应该既要用科学手段,也要用艺术手段充分激发参展人员的积极性。科学手段主要是分工、监督、协调、评估。分工是确定每个人的责任、权力和工作内容;分工要落实到文字上,要通知到人;分工的主要方式是召开计划会。监督是了解人员工作情况,包括工作态度、工作质量、工作进度等;监督同时也是一种压力,促使当事人努力工作。协调是指均衡地调配团队成员的工作,张弛有度。评估是在平时观察积累并在参展完成之日开总结会。艺术手段主要是鼓励、表扬、奖赏、批评、处罚等。这实际上是一种思想工作,是精神上的"管理"。

由于参展工作的临时性,项目经理多倾向于使用奖励手段而避免使用处罚这样的消极手段,以实际、真诚的鼓励和表扬激发参展人员的主动性和积极性。有些项目经理采取评奖方法,制定目标,鼓励大家努力争上游,达到目标者获奖,并且造出声势。奖品本身不一定要有多大价值,重要的是奖品是一种象征,是一种认可。获奖者实际上获得的是心理上的满足感,对激发参展工作人员的积极性具有极大的作用。因此参展项目经理要做优秀的思想工作者,用好奖励和评奖等手段激发员工的创造性。

1) 优秀参展人员的个性特征

优秀参展人员的个性特征包括知识渊博、团队精神、自信勇敢、自我驱动、精力充沛、创新创造等。此外热情奔放、问题导向、勤奋刻苦、诚实踏实等也是一个优秀参展人员必备的个性特征。

①知识渊博。众所周知,未来的参展人员必须熟悉各类电子设备使用方法。参展人员将从电子数据中获取产品、客户和竞争信息并利用多媒体工具向客户展示产品。因此,为了全面利用各种信息,参展人员应当熟练掌握相关技术。

②团队精神。一项调查表明,对"团队工作能力"的考察已成为一项工作要求。在不断

变化的商业环境中,许多公司更重视选择合伙人而不仅是产品。客户要求更多附加值的产品和更优质的售后跟进服务,这并非一名参展人员所能及,因此团队必不可少。被人们普遍认可的销售人员传统的个性特点,如独立、自负和控制能力,却是新参展规则的障碍。现在企业要雇用的参展人员是那些具备很强适应性,愿意分担,将团队目标置于个人目标之上等具有无私精神的人。销售界已从以"我"为导向转为以"我们"为导向。

③自信勇敢。必须相信自己,为了激发他人的自信,他们必须自己做出榜样,他们应该相信自己的能力和信念,从而勇敢面对参展管理中的问题和挑战。

④自我驱动。有进取心的、独立的自我驱动者,他们勇于承担责任,善于处理各种变化,愿意并乐于承担随之而来的风险。

⑤精力充沛。精力充沛的人,勤奋工作,勇往直前。他们要处理各种人际关系,管理各种活动,这需要耗费很多精力。同时,一个精力充沛的人是充满活力的,容易带动周围的人。

⑥创新创造。企业需要能解决问题的员工,这种挑战常常需要他们有创造力。

2) 参展人员的遴选标准

参展人员的遴选标准主要考虑参展经验、个性特征、形象气质、应变能力、受教育程度、成长环境等。

①参展经验。参展或参加其他社会活动的经验非常重要。有过一次参展经验,对参展的工作就有更深入的认知和体会。

②个性特征。参展人员最主要的任务就是和客户沟通,和客户打交道,因此外向型的人一般会更适合。

③形象气质。参展人员的形象代表着企业的形象,因此参展人员的"第一印象"至关重要,这要求参展人员相貌端庄、举止得体、和蔼可亲、外表整洁等。

④应变能力。展会期间会发生许多意想不到的情况,要求参展人员能灵活应对,具有较强的分析问题、解决问题的能力。

⑤受教育程度。所学专业和展会的相关性越强,拥有的专业知识越多,对参展工作的重要性认识越高,就更能保障展会工作的完成;同样,受教育程度越高,接受新事物的能力就越强。

⑥成长环境。成长环境指影响人类日常生活的社会因素,这些因素影响一个人的人生观、价值观以及生存和成功的技能。

3) 参展人员成功的因素

①积极向上的态度。心态表示一个人的精神状态,有良好、积极的心态,能够保持饱满的心情,这是参展人员成功必须具备的条件之一。

②恰当有效的培训。需要选择恰当的培训方式和培训内容,弥补自己在展会方面知识和能力的不足,而不是什么培训都去参加,既耗费时间和精力,也容易失去兴趣,达不到效果。

③良好的工作习惯。好的习惯不仅能促使一个人成功,而且能改变一个人的命运。坏

的习惯不但会导致一个人的失败,而且可能过早地扼杀一个人的生命。养成良好的工作习惯,工作开展起来会更顺利,效率也会大大提高。

④激励与自我激励。德国专家斯普林格在其所著的《激励的神话》一书中写道:"强烈的自我激励是成功的先决条件。"人的一切行为都是受激励产生的,通过不断的自我激励,就会产生一股内在的动力,朝所期望的目标前进,最终达到成功的顶峰。自我激励是一个人迈向成功的引擎。

⑤丰富的行业知识。拥有客户、市场、竞争、产品等方面的丰富行业知识,有助于参展人员成功地推销产品、谈成业务。

⑥奉献和渴望成功。每个人都希望获得事业的成功,实现自己的人生价值。成功的参展人员要做到能为自己的团队和客户奉献自己的价值。

⑦识别客户的需要。在激烈竞争的市场中,谁最先识别客户的需要并把此需求转化成产品,谁就能最大限度地让客户满意,得到客户的青睐。参展人员在展会现场最需要做的就是识别来到展台的人的不同需求。

⑧以客户为导向。以客户为导向的营销理论强调"所有营销活动的焦点必须放在客户上面"。这样的主张看似简单,其实不然,它涉及客户想要什么、需要什么。因此,对于一个成功的参展人员而言,知道客户想要什么、需要什么,这是第一步,接着要做到尽自己最大努力来满足客户的需要。

3.3　参展培训的内容和方法

3.3.1　参展培训的内容模块

1) 技术训练

技术训练主要是训练接待和推销技巧。展台的接待工作与其他环境下的工作有所不同,即便是有经验的推销人员也应当接受展台技巧的培训。技术训练需要准备完整、系统的培训资料。同时,对思想、精神方面的训练也极为重要。因此,应适当对参展人员就认真的工作态度、协作和集体主义精神等方面进行培训。

2) 情况介绍

情况介绍包括人员及分工介绍、筹备情况介绍、展出情况介绍等。情况介绍的目的是使参展工作人员熟悉参展背景、环境、条件和一些展台工作的基础。第一是相互自我介绍。培训者和受训者自我介绍,不仅要介绍姓名、工作,还要介绍展会方面的知识和经验,即便是熟人,也要通过这一形式,让大家在陌生的环境中互相认识或再认识。第二是展品介绍,要详细介绍每项展品,包括其性能、数据、用法、用途等。第三是市场介绍,包括销售规模、销售渠道、规章制度、竞争对手等。第四是展出介绍,包括展会和展台情况。展会情况包括名称、地点、展出日期、场地平面、展馆位置、出入口、办公室、餐厅、厕所等;展台情况包括展出意图、展出目的、目标观众、展台位置、展台序号、展台布局、展出工作的整体安排等。第五是展出活动介绍,包括记者招待会、开幕仪式、馆日活动、贵宾接待活动等。针对每一个活动,应对参展工作人员提出相应的工作要求。

3) 工作安排

向参展工作人员安排布置展台的工作时,要提出要求和标准。参展培训的效果是必须使展台上的每一个人深入理解参展目的,清晰布置包括接待观众、贸易洽谈、资料发放、公关工作、新闻工作以及后续工作等展台工作,对各个岗位提出工作要求,合理安排包括工作时间、轮班安排、每日展后会议、记录管理和参展工作人员的住宿、餐饮、行程等内容。

3.3.2　参展培训的具体内容

参展培训的具体内容总体统计比例如图 3-1 所示。

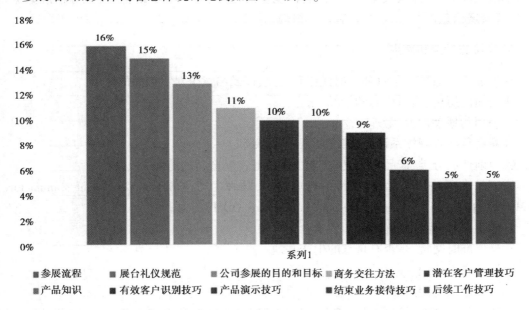

图 3-1　参展培训的具体内容总体统计比例

1) 参展背景及展出介绍

根据参展计划定期对参展团队人员进行筹备情况及项目进展的培训。

①参展目的:维护老客户、推广新产品、了解市场动向、树立企业形象等。

②参展情况:让参展工作人员熟悉参展背景、展品及服务的介绍。

③展会情况:名称、地点、参展日期、开闭馆时间、场地平面、展馆位置、出入口位置、办公室位置、餐厅位置、厕所位置、参展团队要求、人员组成、工作时间、每日轮班安排等。

④展台情况：参展意图、展台布局、展台面积、展台位置、展台序号等。

⑤目标市场：目标观众、销售规模、销售渠道、规章制度、市场特点、观众购买习惯和产品销售价格等。

⑥行政安排：包括参展工作人员的宿、食、行等。

2）明确参展团队职责

根据分派的具体任务，事先制订明确的分工表，包括内容、要求、负责人、截止时间。

①参展项目经理职责：销售线索管理、贵宾接待、高职位专业客户接待、记者招待会、公关工作、研讨会。应关注新产品、竞品信息、竞争对手动向、目标市场信息，收集与企业产品关联的上下游展品信息。

②展台工作人员职责：专业客户接待、邀请客户接待，贸易洽谈；时刻关注客户对展出展品的反馈、建议，包括工艺改进、图案、款式、认证、价格等；记录和管理来访客户的信息。

③市场调查人员职责：展期内对目标市场客户进行问卷采访调查。紧紧围绕公司产品与市场的关注问题，深入收集市场信息、行业发展趋势、竞争对手情报等，做好信息数据统计，进行参展信息汇总、市场分析和调研报告总结。

3）公司的优势和卖点

让参展人员清楚地了解公司的优势和卖点，以及与竞争对手产品的区别。

①公司的历史、出口市场的情况。

②公司的地理位置、管理理念。

③获得哪些管理体系认证、安全认证、产品专利。

④目前产品分类、产品种类、生产能力以及开发新产品的能力。

⑤产品有哪些独特卖点，独特的行业知识，贴牌生产（Original Equipment Manufacture，OEM）、原始设计制造（Original Design Manufacture，ODM）能力。

⑥销售、服务有哪些优势。

⑦确保准时交货、是否有自己的生产基地。

⑧海外有无代理、办事处。

⑨每年参加哪些商展。

参展人员需全面了解公司业务系统运作情况及公司的政策与业务流程，特别是报价原则、样品政策和业务流等，以便在展会中与客户沟通。

4）产品专业知识

专业的产品知识是参展工作人员应具备的最重要的知识，所有参展工作人员都必须熟悉和掌握展品专业知识。

①产品的规格、功能、特点、作用、使用方法。

②产品的用法、用途、特点、优势等。

③熟悉产品特点，能做到在实践中运用这些信息解决客户的问题。

④能详细介绍每一个展品的性能、相关数据。

⑤掌握操作示范技巧,熟悉展品目录,能说明与竞争品牌的区别。

参展工作人员应该是顾问式销售员,对客户的问题有问必答,能体现出极强的专业水准,让客户产生信赖感。这对交易的达成具有非常好的促进作用。

5) 确定目标客户

参展团队必须明确地了解谁是目标客户,即确定主要客户信息。

①客户是进出口商、制造商、批发商、经销商、OEM/ODM 商还是零售商。

②来自哪个国家或地区。

③专业水平、经验和背景。

④采购的能力、时间。

⑤客户的兴趣点在哪里。

⑥客户对公司产品的要求是什么。

6) 了解销售渠道

展台工作人员要了解公司的销售体系、主要客户、地区的销售渠道和环节、不同渠道的优劣势、各环节各渠道的订货数量、交货期要求、销售条件、认证要求、价格中加价幅度以及售后服务要求等。

7) 了解运输条件

运输条件包括当地市场的运输业状况、运输路线、运输方式、运输价格,以便计算出决定产品报价的运输成本、运输时间以及成交合同中的运输条款。运输成本是外贸报价的重要因素,在当今的外贸活动中尤为重要。

8) 了解竞争对手及产品

参展团队必须在参展前了解哪些竞争对手参加了本次展会,他们和本企业产品的主要区别在哪里。将参展产品与主要竞争对手的产品进行比较分析,明确自身有什么优势,有哪些销售机会,存在什么弱点,与竞争对手相比最大的挑战是什么。同时还必须了解主要竞争对手的国内外供应商和客户以及他们的名称、供应量、市场占有率、优势和劣势、商标、专利问题及市场报价,以便知道与谁竞争,做好定价方面的预先准备。

9) 与客户建立关系的技巧

参展人员必须以客户为导向才能成功。因此参展人员必须学会询问和倾听客户的需求,并针对不同的客户进行个性化的销售。为了让参展人员成为客户的顾问,培训时应注重:如何接待老客户、如何面对潜在客户、如何面对同行的客户以及客户业务流程、模式和具体要求等。

10) 识别客户技能

在当今激烈竞争的环境下,参展人员必须明白,光临展台的每个人并不都是公司的目标客户,他们中有老客户、潜在专业客户、过路客、竞争对手等。不同客户会带着不同的参展目标来到公司展台,展台工作人员面临的挑战是如何在第一时间鉴别客户的真正动机,以此来决定工作的轻重缓急。采用不同的方式与不同的客户打交道,需要专业的培训和长期积累的实战经验。参展培训应该重视识别客户技能的培训,从而有效应对同行来刺探情报并鉴别出专业客户。

11) 商展的销售礼仪

参展人员应该对来到展台的每一位客户传递出热情、认真等积极正面的信号。那些只顾坐在一边说话,对客户的光顾视而不见的参展人员,会给客户留下非常负面的印象。在接待客户的过程中,参展人员需要注意如下销售礼仪。

个人修养

握手:主动与客商握手反映出展台职员充满信心,有助于宣传其公司亲善的形象。

化妆:女士不化妆或化浓妆,都会给客户以不专业的印象。

指甲:展会期间,参展人员每天都要展示展品或派发宣传资料。客户会有意无意地注意到参展人员的指甲。因此,把指甲修剪整洁十分重要。

眼镜:选择不反光的镜片,有色镜片不宜于眼神交流。褐色和黄色等有色镜片会使戴眼镜的人看上去疲惫不堪,不宜选用。

卫生:体味、口气及太浓的香水味都会令人反感,但没人会开口指责。在展台上应准备一些薄荷糖或口香糖以便清除口气。在展会期间不要喷过浓的香水,因为有不少人对香味过敏,如果他们闻到太刺鼻的香味,就会避而不入。

姿态:懒洋洋地靠在墙上或歪扭地坐着都会让人感到你很疲倦烦闷,让客户觉得自己走进展台没有受到重视。因此,展台工作人员应随时保持充沛的精力和高涨的热情。

衣着

实践证明,人的第一印象的80%来自着装。参展企业有必要制订商展的着装指南,配发统一的工作服装。展会上最要注重仪表的是参展企业的展台工作人员。如果参展公司有制服,展台工作人员应穿公司制服,佩戴名牌并站立接待。

1) 男士着装注意

制服:款式简洁,注重质料。以单色为宜,如深藏青,领带颜色必须与西装和衬衫协调,要求干净、平整不起皱。

衬衫:领型、色彩、款型必须与外套和领带协调,并和个人特点相符。注意保持领口和袖口的清洁。

袜子:宁长勿短,以坐下后不露出小腿为宜。深色西裤配深色袜子,相反,浅色配浅色。

鞋子：以黑色或棕色皮鞋为主，休闲皮鞋最好配休闲西服，要保持鞋子的光亮及清洁。

2) 女士着装注意

制服：以职业的套装或套裙为主，保持服装平整、颜色协调。

首饰：佩戴首饰应尽量选用同一色系，最好不要佩戴过多的首饰。

忌穿着暴露，如超短裙、背心、短裙裤等，这将被认为不够专业。

如没有制服规定，建议穿着商务便服。这会比多数的参观客商看起来正规一些，大多数客商会按自己的意愿穿着休闲服装，如牛仔裤、运动衫、短裤等。商务便服不包含牛仔裤、短裤、短裙、凉鞋等。

参展企业可根据自身展品、布展的特点，设计与展品、布展、公司形象颜色相协调的便服，印上公司的 Logo，与展品和布展互相映衬，凸显参展企业的专业性。

除此之外，还应注意以下要点：

①要熟悉参展国、地区风俗礼仪和行为规范。

②要通过你的热情、专业性让客户对公司产品和服务充满信心。

③要保持端庄的职业形象，以充满活力的姿态向观众推介公司产品，通过目光接触或友好、邀请性的手势吸引潜在客户。

④要随时准备与人握手，肢体动作要表现出想要邀请来往客商参观展台的诚意。

⑤不要双手抱胸或双手插衣袋，给人以拒人于千里之外的感觉。

⑥不要在参展期间接打过多的电话；展期时间十分宝贵，每一分钟电话都会减少与潜在客户交流的时间，展中过多的接打电话直接影响参展投资回报率。

⑦不要在与客户交谈中蓄意贬低竞争对手。

⑧不要见人就发资料，这样做是徒劳无功的。

⑨不要背对过道、吃午饭、睡觉、吸烟、打瞌睡、岗位溜号、提早收摊等。

⑩不要在展台里与其他同事闲聊或坐在展台里看书看报、吃东西甚至打瞌睡，因为这无异于对往来的客商说："没空！我正忙着呢！"

12) 团队工作理念

参展团队的配合度（Team Work）决定了企业参展的成功与否。团队凝聚的力量远远超越了个体能力，产生 1+1>2 的效应。现代工作的系统性和复杂性决定团队要凝聚力量才能胜任，脱离团队的个体是十分渺小的，因此对团队工作理念的培训十分重要。培训中必须重视如下要素：

①设定团队目标。

②明确参展职责分工、团队合作。

③把团队成功置于个人成功之上。

④提倡乐于帮助同伴成功。

⑤积极分享经验、体会。

⑥不抱怨，提出建设性建议。

⑦合作并共享信息。

13) 个人计划技巧

明确参展人员各自参展任务后,应对参展人员进行有效设定行动计划和管理时间的培训,以确保每个参展人员能够在繁忙的展会中有条不紊地处理各项工作。

14) 电脑运用技能

由于电脑在 B2B 的展会上和日常贸易交流中的运用越来越广泛,参展人员对计算机的基本应用问题不大,但是仍需要对参展人员进行专业软件培训,以便更高效地开展展台工作。相关的软件和技能如下:

①利用条码器管理展品。
②利用电脑配合操作演示。
③制作、打印专业的报价。
④制作电子目录。
⑤按客户预约制订接待日程。
⑥分配接待客户的时间。
⑦利用互联网查询信息。
⑧发送邮件。
⑨提交报告。
⑩跟进客户。

15) 商展布展知识

参展人员必须学习商业布展知识,为在后续参展完善展台设计提出改进建议。
①如何选择专业的 B2B 商展。
②如何有效设计展台、展品、海报、目录。
③学习与贸易有关的法规、知识产权、商业法规、保险规定、海关规定等。

16) 营销推广知识

参展人员应学习公司的商展广告、宣传资料,了解公司推广的目的、用途、公司定位、产品定位和品牌定位,方便在展会中锁定目标客户。

17) 国外参展培训要点

①预先了解参展国信息、市场情况、消费习惯、文化习俗、交往礼仪,认真了解参展国的有关法律和法规。
②参展前要了解展会的主题,特别是其主要展品范围、主要买家来源等。
③在展品选择上少而精,突出重点。熟悉展出国的装潢、包装设计要求,并确保运输安全。
④注意对展台声、光、电等现代技术的运用,重视展品的广告宣传,以较活泼的形式宣传

主要卖点。

⑤具备能使用参展国通用语言的能力,准备参展国的当地语言目录,标示"本摊位能用××语交流"的牌子,消除客户的害羞心理。

3.3.3　参展培训的形式

培训工作作为展前准备的主要工作之一,应当列入参展工作计划之中。培训工作应在选定参展人员后立即着手进行。越来越多的企业会委托专业的培训公司来进行参展培训。参展培训的形式包括以下 3 种。

1) 系列培训

系列培训可以采用授课培训与书面资料相结合,专家授课、专家讲座等方式进行。培训师资最好由工程师、研发人员组成,从而帮助参展人员了解更多的产品专业知识,以确保参展人员更好地熟悉公司展品,更全面地解答不同客户的需求。培训材料应编印成书面资料,培训中尽量使用投影仪等教学辅助工具。培训时间一般为 1~3 天,可以利用正规会议室或产品样品间作为培训场地,做到严肃、认真、高效。

2) 脚本练习

针对公司的优势、产品的特点及带给客户的利益,写出时长 20~30 秒的统一脚本。脚本内容一般包括如何快速与客户打招呼的开场白、如何在 1 分钟内介绍公司及展品的优势、如何进一步发问了解客户的信息及如何评估客户是否是潜在客户等。参训人员参照脚本进行反复训练,以在展会上形成统一口径。

3) 角色扮演

角色扮演的实战演练是一种模拟实战销售的演示训练方法。这种方式可使参展人员完善销售技巧、全面了解个人实力、发现培训中的问题、解决实际问题、快速掌握新的销售技能、增强销售信心,是参展团队展前训练的有效方法。角色扮演,通过事先有组织的书面或口头方式交代"主题及要求",然后用抽签或分配的方式选主题。角色扮演训练的主题包括:

①开场白。

②介绍公司和展品。

③展示公司展品。

④发问和倾听客户需求。

⑤鉴别真假客户。

⑥面对面运用目录谈判、报价。

⑦客户问卷采访。

⑧应对同行刺探军情。

⑨回答专业问题。

⑩接待客户礼仪。

　　参展人员可根据上述主题准备一定时间,然后由不同人员扮演展台中可能出现的不同客户进行训练,模拟挑战和应对各种不同情况。其他销售员作为观察员,任务是观察和记录每个销售员完成角色扮演的情况,在训练后给予参训者反馈意见,包括优点、缺点以及改进之处。用此方法轮流训练来提升参展工作效果。

　　角色扮演可以先请资深员工或销售经理示范演练,让其他参训人员学习参照。指定示范者要力求表演的真实性,达到示范的目的。在参展人员之间展开角色扮演竞赛,评选出优胜者,给予奖励。

思考题

1.简述参展人员的知识结构。

2.简述参展人员的能力结构。

3.简述参展培训的具体内容。

4.如何做好角色扮演?

第4章
展前客户邀请与宣传

【学习要求】

　　掌握直邮邀请的具体策略,掌握电话邀请的要点,掌握参展广告宣传的注意事项,掌握新闻工作准备,掌握新闻工作方式与程序,掌握参展新闻资料的准备。

4.1　展前客户邀请

　　在展会运作过程中,办展机构和参展企业有着共同的客户——观众。观众数量对企业参展的成功与否至关重要,是企业在展会上获得经济贸易机会的基础。因此展前办展机构和参展企业都有一个共同的工作——客户邀请。常用的客户邀请方式有以下5种。

4.1.1　直邮邀请

　　直邮邀请(Direct Mail,DM),是指参展企业直接将邀请函、请柬、参观券或其他展会宣传资料邮寄给目标客户的邀请方式。直邮邀请是参展企业使用最广泛的客户邀请方式,也是成本效益最佳的宣传方式。其优势在于:首先是针对性强。针对潜在目标客户,将采取一对一的沟通方式进行沟通,送达率高,有效性强,客户邀请一步到位。其次是人情味足。直邮类似书信,有书信特有的亲切感,特别是当前网络传播爆发,直邮信件易被客户接受。再次是可测性高。直邮能使参展企业更容易获得目标观众的直接反馈,传播效果易于测量。最后是经济实惠。直邮邀请的成本低廉,投入资金少,投资回报率高。

　　在直邮邀请时,参展企业可以委托邮政局、快递公司等办理直接发函;可以在信封上注明"重要"(Important)或"紧急"(Urgent)字样,以确保邀请函到达受邀对象手中。需要特别注意的是,随着现代信息技术的快速发展,以电子邮件形式邀请客户的邀请方式变得越来越普遍。直邮邀请可附送小礼品、贵宾卡等。虽然礼品本身可能没有多大价值,但是能表达邀请人的用心,会使受邀客户感动,促使其参展。附送的小礼品可以针对不同重要程度的客户分成几个档次。尽量与展会主题和企业产品相关,如果展会主题比较抽象,则可以通过礼品对主题进行具象的阐释。礼品能够作为企业VI(Visual Identity,视觉识别)的载体,充分传达企业 CI(Corporate Identity,形象识别)信息,并可通过设计的新颖趣味性来压低礼品的实际成本。贵宾卡则用于最重要的专业买家,表示他们来到公司展台时凭此卡可以享受 VIP 接待服务。

采用直邮邀请需要讲求策略。邀请函设计上要结合企业的展台设计和展会内容进行个性化设计,凸显企业经营理念和视觉特征,力求给客户留下深刻印象,方便潜在客户参展时对企业有似曾相识的感觉。邀请函风格不能简单套用视觉识别应用要素,而应与展台风格保持一致,方便受邀客户快速找到企业的展台,加深对企业的印象。在语言使用上,邀请函除了注明展会的时间、地点、概况、展台号、新展品及服务项目等信息外,邀请客户的语言要真诚、热情,能够体现企业的经营理念。

4.1.2　电话邀请

电话邀请是一种直接的、双向沟通的宣传方式,具有省时、省力、快速沟通的优点,被邀请人往往较难拒绝。每个人都喜欢被人尊重的感觉,而且被直接邀请感受更佳,一旦答应往往不会食言,所以电话邀请方式的总体效果很好。电话沟通可以通过对方的语音、语气、语速、语言等来判断对方的心理活动。所以对于电话邀请来说,能够一步到位找到目标客户,通过电话沟通激发引起客户的参观兴趣和采购意愿,这是决定电话邀请成功与否的关键步骤。

有效的电话邀请首先要准确地定位目标客户,电话邀请的首要环节就是要确认通话的人就是企业要找的关键决策人。其次要明确给客户打电话的目标,明确为了达到目标所必须提出的问题;提前设想客户可能会提的问题并做好相关准备;把客户经常问的问题做成一个工作帮助表,以便快速查阅,快速应答客户的各类问题;事先要做好充分的资料准备,尽可能熟悉资料,提高快速查阅资料的能力。再次要设计出一套客户愿意听下去的沟通方案,取得客户的信任。在电话邀请过程中,开场白能否引起客户的兴趣,决定了电话邀请的顺畅程度。所以电话邀请中要有引人注意的开场白,避免被快速拒绝,最好在通话开始的前 10 秒就能抓住客户的注意力,并引起他的兴趣,最终取得他的信任。最后要强调自身价值。在客户愿意听下去时,一定要迅速切入谈话正题。商界人士最注重的是实实在在的利益,因而电话邀请时要善于用参展利益作为谈话的内容来引起客户的兴趣。所以电话邀请的关键是要了解客户,了解他们现在需要什么、怀疑什么,以及所面临的难题是什么。在此基础上再做有针对性的说明,这样才能打动客户的心。因此,在描述展会时,应该重点强调参展能够帮助客户解决哪些实际问题,能够为客户创造哪些价值和利益,要将展会招商信息变成有效的帮助策略,这样客户才会比较容易接受邀请。参观价值是邀请时必须强调的部分,只有真正了解客户的心理,站在客户的角度考虑展会所带来的价值,才能很好地说服客户。此外,在电话邀请的过程中,还要注意接听电话的一些技巧,比如在与客户交流时,要做到兴奋、耐心、自信、精力充沛,不与客户争辩,注意表现得轻松,不要一本正经,要像跟老朋友聊天似的,具有亲和力。

4.1.3　与办展机构联合邀请

在实际操作中,很多参展企业过分寄希望于办展机构来邀请客户,其实这是错误的。因为企业参展是实力的象征,其邀请客户的过程本身就是对自己的一种宣传。但是,企业可以联合办展机构,借助办展机构的影响力和可信度,来进行客户邀请。实践证明,参展企业与办展机构联合邀请客户,往往会达到事半功倍的效果。

自第 115 届广交会起,广交会采用"i-分享"活动助力参展企业邀请客户。借助广交会的"i-分享"平台,参展企业不仅能自主向潜在买家发送邀请邮件,还能通过发送邀请邮件获得广交会指定宾馆住宿、广交会电子商务专享服务等奖励。与此同时,广交会"i-分享"系列活动推出广交会 VIP 品牌企业专享的"i 赢家"活动,通过联名邀请、联合宣传等方式,为 VIP 品牌参展企业以及 VIP 买家提供更优质的服务。通过"i-分享",各参展企业与广交会联名向万余名境外买家发送邀请函。另外,参展企业利用广交会境外软文宣传平台,使用英语、俄语、日语等多种语言,在企业的目标客源地区通过 Yahoo、CNBC、Business Today 等超过 500 家媒体网络发布企业介绍及产品新闻,通过与广交会合作的 9 个境外专业展会开展联合宣传。随后几年,参与联合邀请的企业数量快速增加,企业参与的积极性快速提升,联合邀请函发送数量呈几何级数增长,活动成效逐届提升。为鼓励参展企业参与联合邀请,广交会还给积极参与的企业提供酒店住宿、电子商务 E 会员、优先行业搜索、广交会餐饮套券及优先推荐现场采购需求等。与办展机构联合邀请客户,可以更好地为企业与大型国际买家合作提供便利,使企业成功获得与更多买家洽谈的机会。

4.1.4　与行业协会或商会联合邀请

各行各业都有自己的行业协会或商会,其中行业协会往往拥有众多的会员,并定期发布各类信息,或组织各种各样的活动;商会对其会员公司的动态了解较多,对会员的发展战略、投资计划及各自的特点都有较好的掌握。因此,参展企业可以争取各地行业协会或商会的支持与合作,利用它们强大的号召力,借助它们的渠道向行业协会或商会会员发出邀请。行业协会或商会的会员往往都是企业的目标客户,借助行业协会或商会可以取得事半功倍的成效。

4.1.5　通过驻外机构或外国领事馆邀请

对于某些大型国际展会,参展企业还可以通过驻外机构或外国领事馆的渠道向国外的专业买家发出邀请。驻国外领事馆的商务处工作人员不仅对当地情况比较熟悉,与所在国的商界有着长期和广泛的联系,而且对本国国情也十分了解。因此参展企业可以与自己国家驻外的领事馆商务处建立联系,寻求他们的支持。同样,许多国家都在我国的相应地区设有领事馆,参展企业同样可以与其商务处建立联系。比如,参展企业可以通过政府、行业协会或商会邀请外国领事馆官员参加一些与企业相关的经贸、社会及文体活动,以增进彼此的了解和交流,这对于邀请国外客户是非常有益的。

除以上 5 种方式外,还有一些其他的客户邀请途径,比如利用国内外其他同类展会,即到世界各地同类型的专业展会、专业市场上派发邀请函、门票或展讯,以激发买家的兴趣。近些年还出现了一些高级个性化的邀请客户的形式,如办展机构或参展企业为 VIP 买家提供免费客房、商业配对服务等。

在现实工作中,对不同类型的客户,参展企业可以综合采取不同的邀请方式。对于 VIP 客户,可以在电话邀请的基础上登门拜访,并辅以邮寄邀请函、发送 E-mail 等方式来强化效果;对于已知地址(包括 E-mail 地址)的重要目标客户,可以通过邮寄请柬的方式辅以 E-mail 进行目标营销,注意不要过分依赖电子邮件,因为有的信息可能会无故丢失;对于联系方式不清楚的潜在目标客户,可以选择在专业性报刊和网络上发布广告、举办新闻发布会等方式进行广泛营销,以吸引其注意。在骚扰电话严重影响通信环境的当下,贸然的电话邀请应该停止,最好通过熟人介绍再进行电话联系。

形式多样的客户邀请

近几年随着展会的主办者对专业买家重要性的认识不断提高,客户邀请方式不断创新。以下列举 10 种,各有利弊,可供分析借鉴与评判。

①部分政府主导型的展会,地方政府十分重视,主要领导轮流带队,各级分管部门抽人组成规模庞大的出国招商团,分批到各国举办推介会,成本费用极高,但政府团组计划性不高,成员也存在随意性,导致招商效果参差不齐。

②有的办展单位公开在邀请函上标注"落地免",承诺组委会为前往参观的客商提供在本地的吃住行等,以此来吸引专业买家。

③有的请各地对口行业协会组织采购团,然后按规模给对方提取组织费。因此也经常出现滥竽充数的现象。

④在邀请函中注明凭请柬现场领礼品(最好标明礼品名称和价值)和展期的餐券,或凭请柬现场抽奖。

⑤有的在拜访重要客商时直接送去请柬并附上具有一定价值的贵宾卡和礼品。

⑥有的办展单位充分利用信息传媒,将展会消息用手机短信的方式发给所有专业买家,这种方法既有目标的针对性和操作的简便性,又快又节省费用,正被越来越多的人采用。但在骚扰信息困扰人们生活、工作的当下,这种方式对接受者来说感觉并不佳。

⑦有的参展单位干脆就派人在展厅或宾馆酒店门口拦截客商然后直接拉到自己的展台,因厂家争抢客商而引起纠纷的情形也时有发生,让客商感到十分尴尬。

⑧有的办展单位要求每家参展企业必须提供一定数量的客户名单,报组委会后统一以办展机构的名义发出邀请,而参展企业则担心自己的客户被别人带走,因此经常"留一手"。

⑨有的地方政府主办的"洽谈会""招商会"的招商工作有较大难度,采用商业化运作,请相关单位或人员协助邀请外商赴会,按外商报到的实际数量提取招商佣金(每位数百元至数千元不等),这种做法称为"商托"。出于"商托"的利益,有些持海外护照长期在境内的人员也经常成为前来凑数的对象。

⑩德国汉诺威国际展览公司每年用于推广组织、争取专业买家、招商、广告的支出达 1 亿德国马克,在 100 多个国家和地区举行几百次信息发布会,仅"木工与机械展"一个项目,在上海一年就举办了 5 次信息发布会。

需要注意的是,展会的有效观众在到会观众的总量中要保持一定的比例,一般不能低于 30%,参展才能取得预期效果。因此客户邀请不仅要注重客户的数量,更要注重客户质量。

目前一些展会虽然人气旺盛,场面火爆,但是大比例是看热闹的人,专业买家寥寥无几,展台展品无人问津。为改变这种状况,办展机构和参展企业既要不断扩大观众邀请的渠道,增加观众的数量,更要深入研究展会观众的特征,提高展会上有效观众的比例。

4.2　参展广告宣传

4.2.1　广告宣传

广告是企业参展宣传的重要方式,也是吸引潜在客户的主要手段之一。参展广告覆盖面较广,能够覆盖已知的和未知的所有潜在客户,可以将参展情况传达到直接联络所遗漏的目标客户,还可以强化直接联络的效果。但参展广告也是最昂贵的参展宣传手段,因此广告宣传安排要严格控制,刊登广告要目标明确,根据需要、意图和实力进行恰当的媒体选择和时间安排。

1) 广告规模的设计

广告预算决定广告规模,要根据需要和条件决定预算。如果经费充裕,可以在多家媒体上反复登载广告。如果经费有限,集中力量在少数影响大、效果好的媒体上做广告。广告开支与效果不一定成正比例。选择合适的媒体是降低成本、提高效率的最好办法。

2) 广告媒体的选择

广告媒体的选择主要看媒体的受众是否与参展企业的目标客户相重合。如果是专业性质的展会项目,则要选择使用生产和流通领域里针对专业客户的专业媒体,包括专业报刊、内部刊物、展会刊物等刊登广告。如果是消费性质的展会项目,可以选择在大众传媒,包括大众报刊、电视、电台等综合媒体上刊登广告。

①专业刊物。主要指生产、流通领域的专业报纸、杂志。专业刊物是参展企业刊登广告最常见的选择。专业刊物的受众如果与参展企业的目标客户一致,就可以选择在专业刊物上刊登广告,效果很好,而且费用比大众媒体低。某一专业领域往往会有数家报刊,如果预算有限,就要选择在影响最大的专业报刊上刊登广告。如果预算充足,可以多选择几家刊物刊登广告。交叉使用行业内的不同刊物刊登广告可以加深客户的印象。展会前夕,在专业刊物中设广告夹页,可以刊登展会的相关信息和照片,印刷质量好,可给人留下较为深刻的印象。夹页广告上还可以印有参观邀请券,方便观众使用。

②内部刊物。主要指政府有关部门、贸促机构、工商会、行业协会刊物。在内部刊物上刊登广告的优点是读者更专业,多是特定的专业读者,费用低、效果好;缺点往往是覆盖面不够理想。参展企业如果与内部刊物有特殊关系,可以在做广告的同时安排新闻性质的报道,来加强宣传的可信度。内部刊物里往往会有展会目录。因为展会目录具有较好的检索功

能,可供目标客户查阅展会信息,因此受关注度比较高,企业的广告宣传可以穿插其中。

③专刊。它的读者对象是对展会有兴趣的人士。专刊可以放置在观众比较集中的一个或几个酒店大堂,或者将资料随免费报刊送到每个房间等。参展企业可以利用展会编印的专刊做广告宣传,收费一般低于正常版面。由于现实中存在声称广泛发行而实际只在展会现场发行以骗取广告费为目的的专刊,参展企业要认真判定和确认。

④互联网。由于互联网的迅速发展,特别是移动互联网和智能手机使用率的爆发性增长,网络广告快速增长。网络广告费用低廉,覆盖面广阔。办展机构、参展企业都有自己的网站,可以用来发布企业参展信息和广告。参展企业也可以通过行业机构、协会、商会的门户网站发布广告。在信息大爆炸的当下,网络广告的不足有:作为"信息海洋"的网络,信息量太多,广告被淹没的可能性很大;议价能力越强的大客户,主动搜索的可能性越小,登录相关网页阅览到网络广告信息的可能性越小,因而最重要的目标客户不一定能通过网络看到广告信息。

⑤综合性报刊。这是把展会信息传达给社会公众,提升展会知名度的理想媒体,但如今信息爆炸,无新意、无亮点的广告不容易引起消费者的注意,因此要注重广告创意,力求设计新颖。随着社会公众的注意力被移动互联网稀释,综合性报刊的阅读率呈断崖式下跌,参展企业需要慎重选择报刊媒体并理性评估效果。

⑥海报招贴。海报比较适合面向大众的宣传,适合宣传消费性质的企业使用。如果有专业人员聚集的地区,也可以在该地区张贴海报做专业宣传。张贴海报要注意时间、地点以及办理海报管理规定的手续。海报多被展会组织者或大公司使用,可从机场、车站、市中心沿路,一直贴到展会现场甚至展台。

⑦广告牌或条幅。广告牌分场外广告牌和场内广告牌。场外广告牌主要用于吸引观众注意力,激发观众的兴趣。场内广告牌的主要作用不是推销而是吸引观众参观展台。广告条幅悬挂在展馆建筑物上的数量众多,五彩缤纷的广告条幅可以制造出热闹的气氛。在馆内使用很多条幅的做法可能是中国展会的特色。展馆内从顶部悬挂到展台上的广告条幅或者立在展台之上的广告牌,对已步入展馆的观众,是吸引其注意力、引导其走向展台的一种好方式。

3) 广告时间的安排

广告时间需要做好统筹安排。在一般情况下,不要将广告集中在展会开幕前几天,而应该在3~4个月前就开始,安排好时间间隔并持续刊登,有利于加深客户的印象。调查显示,比起未登广告的参展企业,在展前连续登6次广告的参展企业会拥有多50%的观众,登12次整版广告的参展企业会拥有多70%的观众。广告不仅可以安排在展会之前,还可以安排在展会期间和展会之后。展后广告主要是对客户造成持久的影响以及印象,促进实际交易。

4）广告宣传的注意事项

（1）广告内容要简洁准确

简洁准确是广告成功的关键。阅看广告的人只关心事实,因此广告内容一定要从观众的视角,做到简洁准确。广告用语要讲究语法,切不可过于修饰。广告所表达的内容要使阅读者能够轻松领会,避免生涩难懂。广告内容要有吸引力、全面,要将有关信息传达给目标客户,还要引起观众的注意和兴趣。广告除了刊登公司名称、联系地址、参展目的、参展产品之外,还必须强调产品的特性、适合对象、为使用者带来的益处等,并可提及参展企业在当地的代理或代表,注明有兴趣的观众可以索取更详细的信息。

（2）广告图片要使用恰当

大部分工业品的广告针对男性,大部分消费品的广告针对女性。工业品的广告大多使用物品的形象,令人感觉实在;消费品的广告大多使用人物的形象,令人感觉舒服。企业参展广告宣传力求简洁明快,因此在图片使用上也要力求恰当、简单明了地传递企业信息和产品信息。当然,若能图文配合,营造一点幽默氛围,往往会收到很好的效果。

（3）广告语言要有创造力

广告语言应该标新立异、独树一帜,只有这样,才能吸引观众的注意力。所以,在设计广告语言时,应该有"语不惊人死不休"的探索精神,使广告语言具有创造力。现在不少广告投放之后就如石沉大海,惊不起波澜,无法引起公众的注意,无法在消费者头脑中留下印象,究其原因,是广告语言创造力不够,冲击力不强。广告语言最好和广告图片紧密配合,形成张力,起到画龙点睛的作用。

（4）广告规模要恰到好处

根据理论模型来说,广告至少投放 3 次,才能取得一定效果。第一次投放,让消费者知晓某个产品的存在;第二次投放,则让消费者进一步了解这个产品的好处和利益;第三次投放,则让消费者喜欢上广告产品进而产生购买欲望。当然,这只是理论模型,在实际媒体环境中,由于竞争性广告的存在和消费者接受广告信息的消极状态,企业广告的投放次数往往要比 3 次多得多,有时候一个晚上就播出超过 3 次,有的还一次性连续播出 3 次,并且播放几个月。企业参展广告一般在展会前几个月开始投放,频率可相对集中但需要达到一定的播放次数,可以在报刊的大版面、电视、电台长时间的投放,更好地吸引消费者注意。

另外,参展企业可以选择展会所在地的广告代理商来服务自己的广告投放,因为其熟悉展出地的新闻媒体并与之有更近的关系,同时还熟悉当地的广告文化和广告投放效果。

4.3　参展新闻工作

新闻工作是宣传工作的一个重要环节。新闻报道的公众信任度比较大,效果比广告更优,并且新闻报道是不收费的。因此,新闻工作是一种低成本、高效益的宣传工作,对任何参展企业都很重要,特别是缺乏经费预算的参展企业更应当注重新闻宣传。新闻宣传需要在展会的展前、展中、展后阶段开展。

1) 展会的新闻工作

展会一般设有负责新闻工作的机构,来为新闻工作者提供专门的工作场所和所需的服务。参展企业应当了解展会的新闻人员、机构组成、工作内容、设施、活动及服务,并充分利用展会新闻服务来传播企业和产品信息。在展会组织中,负责与新闻界打交道的人员称为新闻官;负责新闻工作的机构通常称为新闻部或新闻办公室,规模小的称为新闻组。记者通常会到新闻办公室向新闻官了解和询问有关展会的情况。因此,参展企业要在展会开幕时结识新闻官,邀请他参观展台,并向他介绍新闻材料。新闻办公室和新闻官乐意帮助参展企业,例如提供咨询建议,提供有关媒体的联系方法,帮助邀请记者或联系新闻媒体等。

2) 新闻工作准备

（1）参展企业要指定新闻负责人

新闻负责人一方面要全盘负责新闻工作,另一方面要掌握企业参展的全面情况,负责与媒体打交道。为做到这一点,新闻负责人应当具有相应的知识,一般由参展企业项目经理或者负责宣传的人员担任,同时还应当参加公司经理会议,便于了解公司产品,了解公司的长期发展战略。在经理会议上,决定哪些信息可以对外提供。

（2）根据目标客户选择合适的媒体

媒体选择要针对目标客户,只有目标客户阅读和关注的媒体才是有效媒体。参展企业可以列出合适的媒体名单,从当地的新闻名录中查找合适的媒体,也可以通过询问目标客户读哪些报刊,从中选择合适的新闻媒体;可以从经济报刊、商业报刊、电子媒体、地方报刊,认识进行展会采访的媒体记者,并获得他们的联系方式,邀请他们到展台采访。需要指出的是,为展会刊登广告的媒体一般都可以作为参展企业新闻工作的首选对象,这些媒体刊发参展企业新闻报道的概率最大。

（3）与媒体建立长期的友好合作关系

新闻工作具有长期性,与媒体保持良好的关系是新闻工作成功的条件。参展企业应该与媒体多打交道,建立直接联系,持续巩固良好的关系,做好媒体公关。媒体公关的对象可以是新闻媒体及其新闻和贸易专栏评论员,电视台和电台采访员、摄影师、编辑及记者。登门拜访最重要的对象是媒体记者和编辑,利用电话与他们保持联系,邀请他们参观企业。良好的人际关系有助于赢得媒体的最大支持并获得较高的报道率。媒体公关可以自己负责,也可以委托专业公关公司和广告公司负责。

3) 新闻工作方式与程序

新闻工作有不同的方式,有一定的程序和时间要求。参展企业的新闻工作程序是使用合适的新闻方式,通过合适的新闻媒体,将企业产品信息传达给目标客户。参展企业经常使用的新闻工作方式有举行记者招待会、编发系列新闻稿、提供新闻专题报道、提供照片、邀请主要媒体的记者参观采访展台、安排专访特刊等。新闻稿分综合新闻稿和专题新闻稿。新闻稿可以覆盖所有展品,但是要有重点;对重点媒体可以进行直接人际联系并提供专稿;要按一定的频率向媒体记者提供新闻稿。

新闻工作应制订相应的计划,有计划、有步骤地开展,以提高工作效率和效果。展会开幕前,参展企业可以在展出地举办一次记者招待会,全面介绍参展情况,包括企业基本情况、参展目的、参展主题、参展产品等。如果企业的目标不止一个地区,可以考虑在目标客户集中的地区举办记者招待会。展会开幕后,企业仍要继续开展新闻工作,积极邀请记者参观、采访展台。如果有重要活动和贵宾参观,要安排记者采访,持续提供新闻稿。展会闭幕后,企业要将新闻综合总结寄发给有关媒体,并对到场的媒体记者发函致谢。

展会新闻工作计划

展会举办8个月前,任命新闻负责人,或开始联系委托代理收集、整理目标新闻媒体和人员名单。

展会举办6个月前,制订新闻工作计划,准备、编印新闻材料。

展会举办4个月前,开始新闻宣传,发布新闻稿。

展会举办2个月前,举办一次记者招待会,发布参展基本消息,将新产品情况提供给媒体;计划展期内的记者招待会,确定时间、地点、发言人、内容、议程等;预订展会新闻中心信箱,拍摄产品照片(必须使用专业人员和设备)。

展会举办1个月前,准备资料袋,向地区和地方报刊提供参展有关情况、资料,邀请记者参加记者招待会、参观展台。

展会举办2星期前,检查展期新闻准备工作,参与展会的新闻活动。

展会举办1星期前,向展会新闻部门提供有新闻价值的项目、产品、重要活动等,举办记者招待会。

展会之后,收集媒体报道情况。如果在展会期间对记者做过承诺(比如提供信息、安排采访等),一定要尽快办理,或告知何时将办理并向未能参观展台的记者寄资料袋,向出席招待会、参观展台的记者发感谢信,向所有记者寄展台新闻工作报告。要及时报道编发读者来信,与媒体保持联系,否则会造成坏的影响。

4) 新闻资料的准备

新闻资料是新闻工作的重要组成部分。向新闻人士提供的资料可以不局限于参展内容,因为新闻人士比专业买家兴趣面更广。新闻资料可以是新闻稿等形式上的资料,也可以是采访内容上的资料。新闻资料应当寄发给新闻媒体,同时放在展会的新闻中心或展台内。新闻资料数量要准备充足。新闻资料包括新闻稿、特写、新闻图片、参观邀请等。

(1)新闻稿

新闻工作的主要任务之一是编发新闻稿。新闻稿是参展企业提供给媒体的主要的新闻资料,如果内容新颖,符合新闻要求,被采用的可能性就大一些。要注意,新闻稿内容必须是新闻媒体感兴趣的,有报道价值的。另外,新闻稿的最终读者是目标客户,因此要了解目标客户的兴趣,按目标客户的兴趣编写内容。新闻稿的数量可以根据企业的规模大小、参展规模大小以及需求决定。在条件允许的情况下,可以尽可能多编印一些新闻稿。

在展会开幕前 2~3 个月甚至更早,参展企业就可以考虑开始编发新闻稿,综合介绍参展情况(展会日期、地点、展台位置、编码、主题、参展主要目的等),然后采取定期编发新闻稿的模式,具体介绍企业参展内容。开幕式当天要编发一份新闻稿,介绍贵宾参观、讲话等情况,并可以附上贵宾参观、展品展示等照片。展会期间,可以编写多份新闻稿,介绍一些重要贸易接触、成交情况以及其他有新闻价值的信息。闭幕式后安排一份新闻稿,总结参展成果或效果,促进后续贸易工作,展望未来发展。

新闻稿的行文风格和格式最好与媒体一致,以便记者采用。新闻稿的写作基本规律是写明时间、地点、人物、事情和原因,英文称为 5W,即 When,Where,Who,What,Why。新闻稿要简短,最好用一页 A4 纸,顶部标明"新闻稿"及企业名称、地址等,注明新闻稿发出日期和新闻负责人姓名、电话、传真,以便记者编辑获取更多详细情况,建议单面打印,行距要大,留出编辑改稿面积。了解新闻媒体的出版频率、周期以及截稿日期,计算好时间,及时安排人员递送新闻稿。新闻稿除了提供给新闻界,还可以提供给相关客户,同样可以发挥良好的宣传效果。

(2)新闻图片

新闻图片是媒体不可缺少的材料,可以衬托新闻宣传。新闻图片从参展企业和新闻媒体角度来看都有其宣传价值。精彩的照片只可在瞬间抓拍,忙碌的记者往往会顾此失彼,参展人员可以用心记录展台中的精彩瞬间,提供给媒体记者。新闻图片具有易读性,信息量大等优点,读者更加喜欢阅读,媒体就更需要向其提供高质量的图片。好的新闻图片比好文章更可能被采用。有关新闻图片的注意事项包括:在原环境中拍摄,注意照片的可信度;照片最好由新闻专业摄影师拍摄,这类摄影师了解媒体对照片内容和规格的要求;照片背面可以附上照片概要、公司地址、登载许可,注明"免费"字样常常有助于编辑采用照片。

(3)新闻资料袋

新闻资料袋是向媒体提供成套宣传资料的主要形式,主要是新闻资料(包括发言人名单、发言稿)和参展资料。在展台上提供的资料袋应装有参展的新产品材料、展台情况(背面应有简要说明)、企业概要以及重要日期。资料袋可以寄发给媒体;可以在记者招待会上散发给媒体;可以放在展会的新闻中心供记者自由拿取;可以放在展台提供给采访的记者;可以提供给各个有关部门,包括工商会、行业协会、政府有关部门等。

5)新闻工作的内容

参展企业通过新闻媒体刊登参展和产品消息往往能够取得良好的宣传效果,不仅可以引来更多有价值的重要人物参观,也可以加深客户印象。新闻报道的内容一定要有新闻价值,符合记者的判断标准。参展企业必须了解新闻媒体的报道价值取向、对展会关注和报道的视角,向目标媒体提供符合其价值判断和兴趣点的企业信息和产品信息。而不同媒体有着不同特点,报纸以文字为主,诉诸视觉;电视声图并茂,诉诸视觉和听觉;广播以声音为主,诉诸听觉。因此要根据媒体的不同特点提供不同形态的信息。

新闻报道方式包括企业活动新闻、参展企业介绍、产品介绍、专家评说、客户评价等。有些刊物会设专版、专刊等,可以考虑使用,这样可以加强记者报道的效果,也可以考虑邀请撰稿人在有关刊物上登载企业软文。向新闻媒体提供的新闻稿件具有较高专业水平,既能方便记者直接使用或者直接摘用,又能引起新闻媒介和读者的兴趣。

6) 记者招待会

记者招待会是参展企业与新闻界人士建立并发展关系的良好机会,是将参展企业情况广泛深入地介绍给新闻界的方式。举办记者招待会是与竞争对手抢占有限报道资源的机会,组织得好,效果会很好,应充分利用。

"内容为王"——记者招待会要特别注重内容。参展企业必须要有充分的能吸引新闻媒体兴趣的内容,方可考虑举办招待会。记者招待会可以在企业参展的各个环节召开,不同时段的记者招待会侧重点各不相同。有条件的参展企业可以在展会前 1~2 个月举行记者招待会。开幕前的招待会多介绍参展目的、参展内容。闭幕后的记者招待会多介绍参展结果、企业参展的收获。记者招待会在安排上可以邀请重要客户参加。有些记者招待会会设置拍摄专场,专门为摄影和摄像记者精心准备拍摄场景。

记者招待会可以在企业展厅、展会新闻中心或展出地的酒店里举行。在何地点举办记者招待会与参展企业的规模和预算有关。如果参展规模小,则在展厅举办记者招待会;如果参展规模很大并且重要,则在酒店里举办记者招待会。在展厅举办记者招待会的优势是环境熟悉,可以向记者展示产品。在展会新闻中心举办记者招待会的优势是设备齐全,能显示档次,方便与会者记录。记者招待会一般安排在上午,不宜太早,多在 10:00—12:00,时长大体控制在 1 小时以内。

记者招待会要制订专门的记者招待会工作计划,准备工作要充分,细致周到,体现专业性。

记者招待会工作重点

详细商定时间、地点、程序、内容、人员、司仪讲稿等。

安排时间、地点,注意时间安排与其他活动安排,包括自己的活动、参与者的活动和其他重大活动,不要冲突。

尽早书面邀请记者,邀请范围可包括展会高层人士和重要客户,招待会前两天用电话再次邀请,并确定是否出席。

准备新闻资料、讲话稿、产品照片甚至宣讲人的照片等,并装袋,提前准备记者可能提出的问题的内容。

精心布置会场,包括主席台、座席、花篮、招贴等;安装、调试设备,包括扩音设备、投影设备、幻灯设备、照明设施、空调等。

准备好胸牌、签到簿、纸笔、饮料、纪念品等。

记者招待会最好由参展企业的高层领导主持或到场发言。发言务必简短,最好控制在 10 分钟左右,发言人数一般不超过 3 人。要对记者提问的内容有一定的预测并做好应答苛刻提问的准备,以免现场出现冷场或惊慌失措的情况;要适当把控记者提问的时间,最好不要超过 1 小时。招待会现场准备茶歇点心,营造好的环境。

7) 记者采访

记者招待会后应该跟进安排记者采访工作。记者采访可以由参展企业主动邀请并安排,也可以应记者要求进行安排。记者采访范围小但是灵活,提问更加深入,有助于深入的交流,工作量相应较小。工作做得好,会极大增进记者招待会的效果,收获更多媒体报道。

展台新闻负责人要主动邀请新闻记者和编辑参观采访。接待记者采访应由新闻负责人或展台经理出面,要清楚记者的关注点,协助安排记者的采访活动,给记者提供方便。记者采访时,展台新闻负责人应该重点介绍有亮点的展品和活动。一些记者在展会现场四处走动,可能会走访展台。不论是邀请来的记者或者是主动前来的记者,都应该热情接待。

电视台、电台采访人员可能要求特别的帮助,比如电源、安静的环境等,要尽力安排。展台新闻负责人选择被采访人时要考虑其知识程度和交谈能力。电视采访人员可能会要求重新摆展品以求更好的拍摄效果。记者拍摄展台时,争取让其将参展企业名称、展品拍摄在画面内,并要提醒范围内的展台工作人员注意举止。

记者招待会和记者采访要有后续安排,包括持续跟进确保发稿;补充提供记者感兴趣的新闻材料;寄送书面致谢函;收集媒体报道等。

8) 网页宣传

网页宣传的内容一般包括参展企业介绍、展品介绍、友情链接等。越来越多的展会赞助单位提供参展企业与展会网页的链接服务,参展企业可借此提高公司及其网页知名度。观众亦可在线上进行技术问题讨论,或与参展企业确定展会期间的约谈。

为了更好地利用网页宣传,参展企业可在各种网页上刊登参展产品图片或主题,并列出未来企业参加展会项目的一览表。如此一来,不仅方便客户做参观规划,也可提高自身在展会现场的辨识度。同时,参展企业亦可在网页中展示产品,专业观众可先行在网络上简单了解参展企业的产品,再到会场取得详细资料。

如何增加主页的访问量是众多参展企业网页宣传的难题。解决这个问题,需要做的是:第一,在制作完精美的企业网站之后,要给每一个潜在客户发一封 E-mail,告诉他们企业的网站已经正式开通,请他们光顾指导,指出缺点和不足。第二,到各大搜索引擎去注册登记。这一点是最关键也是效果最明显的。不仅在国内的搜索引擎登记,国外的一些著名搜索引擎也要去登记,做好吸引一些外国客户的准备,使企业的主页走向国际化。第三,与专门从事网上广告互换的网站进行广告互换,或与相关的网络站点进行友情链接。不过,如果太多的广告占据了企业的网页,就会影响浏览速度,令人反感,反而适得其反,所以一定要掌握好度。合理的网页排版,既不影响美观,又能推销自己,两全其美。第四,去相关 BBS 站点发企业介绍,附上企业网站地址,请网友们光临指导。

思考题

1.简述直邮邀请的具体策略。

2.如何使电话邀请卓有成效?

3.简述电话邀请的要点。

4.如何做好与办展机构联合邀请?

5.如何做好参展新闻资料的准备?

第 5 章
展品选择与运输

【学习要求】

掌握展品选择的原则、理解展品选择应考虑的因素,掌握展品选择应处理好的关系,掌握展品包装的构成,了解运输包装标志,掌握展品运输筹划,何谓去程运输和回程运输,理解跨国运输的复杂性,简述货物进口报关形式,掌握参展保险办理注意事项。

5.1　展品选择

5.1.1　展品选择的原则

展品摆放在展台,目的是引起客户的关注,激发其潜在的购买欲望,促使客户做出购买行为。展品是企业实现参展目标的载体,承载着企业开拓市场、树立企业形象、提高知名度等愿望,选择合适的展品参展十分重要。参展企业在选择展品时应坚持 3 条基本原则,即针对性、代表性和独特性。

1) 针对性原则

针对性原则是指展品要针对展会定位和展品范围进行选择,并且要符合企业参展的目的及展会的性质,契合展会主题。现代展会专业细分程度已越来越高,即使是同一个展会,每届也会有不同的主题。如果没有深入了解展会相关信息就贸然参展,容易出现文不对题、参展效果不好的败局。

2) 代表性原则

代表性原则包含两个方面的含义:一是指展品要能体现出参展企业的技术水平、生产能力及行业特点;二是指展品要代表本企业生产的同类产品的平均质量水平,展品就是参展企业给客户提供参考,并以此成交的样品,在成交后必须能够按样供货。

3）独特性原则

独特性原则是指展品有其自身的独到之处,以便和其他同类产品区分开来,这样的展品在展会上容易引起观众的注意,达到出奇制胜的效果。

5.1.2　展品选择应考虑的因素

企业在选择展品时应根据内部条件和外部环境,从市场潜力、产品供货能力、知识产权等相关规定多方面进行考虑。

1）市场潜力

开拓市场是参展的最终目的。在参展前,要分析展会所覆盖的市场区域的经济发展水平、消费能力和消费习惯,判断展出的展品在该地区有无市场需求。在展出场地有限的情况下,应优先选择展出市场潜力大的产品。

2）产品供货能力

对于供不应求的产品,企业可以考虑不参展或少参展;对于供货能力充裕或正在扩张产能的产品,则应大力参展。

3）知识产权等相关规定

展会对企业参展的展品都会有一些规定和要求。比如广交会规定:凡涉及商标、专利、版权的展品,参展单位必须取得合法权益证书或使用许可合同;由供货单位提供展品的展品,参展单位和供货单位必须在参展前签订展品参展协议(协议内容包括展品类别,展品参展的摊位号,商标专利、版权条款及时效等,并附相应合法权利证书复印件,口头协议一律无效)。如果是出国展,展品必须符合展出国相关的进口规定。

5.1.3　展品选择应处理好的关系

企业选择展品要考虑诸多问题,甚至有时会遇到一些矛盾,使问题复杂化。企业在选择展品时应尽量做到有所取舍、全面兼顾,处理好宣传与贸易、质量与数量、新产品与老产品之间的关系。

1）宣传与贸易

从长期看,宣传促进贸易,但是从短期看,宣传和贸易有时是矛盾的。生产部门可能会要求展出显示技术水平的产品,而销售部门可能会力争展示销路好的产品。比如,数控机床能反映出一定的技术水平,对参展企业建立企业形象有益,但由于竞争对手多,成交可能不容易;而普通机床可能较容易成交,但是也容易给买主留下档次低的印象,不利于企业长期发展。因此,企业要根据展出目标协调处理好宣传与贸易之间的关系。

2) 质量与数量

企业要注重展品的质量,档次低、包装差、款式落后、工艺陈旧的产品不宜作为展品。质量不过关的产品、保密产品、仿造产品(违反《中华人民共和国专利法》)不得展出。展品展出在精不在多,其数量要适当,品种要有重点、成系列,不要面面俱到,且展品摆放要有条不紊,避免给观众留下皮包商或小贩的印象。

3) 新产品与老产品

老产品可能已经占据了一定的市场份额,成交把握较大,因此,展台工作人员可能更愿意展示老产品。但是,专业买家参展的主要目的之一就是了解新技术、新产品。另外,只有不断推出新产品才能保住甚至扩大市场份额,因此,可以重点考虑选择新产品或有新用途的现有产品进行展出。需要注意的是,新产品必须有良好的性能和很强的实用性。另外,试制品或半成品最好不要展示,因为这容易使客户去找竞争对手供货。

5.2 展品包装

展品包装、标识是保证展品顺利运输的一项重要工作,它对单证制作、办理报关保险也有重要影响,参展企业应认真细致地做好这项工作。

5.2.1 展品包装的构成

1) 销售包装

销售包装是产品的直接包装,又称小包装。展会结束后,展品或回运,或赠送,或售出。展会结束后,展品通常还要再包装,因此,展品小包装不能是一次性的包装。小包装的功能有两种:一种是保护功能,在运输、搬运过程中保护产品;另一种是艺术功能,放在货柜上吸引客户。如果展品是直接展出,可以不考虑小包装的艺术功能,而着重考虑其保护功能。

2) 运输包装

展品运输需要运输包装,又称大包装。大包装箱多是纸箱和木箱。如果可能,尽量使用纸箱包装,因为有些国家对木材包装要求严格,规定必须使用经过处理的木材。运输包装箱务必坚实、耐用,以适应长途运输的需要;包装箱的设计应简单,方便非专业包装人员打包、拆包,可以人工开箱并再封箱而不需借助器械。大包装箱不论是纸箱还是木箱,在封箱后最好再用打捆机捆牢,因为纸箱的胶条和木箱的钉子不一定能承受反复装运造成的磨损。

3) 运输箱

真正用于运输箱的是集装箱或木套箱。展品运输包装尺寸不一,要紧凑地装入运输箱中需要一定的技术。因此,装运输箱时最好由有经验的人指挥。装箱紧凑,一是防止运输途中摇晃,二是为了减小体积。运输费用是按体积计算的。易碎物品箱最好放在运输箱的上部,以免被压坏。动植物检疫物品箱最好放在运输箱靠门侧,以便提取。

4) 衬垫物

衬垫物应使用规范的化学包装材料,比如气泡塑料膜、压塑块、泡沫颗粒等,因其有较好的防震抗压性能。衬垫物要用可以重复使用的包装材料,比如气泡塑料膜就比泡沫颗粒便于重复使用。

在进行展品包装时应注意如下事项:为了装卸、搬运方便,包装箱不宜过大,销售包装要能够人工搬动而不用器械搬动,运输包装的尺寸要能够出入展馆的门和电梯;禁止使用稻草、废纸等易带病虫害源的物品作为包装衬垫物;如果是出国展,且包装材料是木箱,必须要经过熏蒸处理,以防止病虫害传播到他国(报关有要求);易燃、易爆、易腐及有毒展品禁止装箱;装箱时将展场可能使用到的小工具,如绳子、钩子、封口胶条、钉子等一并带上,方便随时使用;做好包装标识,并且将每个包装内的展品清点成册,以便寻找;装箱单和展品清册的内容必须要与箱内的展品一致。

5.2.2　运输包装标志

运输包装标志是在进出口货物的运输、交接、仓储及商检等过程中,为了便于有关方面识别货物、核对单证,而在商品的运输包装上所做的标志。运输包装标志包括运输标志(又称唛头)、指示标志与警告标志。

1) 运输标志

不同展会所使用的唛头会有所不同,一般展会承办单位会指定统一唛头格式,其内容通常包括展会名称(Exhibition)、参展企业名称(Exhibitors)、参展企业摊位号(或编号)和箱号、体积(Meas)、毛重、净重等。

2) 指示标志

指示标志用来指示运输、装卸、保管人员在作业时需要注意的事项,以保证物资的安全。这种标志主要用以表示物资的性质,以及物资堆放、开启、吊运等的方法。

3) 警告标志

运输物品有易碎、怕压、不能倒置等特殊要求时要用特殊符号标明。

我国对运输包装标志和其使用的文字、符号、图形以及使用方法,都有统一的规定。运输包装标志必须简明清晰、易于辨认。运输包装标志要符号简洁、图案清楚、易于制作、一目了然、方便查对。运输包装标志的文字、字母及数字号码的大小应和包装件标志的尺寸相称,笔画粗细要适当。标志的涂刷、拴挂、粘贴标志的部位要适当。所有的运输包装标志,都应位于搬运、装卸作业时容易看到的地方。为防止在物流过程中某些标志被抹掉,或因不清楚而难以辨认,应尽可能在同一包装物的不同位置放置两个相同的标志。运输包装标志要选用明显的颜色,标志使用的颜料应具备耐温、耐晒、耐摩擦等性能,避免发生褪色、脱落等现象。

展品运输中的包装问题

在某次北京国际汽车展上,曾出现一些因包装物证明、包装材料不符合中国检疫部门要求的现象。车展开幕前,运输代理商在协助检疫人员检验开箱时,发现国外展品大部分都使用垫木固定汽车的4个轮子。国外企业来华参展如果使用原木材料作为垫木,务必提供熏蒸证明原件及官方检疫证书,并建议使用人造板材作为填垫物。本次车展虽事先已经对其发出通知,但还是有些参展企业没有重视运输代理商的通知。一个德国参展企业发运9个40英尺①的展架材料及3个40英尺集装箱的展车,由于该参展企业在其货物出口前没有在该国境内进行熏蒸消毒,无法提供相应的官方证明原件,我国检疫人员在进馆查验时将其扣留,并要求其退运出境。时间紧迫,眼看着其他展台搭建得粗具规模,该参展企业后悔不已,提出只要能够参展,他们愿意接受中国检验检疫局做出的任何处罚,并保证以此为戒。经展会主办方再三与检验部门联系协调,最后有关部门同意将其货物在中国境内进行熏蒸消毒,以及常规性消毒检查,并在对其进行经济制裁后方可进馆。

该事件提示企业展品运输必须严格遵守检疫部门相关规定,扎实做好各项工作,才能确保参展成功。

5.3　展品运输

展品运输非常重要,一旦运输环节出现问题,可能会导致全部或部分展品、道具未及时运到、途中损坏、丢失等后果,从而使参展失败。只有展品安全、及时到达展会现场,才能按原计划布展和展出,因此展品运输是一项涉及参展企业能否按时布展、顺利参展的重要工作。展品运输不仅仅只是运输展品,它涉及展架、展具、布展用品和道具、维修工具、宣传资料和招待用品等方面的运输,是一项专业性很强的工作。参展企业往往因无力亲自开展展品运输而指定有良好资质和信誉的运输代理机构来专门负责展品的运输工作。展品运输大致可分为展品运输筹划、去程运输和回程运输等阶段。每个阶段都有专业的要求。

5.3.1　展品运输筹划

展品运输工作需要统筹策划。运输筹划涉及运输方式、运输路线、运输日程、运输费用、运输公司和代理机构等内容。复杂的运输过程包括以下阶段:企业将展品运至指定的集中地点;集体展出组织者理货后将展品用陆运方式运到港口、机场或车站;用海运、空运或陆运

---

①　1英尺≈0.3米。

(火车、卡车等)方式将展品运至目的地港口、机场或车站;用陆运方式将展品运至展台,并在展会结束后将展品运回,或者运往下一个展会举办地。展品运输筹划内容包括以下 5 个方面。

1)展品运输调研

运输筹划之前首先要掌握各方面的情况,这就需要进行相关的调查研究。展品运输调研的范围主要根据工作需要而定,包括运输公司、报关代理,交通航运条件,可能的运输路线和方式,发运地和目的地,车船运输设备,港口设备和效率、安全状况,运输周期和轮船班次,车次、航班时间及费用标准,发运地、展出地对展品和道具的单证手续、要求及规定。

如果是国际展会,要了解本国和展会所在国的海关规定、手续、税率、特殊规定及展会所在国对展品进口和处理、运输、保险等的规定和要求;了解展出地是否许可办理临时进口手续,以及免费进口宣传品、自用品等;了解参展企业所在国和展会所在国是否都加入 ATA 公约,以便通过商会索取临时进口表格并办理有关手续,并要了解展会所在国对道具的处理规定和手续,如出售、赠送、销毁、回运;要详尽了解海关是否对展会有特别的优惠规定,如给予展会的配额和通关便利。大部分情况可以通过展会组织者了解,或者通过运输代理机构了解。

2)运输方式与路线

运输方式与路线主要有水运(包括海运和内陆水运)、空运、陆运(包括火车运输、汽车运输等)、快递、邮寄、自带等。各种运输方式均有着不同的优势和劣势。水运的特点是时间长,但是费用低。海运是出国展出主要使用的运输方式。空运的特点是时间短,适用于时间紧、货物少的运输,或运送特殊货物,如生鲜产品等,但是其费用昂贵,一般情况下较少使用。陆运是介于水运和空运之间的运输方式。陆运可能是展会运输使用最广泛的、不可缺少的方式。如果是安排漂洋过海的国际展会运输,则需要安排港口两端,即港口与参展企业所在地和港口与展会所在地的陆运;而更多的是安排国内展会或大陆(比如欧美大陆)内的展会运输,只需要普通陆运。在欧美大陆,展会运输相当发达,展会运输常常是使用专用的卡车进行门到门运输,卡车在参展企业所在地装货运到展场卸货。如果是国内展会,在展品不多的情况下,参展企业可以随身携带。出国展会的展品最好是由展会组织者集中托运。

国内展会的运输路线有两种:一是门到门运输,是指卡车开到参展企业所在地装货,然后直接开到展场卸货的运输方式;二是将货物交到展会组织者的运输代理处集中托运,由其用汽车、船或火车运到展会举办地。国际运输通常采用海运,运输路线分为三段:第一段,从参展企业所在地将展品陆运到港口;第二段,从港口将展品海运到展会所在国的港口;第三段,从展会所在国港口将展品陆运到展会所在地。运输路线和方式的选择因素主要有 4 个方面:一是路程、时间、展品情况和特性(即数量、体积、重量)等;二是特殊要求,如展品是否易腐,是否需要冷藏等;三是费用,包括运费和保险费等,保险费在运输途中按时间增值计算,运输贵重物品时,海运和空运的保险费大不一样;四是安全性。运输路线和方式的安排有一些原则,尽量将展品运到展会现场;尽量使用集装箱或其他安全的运输方式;尽量减少搬运次数,以降低破损率;如果可能,尽量避免转船、转运。

3) 展品运输日程安排

展品运输日程要尽早安排,使展品及其他参展用品能及时运抵目的地。如果是请运输代理机构办理运输,要告知其展品最迟的到达日期。展品一般要提前一个星期到达展会地点。重要运输时间有:展品集中时间(也称作交箱日期)、办妥出运手续(包括商检报关等)时间、装车(国内展)或装船(出国展)时间、转运时间、抵达目的地(港)时间、运抵展会指定地点时间,以及回运时间等。

大型国际展会期间,港口或机场以及展会现场有时会出现积压现象。如果是大型或重型展品,要通知有关部门在展品发运前将其准备好,提前安排运输并在其他参展企业之前将大型和重型展品运抵展场。展品到达时间不宜过早,以免产生大笔仓储费用;也不宜过晚,要避免出现延误赶不上展会而导致更大的损失。总之应该以适当留有余地为宜,多花仓储费相对优于晚运和耽误布展。

4) 展品运输费用测算

展品运输费用通常分为运费(陆运、海运等)和杂费(装卸、仓储等)两大类,统称运杂费。细分内容有:发运地陆运费及杂费、发运地仓储费、装货港码头费、保险费、海运费、目的港码头费、港口至展馆运费、装卸费、空箱存放费、空箱回运费、运输代理费、报关费等。

运费的计算方法有不同的标准:按货物数量划分收费标准、按体积或重量较大者收费、按价值收费等。

5) 集体运输

集体展出通常由组织者统一运输。集体运输的优点在于节省参展者的精力、时间和费用,避免混乱。使用集装箱运输,可安全、快捷、按时地把展品运到展地。使用集体运输的方式时,参展者需要按组织者的要求提前准备展品、道具和资料,在规定的时间内将展品、道具和资料运到指定的集中地点,并按要求办理有关单证,主要是展品清册。然后由组织者安排理货、装箱、发运、接货、办理有关手续,将展品运到展场。此时,参展者开箱,布展;组织者负责安排空箱存放。展会结束后,参展者负责再包装、装箱,并交给组织者再安排办理有关手续、回运或调运、接货和分运。

集体运输要求组织者协调安排好各方面的工作,包括将有关运输安排、要求、规定用书面形式通知参展者。这项工作可以在确认参展者时做,也可以在召开筹备会议时做。有关安排、要求和规定的内容包括:运输日程,要特别注意航班之间的间隔;运输费用标准,运输工作由组织者统一安排,费用一般由各参展者负担,如果有补贴,包括全部补贴,也要通知参展者;运输报关所需的单证文件,其中一些需要由参展者办理或提供基本情况,国际运输的单证尤其复杂,要详细说明;保险要求;包装要求,包装材料和包装规格要求,内包装要能反复使用,外包装要能经受住长途运输;运输标志,包括展馆号、展台号、展品集中地点和日期、发运日期、参展宣传物料、海关对展品和道具等物品的规定。

如果是单独展出，或者集体展出却不统一安排集体运输，那么参展企业就需要自己安排运输事宜。单独安排运输的程序与统一安排运输的程序基本一样。

5.3.2　去程运输和回程运输

展品运输包括去程运输和回程运输。考虑到成本因素和便捷原因，很多参展企业都将这两种运输交给同一个运输代理机构来完成。

1) 去程运输

去程运输是指将参展企业的展品及相关物资从企业所在地运至展会现场。其操作包括以下 4 个环节。

①展品集中与装车。企业将展品及相关物资，按要求的日期集中到统一指定的地点，由国内运输代理进行理货并安排运输路线和运输方式，在确定运输路线和运输方式后，将展品及相关物资装上运输工具，运往车站、机场或者码头。

②长途运输。根据展品及相关物资的特点，选择最佳运输路线和运输方式，最后具体采用的运输可以是水运、空运、火车运输或汽车运输。如果是汽车运输，最好安排从运输地到展馆的"门到门"运输以减少装卸次数；如果是空运，就要注意提前一段时间订舱；如果是水运和火车运输，要注意出港和出车站以后的运输衔接。

③接运和交接。对于水运、空运和火车运输，一般都存在一个中途接运的环节。例如，展品从船上卸下后再由汽车运到展馆时，要注意安排好接运的时间，尽量减少接运次数。货物运到展会现场后，要将货物交给指定的展台工作人员。由于交接时货物可能较多，因此，最好将相关工作和货物列成详细清单以便交接。

④掏箱和开箱。掏箱是指将展品箱从集装箱或其他运输箱中掏出或卸下，并运到对应展位的过程；开箱是指打开展品及相关物资箱，取出货物。掏箱工作要准确有序，时间和人员安排要合理；开箱工作一般由参展企业自己负责，但要注意清点和核对货物(图 5-1)。

图 5-1　掏箱和开箱

经过以上环节，展品及货物安全准时到达展会现场后，参展企业按原计划安排展台搭建和布展。展会结束后，根据参展企业的计划，有些货物需要运回企业所在地，有些需要运给其经销商，这时，展品等货物就存在一个回程运输的问题。在指定运输代理时，该运输代理是否有回程运输能力也是必须考虑的一个重要因素，否则，展品将面临有去无回的尴尬境地。

2) 回程运输

回程运输是指在展会结束后,将展品及相关物资自展台运至参展企业指定地点的运输工作。回程运输的目的地可能是企业的所在地,也可能是企业指定的其他地点,如其经销商和代理商的所在地或另一个展会的所在地等。

回程运输的基本环节与去程运输相似,除了撤离展馆时要抓紧时间以外,其他各运输环节对时间的要求一般都不高。回程运输的筹备和计划工作在展会筹备时就要着手策划,不能等到展会结束时才开始,否则,将引起撤展现场的混乱和无序。

在安排去程运输和回程运输过程中,参展企业会与展品运输代理开展密切的合作。在与运输代理合作中,参展企业必须注意以下问题:第一是有关时间的安排。展品及相关物品的运输时间要尽早安排好,需要安排的运输时间一般包括交箱日期、办理手续日期、发运日期、抵达目的地日期、到达展馆日期及回运日期等。上述日期的确定与展会布置和开幕日期密切相关,参展企业在指定运输代理时要注意与之协调安排,以求适时到达。第二是运输线路和运输方式。尽管运输代理对运输线路和运输方式有自主选择权,但为了争取最好的运输服务,参展企业有必要督促运输代理为自己安排最佳运输线路和运输方式,如"门到门"的服务,尽量一次发运而不多次转运,尽量使用集装箱或其他安全运输方式等。此外,还要明确水运、空运以及陆运的目的地等。第三是包装要求。由于在同一个大型展馆可能会同时举办多个展会,为了现场搬运和装卸方便,参展企业应要求运输代理按展会的要求安排好展品等物资的运输包装,如包装标志上应注明展会名称、展位号、收货人名称和地址等。第四是费用问题。参展企业有必要让运输代理机构提供合理的运费及杂费的收费标准,防止运输代理机构收取的费用过高。要和运输代理机构谈妥陆运、水运和空运的基本费率,以及迟到附加费、早到存放费、码头或机场费等附加费率,自选服务的费率等。第五是保险购买。办展机构一般不承担展出者的展品丢失、损坏等风险,参展企业因此要督促运输代理机构在安排运输时投保一些需要投保的险别。第六是现场服务。展品到达展会现场后还有搬运等许多后续工作,要让运输代理机构明确可以提供哪些展会现场服务及其收费标准,以供自己进行选择。

需要指出的是,为方便展品运输,确保企业顺利参展,有些办展机构指定了专门运输代理机构。由于展会指定运输代理能够安排企业参展运输的全部事宜,方便实用,因此很多参展企业会选择办展机构指定运输代理。但即便如此,上述问题仍然需要参展企业妥善处理。

5.4 出国参展运输

如果是出国展,办展机构一般会指定由海外运输代理机构(如中国外运公司)来负责展品及相关物品的海外运输工作。这项运输工作是跨国之间的货物运输,尽管它也如国内运输一样有"来程运输"和"回程运输",也有装车(船)、接运和交接等各环节,但就运输环节和各种手续的办理来说,跨国运输要比国内运输复杂得多。跨国运输的复杂性表现在 3 个方面:运输方式、运输文件和海关报关。

5.4.1　运输方式

跨国运输基本上都是一种国际联运,整个运输过程或者是"陆运—海运—陆运"或者是"陆运—空运—陆运"等,参展的货物要从一个国家运到另一个国家才能完成。因此,参展企业需要清楚了解展会举办地所在国的海关规定、海关手续和进口税率,了解当地对展品进口的处理办法和规定,了解当地是否有免税(费)进口宣传品和自用品的规定等,以免展品及相关物品报关受阻。

由于跨国运输一般都是几种运输方式的结合,因此,展会的海外运输代理机构往往是一家能力比较全面的公司,它必须要有能力安排和协调陆运、水运和空运并对它们进行联合使用。

5.4.2　运输文件

跨国运输的货物要从一个国家运到另一个国家才能完成,运输过程中涉及的有关文件要比国内运输多很多,各国、各地对单证的具体要求可能不一样,海关和保险手续的具体种类、具体程序也可能不一样,因此需要事先了解,并做好准备,任何差错都可能给展品运输工作带来麻烦。应当重视有关手续和单证工作,并认真、仔细、按时做好。一般来说,跨国运输需要准备的有关文件主要有以下 4 种。

1) 展会文件

展会文件是有关展品及相关物品的证明和文件,主要有展品及相关物品清单、展品安排指示书、需送海关审查的特殊物品样本和清单、发票等,有些国家可能还要产地证书、商品检验证书等文件。在这些文件中,展品及相关物品清单是最基本也是最重要的文件,其编制一定要完整,数量要准确。

(1) 展品清册

展品清册是展品工作最重要、最基本的单证,也是关系运输、海关、保险等相关工作的重要单证。编制清册要内容完整、数字准确。展品清册的内容分封面、目录页、本体 3 部分。封面内容包括展会名称、国别、年度、标题"展品清册"、组织者名称。目录页内容包括序号、单位、内容(类别)、种数、箱号、箱数、金额、体积、重量、展台号、页码。本体是展品清册的主要内容所在,包括运输标志、展台号、页号、类别、序号、箱号、展品编号、品名、规格、数量和单位、价值(货币名称、单价和总价)、页总价小计以及箱数和金额数、重量(净重或毛重)、尺寸、标记、制表人、审核人、批准人等。

展品清册内容编制需要注意以下问题。
- 编制顺序:清册按包装箱和分类(展品、卖品、宣传品、礼品)顺序编制。
- 页码:集体运输时展品清册可以有分页码和总页码。总页码是清册的页码,分页码用于展出单位,一个单位只有一个分页码系列。

●编号:清册内的每件展品都必须有编号。如果是同一类的数件展品,可以用同一编号。

●品名:展品品名要求准确,《华盛顿公约》规定要写"学名",这关系到展品的税收。

●标价:为了方便通关,所有货物都必须标价、申报。除了出售品,参展的展品和用品,如礼品、宣传品、自用品、招待品、道具等,即使是无商业价值物品,也需标价。一方面,是为了避免麻烦和延误;另一方面,很多国家对任何留下的物品都规定要上税,因此应为展品清册上的所有物品都标上合适的价格。有些参展企业为了少缴关税,在展品清册上做手脚,将货物价格标得很低,这也许会节省部分开支,但是如果因此被海关查扣,不能顺利通关,导致参展延误,必定得不偿失。另外万一遇损,保险公司将按报关清册价赔偿。

●重量:重量要如实标明,不要为了节省费用而将重量写小,这可能会导致危险的后果,如在实际操作中,按清册标注重量安排的起吊设备和支撑物承受不了货物实际重量时会发生事故。

展品清册需要根据展出地海关要求分类编制,包括原始清册、售品清册、赠送品清册、宣传品清册、招待品清册、受损品清册、遗失品清册、回运品清册、点多品清册、点缺品清册、遗弃品清册等。不同的清册用于办理不同的手续,如宣传品清册供散发;招待品清册用于办理进口报关;赠品清册,也称礼品清册,用于办理进口报关;售品清册用于办理进口报关;展品清册用于办理保税,展毕回运。展出期间,还需随时记录展品及其他用品处理情况,包括赠送、销售等。

(2)产地证书

在优惠关税适用范围内,可以凭产地证书享受减免关税的待遇。产地证书有3种:第一种是普惠制原产地证书(Certificate of Origin From-A)简称 From A。发达国家给予发展中国家的关税优惠待遇、办理关税优惠手续的条件之一是出具原产地证明书。普惠制原产地证书在中国由国家市场监督管理总局出具。第二种是原产地证书。有些没有实行普惠制的国家也要求原产地证书,此种原产地证书在中国由中国国际贸易促进委员会出具。第三种是领事认证。拉美、阿拉伯国家多使用,此种领事认证由各驻华使馆出具,一般情况下可以用原产地证书代替。

(3)商品检验证书

商品检验证书也称品质检验证书。世界上大部分国家和地区对各种粮油、食品、饮料、酒、药材、保健品、农产品、畜牧产品等与人体直接有关的产品一般都需要商品检验证书。有些国家和地区对炊具、餐具、茶具等与人体间接有关的产品也要求有商品检验证书,如日用瓷的含铅量标准等。还有一些其他检验要求,需要办理证书。商品检验证书由商品检验部门出具。

(4)动植物检疫证书

动植物检疫证书分别为动物检疫证书(Animal Health Certificate)和植物检疫证书(Phytosanitary Certificate)。世界上绝大部分国家和地区对动植物进口限制都严格。限制范围不仅包括活体动植物,还包括死的动植物及其制品,比如裘皮、草柳编织品等。动物及动物制品需要办理动物检疫证书,植物及植物制品需要办理植物检疫证书。有些国家和地区可能要求对木制品、草柳编织品等进行熏蒸,并要求出具熏蒸证明。

(5)濒危物种再出口证明书

《华盛顿公约》限制国家间进行濒危动植物及其制品的贸易。濒危动植物及其制品,包括象牙、名贵兽皮等(使用本国原料或进口原料加工制作的稀有动物制成品)。在中国,这些产品需要有国家濒危物种进出口管理办公室(隶属于国家林业和草原局)出具的出口或再出口证明书。

(6)配额单证

很多国家实行进口产品配额制。受配额限制的产品进口必须有配额,表现形式就是配额单证。目前,受配额限制的产品以轻纺产品居多,如服装、鞋帽、箱包等。配额单证由商务厅受理。

(7)展品出口

展品出口许　　　　　经贸部)和各地商务厅办理。

(8)商业形式

商业形式发票　　　　　　代替。

2) 运输单证

运输单证是办理货物运输所需要的证明文件,包括装运委托书、装箱单、集装箱配装明细表、提单、运费结算单等。如货物有回程运输,则还需要有委托回运通知书。运输单证是办理运输所带的单据、证明、文件。运输环节越多,单证的要求也就越多,尤其是国际运输。运输工作每一事项一般都有一份书面单证,主要运输单证有以下 5 种。

(1)委托装船通知书

委托装船通知书是发货人的单证,是发货人委托运输代理办理装船、报关并分送资料的证书。主要内容有装货港、卸货港、运输标志、展品件数、总体积、总重量、最重件、发货人、收货人、受通知人、提单、委托船长代办事项、保险、附件等。

(2)货载衡量单

货载衡量单也称为体积衡量单,是发货人办理运输所需的单证。它是所有展品箱或物品的尺寸、重量的统计单证,其内容包括:运输标志;展品箱号,按顺序排列;箱数;箱件尺寸,以厘米为单位,以最长、最宽、最高处为准,异形包装箱按正方形计算体积;体积,取小数点后三位数;重量,指毛重,以公斤为单位;每页注明箱数、体积和重量的小计;每个参展单位的衡量单都要有箱数、体积和重量的总计。

(3)装箱单

装箱单是运输方的单证,用于运输和海关工作,内容主要有集装箱号、集装箱规格、铅封号、船名、船次、收货地点、装货港、卸货港、交货地点、提单号码、发货人、收货人、通知人、标志和号码、件数及包装种类、货名、重量、尺码、装箱日期、装箱地点、装箱人等。装箱单一式数份,分别交发货人、运输代理、海关、装货港、船长、卸货港等。

（4）集装箱配箱明细表

集装箱配箱明细表是运输公司要求发货人填写的表格，内容主要有集装箱号、空箱重量、货物品名、件数、重量、体积、目的港、装箱地点等。

（5）提单

运输工具不同，提单名称也略有不同，如海运的提单称作海运提单，空运的提单称作空运提单。提单由运输方开具，交发货人用于提货。发货人应当注意争取索要"清洁提单"。"清洁提单"是"不清洁提单"的对称，是指提单上对货物的表面状况未做任何不良批注的提单。根据法律规定，承运人应当对货物的外表状况进行合理的外观检查并于提单上对货物的外表状况加以记载。例如，确属箱件破旧，船方坚持加注，也应将附注限制在最小范围内，即注明某几号箱的状况，而不能笼统包括全部箱件。需转船的货物，要在提单上注明"转运货物"，以免在转运中因海关手续造成延误。

3）海关单证

海关单证是办理货物海关报关时需要的证明文件。

（1）出口报关

参展企业在展品发运前，必须办理海关申报手续。出口报关需要报关函和报关单。

报关函，也称发货致海关函，是参展企业发给海关，简单说明事宜，要求办理有关海关手续的函件，一般随报关单、清册等一同递交给海关。报关单，全称为出口货物报关单，是海关单证，由参展企业填写，海关审核。报关单内容包括申报单位编号、海关编号、出口口岸、经营单位、指运港（站）、合同（协议）号、贸易性质（方式）、贸易国别（地区）、消费国别（地区）、收货单位、运输工具名称及号码、装货单或运单号、收结汇方式、起运地点、海关统计商品编号、货名规格及货号、标记、件数及包装种类、数量及单位、重量（毛重、净重）、成交价格（单价、总价）、离岸价格（人民币、外币）、集装箱号、随附单据等。

（2）再进口报关

展会结束后展品运回国内，需要办理再进口报关手续，或称作结关手续。所需单证包括回运致海关函、进口货物报关单、原出口报关清册和回国展品清册、出口货物许可证、出售展品报关通知单、出售展品发票、外汇核销单等。回运展品清册，是在原清册基础上，去掉出售、赠送、消耗、破损等展品和用品重新制作的清册。

4）保险单证

展会所涉及的保险险别比较多，在运输过程中，一般办理投保"一切险"，有的还会投保一些附加险，比较常见的有展品和道具险、第三者责任险、展出人员险等。保险最重要的单证是保险单，如果货物受损，还有受损报告书等。参展企业需要提升保险意识，有必要了解展会是否有指定的保险公司，按办展机构要求办理各类保险。

对于以上各种文件，参展企业要严格遵守提供相关文件的具体时间和最后期限，以便及时办理有关手续。

5.4.3　海关报关

出国参展如果有回程运输,出国展会的货物运输需要 4 次海关报关手续:出国前在本国海关办理出关报关手续;在展出地海关办理进关报关手续;展出回国前,在展出地海关办理出关结关手续,也称再出口报关;展品运回后在本国海关办理进关结关手续,也称再进口报关。第一次和第四次是在本国海关办理手续,第二次和第三次是在展会所在地海关办理手续。海关报、结关手续是随展会货物流向办理。海关报关手续可以由参展企业办理,也可以委托给运输报关代理办理。但是,也有些国家和地区海关规定必须由报关代理办理。不同国家和地区的海关有不同的办理程序和单证种类。

比较而言,去程运输时的货物报关特别是展出地的进口报关对参展企业来说更为重要。因为如果报关不能及时通关,就会严重影响参展工作。在实际操作中,对于去程运输时的货物进口报关一般有以下 4 种办理方式。

1) 保税方式

保税方式的前提条件是必须在保税会场展出,申请保税会场手续每个国家和地区都不一样。如果是单独展出,可以委托使馆办理,手续可能会简单点。即便在保税会场展出仍需办理报关手续,使用临时进口报关单。货物检查一般在会场进行,但是这种检验办法不适用于需要动植物检疫的物品。保税方式的展品不能携带出保税会场。保税方式可以简化报关手续,但是考虑到展后的展品处理经常有不同,比如回运、赠送、出售、遗弃等,仍需要办理不同的报关手续。因此,想利用保税方式真正简化报关手续是比较困难的。

2) 再出口免税方式

这种方式提供相当于关税金额的保证金,然后办理进口手续,使展品得以通关展出。但是,该方式是以展品再出口为条件,同时,展品也不能随意处理。由于再出口物品必须与进口物品完全一致,因此,使用这种方式的检验相当严格。展会结束后办理再出口手续,然后取回保证金,这一过程可能很费时间。虽然再出口免税方式可以免除关税,但是费工费时,操作费用也相当高。如果使用这种方式,在海关同意的前提下,可以请使馆或银行出具担保函。这样可以免交保证金,避免展后索回的麻烦。

3) 进口方式

办理一般进口手续,交纳关税后展品作为当地货物,可以自由处理。这种方式需要交税,但是办理完报关税手续后,处理相当自由。交了税而未出售的展品理论上可以办理退税,但是手续复杂,时间往往拖得很长。

4) ATA 方式

ATA 方式也就是货物暂准进口方式。这是一种免税准许临时进口的海关制度,手续简便,不上关税。但是,其前提条件是参展企业所在国和展会所在国都必须是《ATA 公约》成员。另外参展企业必须严格遵守制度,在展会结束后,将所有展品再出口。

5.4.4 保险办理

1) 保险种类

企业参展需要办理保险。展会组织者一般不对展出品丢失、损坏,人员伤亡,以及在展台内发生的第三者伤亡事故负责。因此,参展企业需要自行安排保险。保险涉及投保险别、投保金额、投保期限等问题。保险不仅涉及展品和运输,还涉及展台工作人员、观众等。

展会涉及的险别比一般人想象的多,包括展会取消险、展会推迟险、政治险、雇工责任险、运输险、战争险、火险、盗窃险、破损险、人身伤害险、公众责任险、人身事故险、个人财产丢失险、医疗保险等。

但是,参展企业没有必要投保所有险别,而要根据规定和实际需要进行选择。展会组织者、运输公司、施工管理部门等会规定一些强制性的保险要求,企业应对这些规定予以执行。此外参展企业还可以根据自己的实际需要投保其他险别。

2) 注意事项

办理投保需要注意的事项包括:

①展品和道具保险期要包括运输和展会全过程。投保险别有展品的盗窃险、道具的火险等。

②运输险是展品在运输和展会过程中的保险。在展品发运并取得提单后,按清册价办理保险手续。

③按照要求办理保险并取得保单。保险期从货物在国内仓库发运起至运回国内仓库止,分保业务可交由承保行办理。

④其他险别可根据强制性的保险要求以及实际需要视具体情况决定,比如战争险等。

⑤在运输途中货物发生破损丢失,应设法向事故责任方取得理赔单证。若无法取得理赔单证,则要求责任方写证明书,受损方填写受损报告书,连同索赔清单交承保公司办理索赔手续。索赔期一般为一年。

⑥第三者责任险,为防止施工期间出现施工人员事故,防止展会期间出现观众意外伤害(如展架倒塌压伤观众),应在展会施工和展出期间投保第三者责任险。

⑦展出人员险,包括医疗保险、人身事故险、个人财产丢失险等。比如,飞机目前未能达到百分之百的安全,因此有些参展企业为其展台工作人员办理乘坐飞机的人身险。这是在飞机票价内的保险之外加办的保险,万一出现事故,事故受损方将获航空公司和保险公司两笔赔偿。

⑧参展企业一般可以选择有长期关系的保险公司。如果展会所在地有规定必须使用指定保险公司,在了解清楚后按规定办理。展会组织者通常会推荐可靠的保险公司。有些专业的展会保险公司可以提供一揽子展会保险。

⑨如果参展企业办有长年保险,可以不再专门为展品办理保险,只需将展会保险纳入长

年保险范围之内即可,保险公司可能不会增加保险金。如果是集体展出组织者投保且有长期业务关系,保险公司可能会提供优惠服务。

⑩集体展出组织者一般不会承担保险费用,但是往往会统一办理保险。集体办理保险可以节省参展者精力,费用均摊标准也会低一些。

⑪保险最重要的单证是保险单。其他可使用的单证包括受损报告书等。

⑫展品和运输工作是一项比较烦琐、复杂的工作,因此参展企业可以将运输工作中的大部分具体业务委托给代理办理。但是,展品和运输负责人必须掌握全面情况,指挥、协调、监督、配合有关方面保质保量地做好展品和运输工作,以保证参展工作的顺利进行。展品和运输工作结束时,还需要安排必要的评估和总结。

思考题

1.简述展品选择的原则。

2.简述展品选择应考虑的因素。

3.如何做好展品运输筹划?

4.论述跨国运输的复杂性。

5.简述货物进口报关形式。

第6章
企业参展展台设计

【学习要求】

掌握展台设计的种类与特点,掌握展台设计的注意事项,掌握展台设计的基本标准,掌握展台设计的限制性规定,掌握展台设计的功能空间,掌握道具的类型及其优缺点,了解展台设计常用材料及其特性,了解展台设计的空间法则和色彩要素,了解照明设计的原则要求。

企业参展就是要借助经过艺术设计的展台进行全方位的展示来实现营销目标和可持续发展。展台设计要打造一个新颖、完美,富有吸引力的四维空间,以最佳的方式将企业的信息展示给观众,让专业观众在美的时空中接受信息、传播信息和交流信息,从而对他们的心理、思想和行为产生影响,达到企业参展贸易洽谈、形象展示、信息交流、新产品发布等目的。

6.1 展台设计的种类与特点

6.1.1 标准展台

标准展台在业界通常简称为标摊,是用铝合金作为基本材料,由柱子和板材及连接的龙骨拼合而成,国际通行的标准展台尺寸为 3 m×3 m,也可以根据现场情况自由组合成合理的尺寸(如 3 m×6 m、6 m×6 m、3 m×9 m、9 m×9 m 等),也可根据展示的需要进行变异组合。标准展台是非常实用而且常用的展览用品。标准展台可分为单开口展台和双开口展台(图 6-1)。

①每个标准展台的面积一般为 3 m×3 m,高度为 2.5 m。

②在标准展台正向上方提供与合同一致的参展企业名称和展台号的楣板,楣板高度为 20 cm。

③展台框架为铝合金,装三面墙板,蓝色地毯,顶部安装两只照明灯。

④每个标准展台配备一张咨询桌、两把椅子及一个 20 V,50 Hz,500 V 交流电源插座。

⑤位于拐角处的标准展台,默认去掉通道一侧的墙板,增加一面楣板。

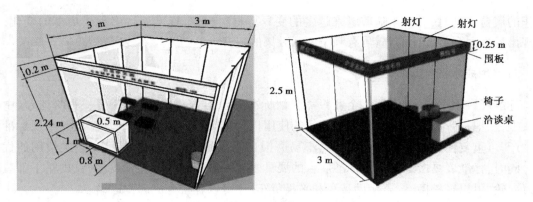

图 6-1　单开口展台与双开口展台

⑥同一参展企业的两个或多个相邻标准展台,默认去掉中间的墙隔板。

⑦使用标准展台的参展企业如还需其他展具,可向展馆租赁,费用自理。

⑧参展企业可在每面墙板上挂 3 块宣传图文板,每块的尺寸为宽 90 cm,高 120 cm。

⑨宣传图文板用挂绳和挂钩挂在展架上部,下面用双面胶带固定。办展机构一般要求使用在展馆现场服务处购买的双面胶带,如自带需经审批同意方可使用。

标准展台通常由标准铝合金展具组成,再配备各式板材、玻璃、灯具、灯箱、宝丽布喷绘、写真展板、促销桌椅等展具。参展企业可以租用单个标准展台,也可同时使用两个、4 个、6 个或 8 个的标准展台,但一般以矩形为单位租用。标准展台有 4 种基本形式:道边形、外角形、内角形、通道形。道边形是最常见的场地或展台形状,在通道两侧,为单开口展台。其优势是三面墙提供了最充分的产品和图表、文字的展示面积,而且价格也比较低廉。其弱势是视角最小,开面较窄,只能从正面进入展台,展台内人流畅通度不够,不利于观众集中注意力观展。外角形是双开口展台,其优势是位于岔道口,人流量比较大,最先进入观众的视线,观众容易进入展台,展台视野宽。其弱势是用于展示信息的墙面少,可能需要更多地使用独立的展具。外角型位置比较适合布置展示焦点,或用于设立咨询台。内角形也是双开口展台,其优势是在面对的两个通道里都可以看到此展台,容易吸引观众,并容易给观众留下印象。其弱势是展台人流不易畅通。通道形为两端开面的位置,一些专家认为通道型位置的效益比较高。这类展台有良好的展示面,有比较多的展示墙面,人流比较畅通。标准展台的特点包括以下 3 点。

1) 易拆装

标准展台的各组成部分均为标准化生产,展件由三卡锁相互连接,通过插入型材槽口的卡爪的张开运动实现相互连接,安装时只需要用专用扳子拧紧锁扣即可。通常只需要少量工人即可在短时间内完成展台的搭建与拆卸。

2) 使用灵活

在实际使用过程中,可根据使用需要随意组合成不同面积的展台。比如部分参展企业租用多个标准展台,为了使其相连接,只需要将中间隔板拆除,去掉部分立柱,即可实现更大面积的展台。同时,近几年随着越来越多的变异型材料出现,标准展台出现了更多的变化,呈现出标准展台特装化的趋势,有利于展示效果的提升。

3) 使用成本低

标准展台租用成本低,参展企业只需付清标准展台租赁费用,便可获得一张洽谈台、中英文楣板、地毯等设备和设施在展会期间的使用权。其次,标准展台的展具都已经实现标准化生产,可重复使用。标准展台的展具不易磨损且坚固耐用,具有一次投入、多次使用的优点。同时,标准展具搬运方便。标准展台的展具搬运一般使用统一的铁皮箱,铁皮箱下部装有万向轮,可以轻松搬运,若借助叉车和平板货车,还可以轻松完成远程运输。

标准展台是展会主办单位委托指定搭建商为参展企业按统一标准搭建的展台,参展企业租赁后可以直接使用,一般不涉及展台设计、搭建等工作,但是必须遵循办展机构的一些要求和规定。

标准展台现场施工要求

参展企业不得在标准展台的结构上附加任何额外设施或装饰。若参展企业需升级已租用的标准展台,请提交表格(套装展台租赁表)告知主办单位指定展台搭建商并获其批核。所有展台均属租用性质,参展企业不可擅自对标准展台的结构做任何改动,也不得拆除其任何组合件。如果参展企业须拆除或改动任何标准设备的位置,譬如射灯,可联系主场搭建商。若参展企业自行加高或更改标准展台结构,主办单位有权当场拆除。

不可在围板、地板或天花板上钉钉子以及贴胶布、海报或其他任何附着物;否则,若展台的装置或设备有任何损坏,将由参展企业负责赔偿损失。

参展企业无论租用一个或多个标准摊位,公司楣板名称只可显示签约公司名称,不得使用任何非签约公司名称。

租用标准展台的参展企业欲增订额外家具,如电话、家具、饮水机等,请使用各项表格申请服务。请于××××年×月×日前将表格回传给主办单位指定搭建商。

所有参展企业均不得在展会期间撤离展台或撤离展品。展台及展品也不得于展会结束前(××××年×月×日)拆卸。

所有电源及插座只供展品使用,参展企业不得将任何的灯饰装置接驳到电源上。

不可损毁展馆内地板。

参展企业不得自带空压机进入展馆场内,如有需要,可联络主办单位指定展台搭建商申请压缩空气。请参见表格×。

6.1.2 特装展台

特装展台,即参展企业购买空地来进行特别装修的展台。在展馆室内或室外空地上按任意面积划出的展出空间,主办方只提供正常大厅照明及未铺地毯的展台空地,一般36 m² 起租,主办方不提供任何配置,参展企业须自主设计及搭建。特装展台能够很好地展示出企业的实力和形象,可以说,展台形象的好坏将直接影响专业买家对供货商的选择。打造一个富有个性、独一无二、时尚简洁、精致高档的特装展台有利于提升企业形象,实现品牌升值,吸引客户眼球,汇聚人气,从而提高参展效果,创造最大的经济效益。因此,国内外知名企业参展往往会不惜成本,千方百计地提升特装展台的设计档次和水平。

特装展台的类型主要有岛型展台、半岛型展台和环形展台3种。岛型展台四面都与过道相接,观众可以从任意一个侧面进入展台内,由于没有毗邻的展台,也没有其他类型展台所必须遵守的种种限制,高度可以高至展厅的天花板,因此更能吸引观众的注意力。半岛型展台三面与过道相接,标准高度可达到 3.65 m 左右,通常位于一排展台的尽头,观众可从三个侧面进入这种类型的展台。环形展台形状基本上与标准展台相似,一般后墙和侧翼的高度略有增加,一般可高达 3.65 m 左右,多为沿墙搭建。岛型展台、半岛型展台和环形展台等特装展台,会形成主要的3种空间类型,即开敞空间、半开敞空间、闭合空间。开敞空间是指空间围合物很少或没有围合物的空间,其特点是空间没有明确的界限,观众视线开阔,在进行空间处理时灵活多变,但空间归属感不强,观众参观时不容易明确感知空间。半开敞空间则是介于开敞空间与闭合空间之间,兼具两种空间的特点。使用时既可做到灵活多变,又有一定的围合效果。闭合空间是指四面都有实体(墙面、玻璃等)围合的空间,其特点是空间归属感强,有利于观众集中精力参观展会。特装展台的独特性具体表现在以下3方面。

1) 场地独特

如何最大化地使用场地来展示产品是参展企业展台设计的主要目的之一。不同展会的场地划分有所不同,即使同一个企业参加每年一届的相同主题的展会,其所租用的场地位置也是不同的。同样地,不同的展馆对使用方提出的要求也不尽相同,即使同一展馆,不同展厅对展台设计提出诸如展台搭建高度的限制条件都有所不同。因此,特装展台的场地具有独特性。

2) 设计独特

展台形象代表着企业的形象,它是企业品牌形象的具体体现。一个公司在不同的展会上可能有形式各异的展台,但展台代表的企业标志性的核心内容不会发生改变。这些核心的标志通常由标准的图形、色彩和字体三部分组成。这些核心标志代表着企业独特的经营理念和企业使命,人们一看见这些标志脑海中就能立即反映出这是一家什么公司。所以,如何将企业标志作为设计元素融入展台设计,是体现企业特性、突出展台设计效果的一个关键。不同的参展企业对如何通过空间设计表现自身企业形象的要求千差万别,即使相同的参展企业在不同主题或类型的展会中,对如何表现自身企业形象的要求也是不一样的,这就决定了展台设计方案应该量身定制,每一个展台设计方案都应有差异性。

3) 使用材料独特

由于参展企业的展出场地、设计方案和投入资金不同,因此,设计方案实施过程中选择的材料也不尽相同,但一般而言,金属、木材、玻璃、亚克力等是比较广泛使用的材料。为了在众多的参展企业中脱颖而出,展台设计还必须有较强的视觉冲击力,因此在展台的形式上要有创新,能给观众和买家带来新鲜感和吸引力。随着设计软件的普遍应用和展示新材料的开发,参展企业越来越多使用独特的展示材料,并融合高科技、综合媒体艺术。当层出不穷的、独具创意的展台展现在人们面前时,能让人感觉豁然开朗、耳目一新。

展台设计主要是指特装展台的设计。其中,由于对空间的处理既涉及空间中物与物的关系、物与空间的关系,又涉及空间与流动的观众之间非物质性心理的感受,因此对空间的处理是特装展台设计要考虑的核心问题之一,也是最复杂的工程。设计师要对空间进行塑造,运用空间语言表现出参展企业精神内涵的同时,有意识地引导观众按既定路线参观,并配合展示内容对其进行心理暗示。

6.1.3 展台设计的注意事项

1)注重设计方案的撰写

展台设计需要注重设计方案的撰写,来细化企业参展的具体展台空间安排。设计师要依据参展目标,同时需要综合考虑展品类型及数量、观众活动空间、咨询台、存储空间、招待区、预算经费等要素,在设计方案中详细描述图样要求及展台设施,并明确阐述设计原则、规章、进度表及预算等重要事项。

2)考察基础设施便利性

设计师在开展设计前要仔细考察基础设施的便利性,了解企业展示特别是产品演示所需的各种设施是否便利,关注并通过设计尽可能去消除展馆柱子等固定建筑物的位置对企业展台的负面影响,尽可能地吸引和方便观众参观。同时,设计师需要充分考虑基础设施服务。展台的供水、供电、供气、废物处理、起重、电话、网络连接等基础设施服务是确保参展成功的基础,必须提前(填写参展商手册中的相关订单表格)向展会指定的服务承包商申请预订,并在设计功能空间时充分考虑供水、供电、供气、废物处理、起重、电话、网络连接等基础设施使用的便利性。

3)遵守展会相关限制性规定

一般而言,所有展台设计必须遵守展会展台管理相关规定。展会一般会对包括展台的高度、负载设施、建材等方面做出明确限制性规定。设计时必须严格遵守这些规定,如违反将造成参展的失败。另外,设计时尽可能不要对租用的展台及其设施设备进行改造、改建,以便在撤展时原样归还给主办方。

特装展台现场施工要求

(1)选择租用光地的参展企业,只获得分配的展览空地(不包括任何设施、地毯及电力供应),参展企业必须自行设计和搭建展台,并铺上地毯。

(2)特装展台所展示公司标志及公司名称,仅限于签约公司本身,原则上不应该在显著位置展示其他非签约公司的 Logo 及名称。

（3）租用光地的参展企业必须委托符合资质的搭建商设计及建造展台，并在××××年×月×日之前提交《参展企业指定搭建商申请表》表格和《安全施工监督管理员登记表》表格。

（4）请各参展企业及委托搭建商认真阅读以下信息，并严格遵守以下所有规定，以便展台设计图能在指定时间内得到审批，同时避免出现其他问题或额外费用。

①搭建商审核所需提供的资料。

●参展企业指定搭建商申请表。

●注册满三年及以上的搭建商营业执照复印件及电工证件复印件（需在有效期内且现场电工人员必须与事前递交的电工证件报备信息吻合。

●签字并盖公章的《××会展中心安全责任书》《安全施工指南》。

●审核意见书（双层展台或顶部结构搭建面积超过展台面积50%及以上的单层展台必须提交）。

●完整设计图纸最终稿（包括三维效果图、平面图、立面图、搭建材质图、含电箱位置的展馆平面图）。

●所有参展企业指定搭建商购买特装展台责任保险凭证。

备注：以上材料完成提交后方可预订用电及交付押金。

②展台设计建筑审批。

为了给参展企业提供更专业、便捷的服务，××会展中心特指定××展览服务公司为所有双层展台或顶部结构搭建面积超过展台面积50%及以上的单层展台进行统一审图，请填写并提交表格×来完成展台的审核工作，且只有××展览服务公司审核通过的以上类型展台方可进馆搭建。

③搭建商办理进馆手续流程。

●详细熟读并遵守《安全施工指南》。

●在××××年×月×日前将《参展商指定搭建商申请表》和以上所需材料提交给指定搭建商——××公司。

●按展台面积的大小，向主场搭建商缴纳施工押金。

●凭指定搭建商开具的施工押金收据及签字盖章的《××会展中心安全责任书》，于××××年×月×日起即可向××会展中心制证中心申请办理搭建工作人员胸牌，×月×日起可以办理运输车辆出入证。具体有关办理施工证及运输车辆出入证的流程请参考××会展中心颁布的《施工人员证件办理流程》和《卸货区车辆通行申请表》。

●光地搭建商审核及办理进馆手续流程图。

④搭建商施工押金管理（略）。

⑤搭建商黑名单管理规则（略）。

（5）关于展台的搭建和拆除，如参展企业订购的是光地展台，可以选择自己的搭建工人，或通过临时代理雇佣的搭建工人或使用主办单位推荐的搭建商的服务。如果参展企业订购的是标准展台，主办单位将会提前完成展台搭建。

6.2　展台设计的标准与限制

6.2.1　展台设计的基本标准

展台设计要求很好地了解和熟悉展会和参展企业,不仅要了解展会的定位、性质和要求,同时也要适当了解参展企业的企业文化、品牌战略目标,以便能围绕企业的徽标,标准色、标准字等视觉形象识别系统进行设计构思。同时,设计师要仔细了解和熟悉企业的展品,要对参展展品的外观尺寸、重量、颜色、性能、安全系数等做到心中有数,以便在设计造型和安排展品陈列的位置上有所侧重。另外,了解和熟悉展览场地和周边环境也是展台设计必须做的工作。展台场地的大小、形状、阶高、所处场馆的地段等,都会影响展台设计。只有在了解这些前提基础上,设计师才有可能较好地采用新产品、新材料、新构件、新技术和新工艺,积极运用现代光电传技术、现代映像技术、现代人工智能技术等高科技成果,设计出符合企业参展要求的展台。为了更好地实现企业参展目标,展台设计必须符合以下基本标准。

1) 目的性标准

展台设计策划起始于企业参展目标的选择,落实于企业参展目标的实现,体现在每一个设计的细节。企业参展目标统领着展台设计策划的方向和内容,从而使展览活动能够有的放矢。遵循目的性标准,企业的展台设计要反映、表现参展企业的意图、风格和形象,达到参展企业所希望的目的和效果。设计人员要切记:设计目的不是自我欣赏,设计人员的个性不能凌驾于参展企业的个性之上,切忌把展台设计当作显示自己的思想才华和技巧水平的机会,用举办个人艺术展的思路进行展台设计。

2) 艺术性标准

艺术是设计的灵魂,创新是艺术的手法。展台设计要想最大限度地吸引、招徕观众,就必须充分发挥设计者的创造才能和丰富的想象力,运用艺术手法,使展台产生最佳的视觉效果和良好的心理效应,创造出充满艺术感的形象。设计师不应墨守成规,要打破固有的思维模式,独立思考、大胆探索、别出心裁,从新的角度,用新的方式去思考展台设计方案,寻找新思路、新问题、新设计、新途径、新方法,设计出耳目一新的作品。符合艺术性的展台需要集合设计师的智慧和艺术功底,开展头脑风暴,用具体的手段表现出抽象的展览思想,要在形式的定位、空间的想象、材料的选择、构造的奇特、色彩的处理、观念的标准等方面做"情理之中,意料之外"的创作,以充满视觉冲击力的展台来完美展示企业的独特形象和优质产品。

3) 功能性标准

对企业实现参展目标来说,展台设计的功能性和艺术性一样重要。展会期间各项工作的开展,都要有相应的空间和位置等。展台的功能有:外部工作功能,即产品展示、人员推销、宣传调研、交流洽谈等;内部工作功能,包括办公室、会议室、工具房(维修间)等;辅助功能,即休息、饮食、储藏、堆放等。这些功能的实现,必须安排必要的展台空间。设计师在展台设计时,必须注重功能性的把握,兼具展台的美观和实用。

4) 真实性标准

在创新的同时,展台设计又必须注重审美创造的真实性,即所传达的信息必须准确,不能夸大其词、虚张声势,脱离参展企业的实际,这也是展台设计较为关键的问题。缺乏真实性的设计是哗众取宠、无的放矢,不仅会损害企业形象,而且会引起消费者的憎恶感,导致参展的失败。俗话说"艺术源自生活又高于生活","源自生活"可以理解为真实性标准;而"高于生活"则可以理解为创新性标准。要做到符合真实性标准,设计师应该紧紧围绕企业发展的历程、企业精神、品牌文化、核心竞争力等去演绎展台设计的构思,使展台既呈现出有形的展品,又呈现出无形的企业灵魂。

5) 科学性标准

展台设计必须具有严谨的科学性。这是一项众多学科知识交叉融合的工作,需要在充分运用会展学理论、心理学、传播学、营销学、系统论、控制论等多学科的基础上,借助计算机等现代化的先进技术手段进行。同时,展台设计必须对市场形势、消费者态度、社会环境、竞争对手的情况进行周密的调查研究,根据所掌握的资料和信息进行综合分析后开展具体设计。

6) 直觉审美标准

心理学研究表明,"直觉"审美效应强调的是瞬间感觉,是在以往经验、理智的前提条件下,对事物本质内容的直观把握。展台设计应该在瞬间的审美感中让观众获得展品的主要信息,"最短的时间与最大信息量"便成了展台设计所要解决的重大课题。设计师要针对企业参展的目的和意图决定展览的故事内容、表现方法等,做好展览剧情的设计,仔细斟酌从相关展览场地的整体规划到某个聚焦点的具体构思,使观众进入展台后就像看电影或戏剧的故事情节一样流连忘返,仔细品味。

7) 环境意识标准

环境保护意识是现代主流意识,展台设计要符合"绿色环保"的基本要求。设计师要设计出尽可能使用绿色环保材料和能源消耗少的绿色展台,在展台设计用材上,尽可能多采用可循环使用的材料而少用木材。同时,色彩也会造成环境污染。色彩不仅有可能对人的身心健康造成危害,而且还可能降低受害者的劳动生产率。心理学家认为,环境是一种包含情感的视觉形象,对人的情绪、行为等都有着强烈的控制和调节作用。因此,必须强调商业展台设计中的环境意识。

8)时代性标准

优秀的展台与时代特征保持内容与形式的统一、整体与局部的统一、科学与艺术的统一、继承与创新的统一。设计师结合当下行业流行趋势和风格,立足时代发展的要求、变化、需要,以设计反映时代风貌,以设计引领时代风气,充分反映企业参展目标。设计代表时代风貌,设计引领时代风气。展台设计要符合与时代一致的人文观念、时空观念、生态观念、系统观念、信息观念、高科技观念等。设计师要立足时代发展的要求,阐释企业发展的战略布局;立足时代发展的变化,促进企业形象的提升;立足时代发展的需要,展现展品创新的特性。由于竞争日趋激烈,需求水平和结构不断更新,市场环境变化很快,设计师要针对市场和消费反应的变化,及时调整和修正其方案,充分灵活地体现时代性标准(图6-2)。

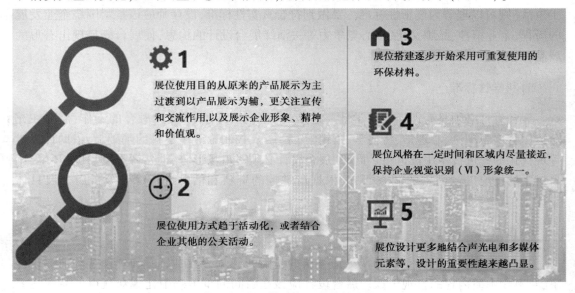

图6-2 国际性展台设计的新趋势

总之,展台设计应该紧紧围绕目的性标准、艺术性标准、功能性标准、真实性标准、科学性标准、直觉审美标准、环境意识标准、时代性标准,吸引观众,展示企业产品的目标,呈现企业形象和实力;围绕创造出良好的贸易洽谈环境的要求,设计出专用的、温馨的、人性化的贸易洽谈、形象展示、信息交流、新产品发布的独特空间。设计师要以目标观众为中心开展企业参展展台设计,围绕吸引注意、引导认知、激发兴趣、构建信任、价值认同、达成贸易等元素做好各项设计工作。与此同时,展台设计需要针对不同的目标人群,区别对待,寻找各类观众所能共同接受的平衡点,争取得到最大的认可。

6.2.2 展台设计的限制性规定

各国各地的展会对展台设计、施工都会有各种各样的管理规定和限制。展会的严格管理是必要的,很多规定和限制都与维护公共安全和公共秩序紧密相关,设计人员必须予以了解,并遵照执行,以免工作陷入被动或造成失误。

1) 对于消防安全的限制性规定

大面积展台必须按展馆面积和预计的观众人数按比例设紧急通道或出口,并设明显标志;展台必须配备消防器材,指定消防负责人,并要求全体展台工作人员知晓消防规定和紧急出口等;展台必须使用经防火处理或者是耐火的材料,限制使用塑料和危险化学品的规定;所用电器的技术指标必须符合当地规定和要求。安全最为重要,一旦出现人身伤亡事故,任何的参展绩效都无从谈起。展会是人员高度聚集的地方,必须注重防火防爆工作,因此主办机构要求所有搭建材料必须严格达到安全要求,防止展会期间火灾或爆炸事故的发生,严控人身伤害事故的发生。从目前各展会的规定来看,防火防爆相关要求越来越严格,是大势所趋,设计师需要无条件落实这个规定。

2) 对于超高超重超宽及开面的限制性规定

大部分展会对展台高度有所限制,尤其对双层展台、楼梯、展台顶部向外延伸的结构限制更严。限高主要是出于安全考虑,也是因为展馆的客观高度限制。如果企业要搭建展馆能够实现的超高展台,必须办理有关手续并达到技术标准,才有可能获准建超高展台。超重是由于展馆地面承重的限制;超宽是展馆卸货大门的尺寸的自然限制。对于开面限制,很多展会禁止全封闭展台,因为如果展台封闭,就失去展示作用,观众看不到展品就会有抱怨,但是参展企业又需要封闭的办公室、谈判室、仓库等。因此,协调的办法一般是规定一定比例的面积朝外敞开。这个比例一般是70%,允许30%以下的面积封闭。全封闭展台在知识产权保护意识不断增强的当下也可能出现,观众要进入这种展台参观,必须经过二次身份验证,在参展企业确认是潜在客户而非竞争对手或商业情报刺探者后方才允许参观。这类展台设计搭建需要经过主办机构审批。

3) 对于保持通道畅通的限制性规定

通道畅通是确保人员有序流动、防止出现踩踏事故的基本要求。为保证人员的畅通,展会对通道的宽度有明确规定,并严令禁止展台、道具、展品占用通道。电视不得面向通道,零售柜台必须离通道一定距离等。

4) 音量色彩的限制性规定

对于音乐限制,背景音乐由展会组织安排,参展企业的声像设备的音量必须控制在不影响周围参展企业的范围内。对于色彩限制,若展会组织者想取得协调效果,往往会提出色彩要求,如要求参展企业使用某种基本色调或标题色调。展会还可能会提出对标题字体、大小的要求,但这方面的规定大多比较宽松。

值得一提的是,很多国家规定展馆员工必须是工会注册工人,不允许参展企业自己参与展台搭建,所以为了参展顺利,必须雇用展会举办国工会注册工人进行展台搭建。

广交会特装展台结构安全指引

广交会特装展台结构强度应当满足荷载所需要的强度,确保展台结构的整体强度、刚度、稳定性和各连接点的牢固性,具体要求有如下几点。

(1)一般性要求(适用于单层特装展台和两层特装展台)

第一,展台结构主体墙落地宽度不小于120 mm,以确保墙体与地面的接触面积;超过6 m的大跨度墙体及钢框架结构之间应在顶部加设横梁连接,下部须加设立柱支撑。

第二,所有顶部加设横梁连接的特装展台,须提供横梁与主体接的细部结构图,结构强度应当满足荷载所需要的强度。横梁必须采用钢结构并连接,柱梁连接必须要用螺栓或者其他安全固定材料,不得采用搭接、绑扎等连接形式。

第三,使用玻璃材料装饰展台的,必须采用钢化玻璃,要保证玻璃的强度、厚度(幕墙玻璃厚度不小于8 mm);玻璃的安装方式应合理、可靠,必须制作金属框架或采用专业五金件进行玻璃安装,框架及五金件与玻璃材料之间要使用弹性材料做垫层,确保玻璃使用安全;大面积玻璃材料应粘贴明显标识,以防破碎伤人,若使用玻璃地台,则结构支立柱、墙体必须固定于地台下方,不得直接在光滑玻璃面上方搭设展台结构。

第四,钢结构立柱应使用直径100 mm以上的无焊接材料,底部焊接底盘,上部焊接法兰盘以增加立柱的受力面积。

(2)两层特装展台的特殊要求

第一,搭建两层特装展台须提供展台细部结构图并加盖具有结构设计资质的建筑设计院(室)、国家一级注册结构工程师印章及审核报告。另须提供以下材料:分布图(标明灯具、插座、总控制开关电箱的规格种类、安装位置、具体安装方式);配电系统图(标明用电总功率、总开关额定电流/电压、采用电线规格型号和敷设方式);两层特装展台柱梁结构图(标明静载技术数据、活载技术数据)。

第二,搭建两层特装展台必须使用钢结构材料并作相应的加固处理,尤其承重结构必须采用钢材搭建,并做好接地保护。

第三,两层特装展台柱梁的基础应采用地梁连接方式,并采用高强度螺丝连接加固,与地面接触面加硬胶防滑垫,以防平移。

第四,两层特装展台手扶梯护栏杆不得低于1.5 m,栏杆扶手面应做成弧形面,以防误放问题从栏杆上滑落。

第五,两层特装展台上层区域承载力不得小于400 kg/m³,且上层区域仅限作洽谈交易或休息之用,不得以摆放展品为主要用途,严格控制在上层区域逗留的人员数量。

6.3　功能空间与道具材料

6.3.1　展台设计的功能空间

展台设计不仅要创造一个良好的贸易洽谈环境,设计出专用的、温馨的、人性化的贸易洽谈、形象展示、信息交流、新产品发布的空间,更重要的是要实现吸引观众、展示企业形象、呈现企业实力的目标。一般情况下,展台设计功能空间要包括展览展示空间、接待洽谈空间、办公会议空间、休息储存空间、公共共享空间等部分。

1) 展览展示空间

展览展示空间是展会空间设计造型的主体部分。能否取得最佳视觉效果? 能否有效吸引观众? 这是展台设计成败的关键。企业展台设计时必须对这两个问题给予明确和肯定的回答。

2) 接待洽谈空间

贸易型展会以促销和贸易为目的。良好的接待咨询服务以及温馨和谐的洽谈环境使客户对参展企业产生信任感和良好印象,同时唤起客户想要了解展品的兴趣和欲望,为进一步贸易往来奠定基础。在贸易型展会上,参展企业需要考虑安排舒适的接待洽谈区,多设计成封闭式或半封闭式洽谈室或接待室,并设计配备可以提供冷热饮和点心的设备(包括冰箱、电炉供排水设备等)。为贸易洽谈提供的空间面积要充足,洽谈空间完全敞开容易受干扰但是完全隔开也容易使人感到压抑,可以考虑使用下半截墙板、上半截有机玻璃的隔离形式,这样既可以使坐在里面的人不至于感到空间狭小,也可以给外面的人留下认真、专业的印象。

3) 办公会议空间

大企业和集体展出一般需要考虑安排办公区,包括办公室和会议室等,并配备相应的办公设备。办公室也可能是参展企业工作人员和展会组织人员、新闻记者的交流场所,要兼顾其实用性和档次。

4) 休息储存空间

设计人员在精心设计展台、展示空间的同时,不仅要考虑安排登记和咨询空间、招待与洽谈空间、办公空间等功能空间,而且不能忽略展台工作人员的休息空间。展台工作人员在展台休息会造成相当不好的影响,容易让参展观众产生企业专业性不够的感觉,从而对参展交易造成负面作用,应尽力避免这种情况出现。在条件允许的情况下,可以考虑设计安排封闭式的展台工作人员休息、饮食的空间。同时,设计人员还需要考虑安排适当的储存空间,放置资料、招待品、展品、工具,挂衣物、公文包及其他个人用品。空箱、个人用品等放在展台上会破坏展台效果,如果条件允许,可以设计一个储存间,具体大小可视情况而定。

5)公共共享空间

展台设计必须留有足够的公共共享空间,包括展示环境中的通道、过廊等。这直接关系到观众的数量、视觉和心理感受,进而影响展会的效果。同样,通道畅通与否,参观路线是否合理是企业展台设计时必须明确的两个问题。

展台设计功能空间的安排,一定要包括合理的展示剧情。所谓展示剧情,是指在将大型展示设计具体化并达到最佳效果的制作过程中,针对企业参展的目的来决定展出的故事内容、表现方法等因素,就像电影或戏剧一样有故事情节。在展示设计的初期阶段即设计公司着手设计之初,企业应该提供相关资料和要求,以帮助设计师构想展示剧情的大致框架,随着设计作业的推进,不断进行修正,在基本设计结束时要决定展示剧情的各个主题的内容,所以展示设计自始至终受到展示剧情的影响。在展览设计中所传达的商业信息最终要落实到模型、影像、图表、样品等多种展示媒体上,而所有这些展示媒体的分配也必须按照展示剧情的内容来决定。参展企业要将重点放在重要主题的展示上,并利用创新的媒体来展示重点,同时要善于利用各种新颖的宣传媒体使好的想法变成可行的具体方案,这样既能保证符合展览场地的限定,又具有主题统一的风格。

6.3.2　展台设计的道具类型

展台设计的道具类型包括展架、展柜、展台、展板和其他器物。道具的造型、比例、尺度、色彩、构图、材料等方面的因素将影响展台空间的形象。

1)展架

展架是作为吊挂、承托展板或拼联组成的展台、展柜及其他形式的支撑骨架器械,也可以直接作为构成隔断、顶棚及其他复杂立体造型的器械,是展会场馆活动中用途最广泛的道具之一。

随着节能环保、便利参展等理念的兴起,可拆展组合式展架体系兴起。可拆展组合式展架体系不仅可以方便地搭成屏风、展墙、格架、摊位、展间以及展饰性的吊顶等,而且还可以构成展台、展柜及各种立体的空间造型。可拆展组合式展架通常是由断面形状和一定长度的管件及各种链接件所组成,可以根据需要组合展台、展柜、展墙、隔断等,在展架上可以加展板、裙板或玻璃,也可以加导轨射灯或夹展射灯及其他护栏等设施。可拆展组合式展架体系的设计或选用应该做到质轻、刚度强、拆展方便,构件的配合要求精度高,管件规格的变化要按一定的模数进行。厂商多采用铝锰金、锌铝合金、不锈钢型材、工程塑料、玻璃钢等材料制造展架管件、接插件、夹件等,而采用不锈钢、弹簧钢、铝合金、塑料来制造其他小型零配件。

2) 展柜

展柜是用以保护或突出重要展品的道具。展柜分类通常包括立柜(靠墙陈设)、中心立柜(如四面玻璃的中心柜)、桌柜(书桌式平柜,上部附有水平或有坡度的玻璃罩、布景箱等)。

中心立柜如果放置在展厅中央,需要在四周都安装玻璃;如果放置在墙边,靠墙的一边可只装背板,不需安装玻璃。有的立柜的顶部还可以装置照明灯。桌柜通常有平面柜和斜面柜两种,斜面又有单斜和双斜面之分;单斜面通常靠墙放置,双斜面则放置在展台中央。

3) 柱体

柱体一般如方柱体、长方体、圆柱体等几何台体,是承托展品实物、模型、沙盘及其他展饰物的用具,也是突出展品的重要设施之一。现代展台设计的一个重要特征是,在静态的展会过程中追求一种动态的表现,动与静的结合使展会场馆变得生动活泼,别开生面。旋转几何柱体的使用,既可以更加吸引观众的注意力,同时也使观众在一个固定的位置,以不同的角度观看展品,多方位地品评展品。

4) 展板

展板是指用于发布、展示信息时使用的板状介质,有纸质、新材料、金属材质等。展板的画面为背胶材质,可根据使用现场的亮度和个人喜好选择亚光膜或亮膜。有些展台的展板是与标准化的系列道具相配合的,而更多的是按展会场馆空间的具体尺寸专门设计制作的。展板的设计和制作也应该遵循标准化、规格化的原则,大小的变化要按照一定的模数关系,兼顾材料和纸张的尺寸,以便降低成本,方便布局,同时也方便运输和贮存。另外,还必须考虑展板本身的强度和平整度,同时又不宜太厚,以免影响外观。

展架、展柜、展台、展板等常规道具选用的原则一般以定型的标准化、系列化为主,以特殊设计为辅;常常以组合式、拆展式为主,以便任意组合、变化,方便包装、运输和贮存;同时,道具要考虑结构坚固、加工方便、安全可靠、造型简洁、色彩单纯等。特殊道具则按实际需要来设计,其造型、色调、规格和尺寸的设计或选择取决于展会场馆环境的风格、尺度、陈列性质、展品特点及展会场馆空间的色调等因素。随着现代展会数量的爆发,越来越多的厂商研制、设计和生产出适合各种展会场馆形式的标准化、系列化、可循环使用的新式道具,大大方便了参展企业的布展,节约了开支。根据内在特点,道具的类型可分为一次性使用、循环租用式和循环便携式(表 6-1)。

表 6-1　道具的类型及其优缺点

道具类型	优点	缺点	备注
一次性使用	可结合企业和产品的形象设计,形式新颖,因地制宜,展示效果好	一旦成形就不易改变,多为一次性使用,成本较高	一般由较有实力和较具创意的展览工程公司为客户量身定制

续表

道具类型	优点	缺点	备注
循环租用式	结构坚固,器材耐用,结构组合丰富多变,可更改变形	价格较高,不易携带	由于材料昂贵,一般是租用
循环便携式	价格便宜,便于携带和运输,可循环使用,外观可在结构允许范围内改变	变化不及上述两种展具多样化	较适合中小企业参展时使用

6.3.3　展台设计的常用材料

1) 展饰布材

展饰布材在展会场馆空间中被大量采用,色彩多样、图案各异的布材能起到活跃空间气氛的作用。此外,它还具有运输体积小、展饰效果明显、价廉物美的优点。

2) 墙面材料

墙面材料的类型主要有透光又透明、透光不透明、不透光又不透明等。透光又透明的材料主要有各种彩色玻璃、有机玻璃;透光不透明的材料主要有磨砂玻璃及雾面有机玻璃;不透光又不透明的材料主要有各种软质 PVC 板、有机合成板等。

3) 地面材料

地面材料对展会场馆空间色调的影响比较大。常用的地面材料有复合板、地毯、展饰布等,其中地毯被选用的概率最大,展饰布被选用的概率最小。地毯因踏上去的"脚感"比较舒适,铺设与拆卸方便,色彩纹理比较丰富而广受参展企业的青睐。如果展厅面积不大,展出的又是高档饰品或艺术品,应选择高档豪华的地毯,以显示参展企业的实力与形象。

4) 贴面材料

贴面材料以较好的审美效果和低廉的成本而受到重视,常被用来营造展会场馆空间的特定气氛。临时性场馆为了拆卸方便,不必使用昂贵的建材,采用以假乱真的贴面材料同样能达到理想的效果。贴面材料有纸质的,如带图案的墙纸,还有各种色彩绚丽、内容丰富的展饰布等。

5) 悬挂展饰材料

在场馆展台的上空往往悬挂参展单位的标志、广告语或相关的艺术造型,这些悬挂展饰物都是灯光的聚集点,因而形象突出、引人注目,能达到良好的传播信息效果。高空悬挂展饰有利于展台和展厅内容的升华,也是展会场馆空间的"画龙点睛"之笔。高空悬挂物要轻质而硬挺、平整光洁,不能呈现褶皱,制作要精良。如采用吊旗,旗帜的四角要用绳子扎紧固定,不能随风飘扬。

6) 灯箱饰面材料

灯箱饰面材料一般采用灯箱布或有机玻璃。灯箱布柔软、可塑形强,上面可喷绘各种彩色图形和文字,也便于拆展,适合制作大型灯箱。随着科技的发展和各种新型建筑材料、展饰材料的陆续涌现,展会场馆空间设计需要不断发现和挖掘出新的展饰材料。即使选用富有科技含量的新产品,用新展饰材料来美化展会场馆空间也是必要的。

梅赛德斯-奔驰展台设计

梅赛德斯-奔驰历来十分重视展台设计,其展台也是历届车展万众瞩目的超人气展台。梅赛德斯-奔驰在展台的设计与呈现形式上不断推陈出新,以完美的表现赢得观众与同行的认可,多次获得北京、上海车展"最具人气展台""最佳汽车展台设计大奖"等荣誉,展台本身也成为展示品牌理念与综合实力的舞台。

梅赛德斯-奔驰将全新的展台设计理念带到中国,既保持了其作为汽车发明者对经典的传承,更展示了代表汽车工业最高水准的科技魅力。造型别致的奔驰双层展台以银色为主基调,运用了独具未来感的银色金属立面、棋盘式的天顶照明——这些创新元素是首次在国内亮相。当灯光开启,仿佛一片星辉照亮的天空,更彰显了整个奔驰展台设计既宏大又专注于细节的完美,优雅庄重又颇具时尚科技感,"唯有最好"的品牌理念跃然呈现在公众面前。

梅赛德斯-奔驰展台采用了创新性的主题区域划分,观众在展台上游览,既能回顾卡尔·奔驰作为汽车发明者超越百年的传奇历程,更能感受到其引领未来的领袖气质。"汽车发明者"区域作为整个展台的焦点之一,"传世惊奇 3005L"勾勒出这款传奇座驾独具的经典之美;与之遥遥相望的"回到未来 SLS AMG"区域,一辆红色的 SLS AMG 张开"鸥翼",欢迎各位贵宾的到来;AMG 展区彰显了"一个工程师、一台发动机"的独特品牌理念;"战略合作与社会责任"区域则向观众展示了梅赛德斯-奔驰致力于为中国消费者提供顶级产品与服务的同时,也倾力回馈社会,积极履行优秀企业公民责任;星睿二手车区域则呈现奔驰对卓越品质和尊崇服务的郑重承诺。

以象征未来与科技的银色为主色调的奔驰展台,展示了其独到的设计理念:独有的银色金属立面是奔驰展台的亮点之一,大面积的银色金属立面组成了整个展台的"骨架",在线条的简单勾勒下显得轮廓分明,形成错落有致的光影变化。整个展台既简洁大气,又充满了未来感。

梅赛德斯-奔驰的展车大多数是银色的。银色是奔驰历史上伟大的"银箭"赛车的颜色,象征着胜利与激情。今天的奔驰 F1 车队仍被人们称作"银箭"车队。在多款银色的奔驰展车之间,观众不仅可以感受到这个伟大品牌自豪且骄傲的运动历史,更能欣赏到奔驰引领时代的造车工艺。

奔驰展台以稳重大气的黑色为主色调,白色的 Mercedes-AMG 车型在其间展示,整个空间显得典雅又张力十足。在银色和黑色的主色调中,奔驰展台上的红色区域十分引人注目:

两款相隔半个多世纪的奔驰经典超级跑车——300SL 与 SLS AMG 相望而立,让人不仅能感受到奔驰跑车的速度激情,更惊叹于梅赛德斯-奔驰不断创新、勇于突破的品牌激情。整个奔驰展台以银、黑、红 3 个主色调相互映衬,层次清晰分明,构建出光彩夺目的展台视觉效果,处处体现了奔驰核心品牌价值所在——魅力、完美、责任。

作为一个国际品牌,梅赛德斯-奔驰一直对中国市场重视有加,并对中国消费者的文化喜好与情感诉求进行了充分的调研。每年的国际车展,梅赛德斯-奔驰都会将中国元素完美地应用于展台。要做好这一点,则需要对中国市场有着深刻的了解,以中国人喜闻乐见的形式,传播品牌理念和价值。梅赛德斯-奔驰先后选择了金鱼、常青藤、牡丹等元素,象征优雅、高贵、吉祥幸福、繁荣昌盛。多年来,一系列中国元素的运用是梅赛德斯-奔驰为中国市场精心准备的礼物,这表现了梅赛德斯-奔驰深深植根中国市场的决心和对中国消费者的一贯承诺。

6.3.4　展台设计的材料特性

在展台设计中,应当根据场馆特有的主题来选择材料,以便用最简约的方式实现场馆的艺术化。展台所用的材料,有粗糙与光滑、柔软与坚硬、冷炫与温暖、透明与不透明等之别。

1) 粗糙与光滑

石材、未加工的原木、粗砖、磨砂玻璃、长毛织物等,表面比较粗糙,而玻璃、抛光金属、陶瓷、丝绸、有机玻璃等,表面则比较光滑。同样是粗糙面,不同材料有不同的质感,如粗糙的石材隔断和长毛地毯,质感完全不一样,一硬一软,一轻一重,后者比前者有更好的触感。光滑的金属镜面和光滑的丝绸,在质感上也有很大的区别,前者略硬,后者柔软。

2) 柔软与坚硬

许多纤维组织物都有柔软的触感,如纯羊毛织物,虽然可以织成光滑或粗糙质地的物品,但触感都很舒适。纤维织物从纯净的细亚麻布到重型织物有很多品种,易于保养、价格低,但触感舒适度低。砖石、金属、玻璃等硬材料,耐用耐磨,不易变形,线条挺拔,光泽度饱满,可以增添空间的生机。但一般来说,人们喜欢光滑柔软而不喜欢坚硬冰冷的触感。

3) 冷炫与温暖

材料的质感同样有冷暖之分。金属、玻璃都是很高级的材料,但用多了可能会产生冷漠的效果。在视觉上不同色彩带来的冷暖感也不同,如红色金属触感冷而视感暖,白色羊毛触感暖而视感冷,选用时应从触感和视觉两方面来考虑。木材在表现冷暖、软硬上有独特的优点,比织物要冷硬,比金属、玻璃、石材要暖软。

4) 透明与不透明

透明度也是材料的一大特性,使用透明材料可以增加空间的广度和深度。常见的透明、半透明材料,有玻璃、有机玻璃、丝绸等。在空间感上,透明材料是开敞的,不透明材料是封闭的;在物理性质上,透明材料具有轻盈感,不透明材料具有厚重感和私密感。通过半透明材料隐约可见背后的模糊景象,在一定的情况下,半透明材料比透明材料的完全暴露和不透明材料的完全隔绝可能具有更大的魅力。镜面作为特殊材料会起到增加面积感的作用。

6.4　空间造型与视觉辅助

展台设计需要有效控制展会场馆空间的设计要素,综合运用形、光、色、质等物质手段,营造理想的空间视觉效果,创造具有特定情境、地域特征和时代气息的展台空间环境。

6.4.1　展台设计的空间造型方法

常规空间造型是在圆形、方形、三角形等几何图形的基础上,做横向或纵向的思维发散和空间构想。常规空间造型方法包括横向式空间造型、纵向式空间造型、圆弧式造型、三角形及其他多边形空间造型等。

1) 横向式空间造型

横向式空间造型是最常用的一种空间造型方法。一般是将展台在水平线上延伸并展开,形状多为正方形或矩形,高度以适于观众站立行走时最佳视域为度,实现"一步一景,步移景殊"的目的。这种造型多用在空间高度有限、产品种类多变的场景中,需要序列展出,以隔断、展板、展橱、展柜等为分隔道具,划分出不同规格、大小形状的空间,以使陈列展示在展品与观众平移观赏的时候具有一定的节奏、韵律变化,从而产生美感。

2) 纵向式空间造型

纵向式空间造型会令人产生高大、庄严的心理感受。同时观众在很远的距离上就可以看到,起到提醒、强调和突出的作用,这是横向式造型所难达到的效果。但是,纵向式造型首先要求有一定的空间高度,同时由于进深太小,容易产生压抑感、不便于观众抬头细看。这种造型往往施工难度较大、经费较高,且对安全系数的要求远高于横向造型。一般多用在距入口处有一定距离的空间,且处在展厅偏中心或通道交叉点处,往往给人以独占鳌头、顶天立地的感觉,塑造向上发展的良好形象。

3) 圆弧式造型

圆弧或弧形会给人以丰满、柔和、圆润的感觉。圆形可以是正圆、椭圆、半圆;弧形更是千变万化,自由随意,展台设计可创造出任意曲线构成的空间。圆弧式造型尽管给人以变化多端、精巧的亲切美感,但制作加工费及工料费较高。因此,若没有特殊需要,尽量不用球体状造型,否则会降低现场展示空间利用率。

4) 三角形及其他多边形空间造型

正等腰三角形造型令人有端庄、敦实、超稳定的感觉;非等腰三角形给人以生动、倾斜之感;而倒三角形则给人压抑、突兀、超不稳定之感。在运用三角造型做展台设计时,常常将三角形尖状顶部切除,设计成梯形,同样可达到三角形的端庄、稳定的效果,同时又富有生动、变化的特性。

6.4.2 展台设计的空间法则

展台设计应遵循对称与均衡、重复与渐变、对比与调和、变化与统一等空间法则,使展台独具特色又富有多变的美感。

1) 对称与均衡

对称是指中心轴的两边或四周的形象完全一样或相像,具有高度的统一感,适合表现静止的效果,带给人端庄、大方和稳定的美感。均衡是指以视觉中心轴线为基准,其上下、左右的形象完全不同,但在视觉上却达到一种平衡和稳定的状态。均衡较之对称更生动活泼。

2) 重复与渐变

重复是指相同或相似的元素按照一定的需要重复出现。重复的元素按照一定的规律、秩序不断出现,能产生连续、整齐、统一的节奏美感,从而加深视觉印象,增强艺术感染力。渐变是指重复出现的元素逐渐地、有规律地递增或递减,产生大小、高低、强弱、虚实的变化。重复与渐变的相同之处在于,其都是按照一定的规律和秩序在不断地反复,不同之处则是各元素在重复的同时,悄悄发生着渐次的递增或递减变化。

3) 对比与调和

对比是完全相反形式的要素间进行组合,如大与小、方与圆、刚与柔、粗与细、黑与白、轻与重等。把握好对比关系,可以使相互关联的对象更加鲜明突出,达到意想不到的效果。调和就是要在强烈的对比元素中找到共同的因素,从而达到融合协调的舒适感觉。

4) 变化与统一

变化与统一是形式美法则中的中心法则,它包含对称、均衡、重复、渐变、对比、调和等具体法则的所有内容,并对这些内容有着统筹作用。例如,过分的对比变化会使整体看起来杂乱无章,而过分的调和统一,又往往显得单调、乏味,需要在局部细节上适当地增加对比的变化。在不破坏整体效果的前提下,适当兼而有之,达到一种完美和谐的美感境界。

随着观众的脚步和视线的移动变化,人们在运动中观看、感受展示空间和展品内容,"步步移,面面观",时刻会有不同的视觉与心理变化。当然,不同的展台、展品内容,需要不同的手法来表现,以求达到最佳的效果。展示设计应当在以上集中常规空间造型基础上,结合形式美法则,设计出更加独特、新颖的展台造型。

6.4.3　展台设计的色彩要素

1）空间的色彩搭配

色彩搭配就是根据需要,依照色谱来调整明度、纯度以及色相的变化。色是光的产物,有光才有色。经过三棱镜的折射,阳光依红、橙、黄、绿、青、蓝、紫的顺序排列,这 7 种颜色组成的圆环称为色环,色环中的色互相配合就产生了色谱。色谱具有明度、纯度、色相的变化。明度是色彩的明暗变化,由亮到暗;纯度是色彩的饱和度,由浓到淡到灰,也称彩度;色相的变化是质的变化,由红到紫。

2）展台的空间配色

在展台的空间配色中,应该根据空间环境和展品的特性,选择适当的色彩系列,实现营造氛围、凸显主题的目的。展台空间配色的色彩系列主要有暖色系列、冷色系列、亮色系列、暗色系列、艳色系列、朦胧色系列等。暖色系列主要包括红、黄、橙、紫红、赭石、咖啡等色彩,具有热诚、奔放、刺激等特点,使人感觉温暖。冷色系列主要包括蓝绿、蓝紫等色彩,具有安静、稳重、清怡、凉爽等特点,使人感觉沉静。亮色系列是相对暗色系列而言,指一些明度比较高的颜色,特点是明快、亮堂,有一尘不染的效果。暗色系列是一些明度较低的颜色,显得端庄、厚重,烘托气氛,如果配上灯光将更具魅力。艳色系列指纯度较高或对比强烈的颜色,可营造活跃、热闹的气氛,还具备豪华高贵感。朦胧色系列即色相、纯度、明度都比较接近的颜色,能营造出柔和、静雅、和谐的气氛。

3）空间的色彩基调

空间的色彩基调首先要根据展会类型来确定。例如,历史性题材的展会空间设计,空间色彩基调应以厚重、沉稳、低调为主,用以烘托出一种沧桑的历史变迁和传统文化的凝重氛围;展销性质的展台空间,应处理成贴近生活的活跃性色调,以刺激观众的消费欲望,促进场内交易;一般商业性展台活动,大多采用中性、柔和、灰色调,易于取得色彩上的和谐,以突出展品。同时,空间的色彩基调还要考虑展会活动的季节因素。例如,冬季与夏季的温差比较大,其色彩基调也要有所偏重。冬季室外寒冷,整个展会场馆内的色彩应以暖色调为主,给人以温暖感,与人的心理需求相吻合;而夏季户外温度很高,空间应以冷色调为主,给人以恬静、凉爽之感。

4）展台空间色彩

展台空间色彩要体现空间个性,凸显展品和企业品牌的特色,与周围展台形成对比,从而突出本展台,吸引观众来展台参观。要突出展品与版面、展会道具之间产生的色彩差异。一般而言,版面常包括图片、背景色彩等平面内容。白色和淡色系列常被作为版面色,这些色彩简约明快,使展品更加突出和醒目。展会道具的色彩宜淡雅、单纯,油漆色以中度色性为宜,金属则最好进行亚光处理。要善于运用色彩营造特定的空间氛围。展台内空间环境给人的美感是由形式、色彩和材料等物质要素共同形成的综合美。当人们置身于展会中时，感受最强的往往是色彩，其能够影响人的想法，进而使人产生联想。设计展台空间色彩要兼顾地区和民族的差异性。同一色彩在不同地区和不同民族的象征意义差别很大，因此选择色彩时，要在满足不同环境的一般色彩要求的基础上，尽量从当地服装中提炼出丰富且有象征意义的色彩，以此色彩来选定主色和配色，用色彩引起共情，突出地方特色和民族风格。

6.4.4 照明设计的原则要求

光线因其极富表现性和感染力而成为展示设计中塑造形体、营造空间气氛的重要造型因素。在展示活动中，人们对展品及空间的感受要取决于展品及组成空间造型的材质对光线的反射、透射和折射。在展台空间艺术的设计中，照明设计有其相对的独立性，可以将展品精彩地展示给消费者。要表现出展品特点，达到预期效果，就必须遵守照明设计的原则。

1) 功能性原则

在视觉环境中，人的眼睛是通过视网膜感受光线，从而对环境明暗、色彩变化产生知觉。人在不同环境、不同视觉感受下，会产生不同的心理感觉，或轻松，或烦闷，或高雅。光线、照明、环境三方面综合起来，则会直接影响人的心理和情绪，其中光线是视神经感受的重要条件。视觉环境设计主要是解决光的问题，包括光的角度、距离、方向和光质等可调参数，从而最大程度地利用光的功效。例如，在充分照明产品和宣传产品时，还要使人在光照的环境中更舒适、更安逸，不易让人产生视觉疲劳。

2) 重点性原则

在展会上，展出的主题应是视野中最亮的部分，其他光源、灯具不要引人注目，以利于观众将注意力放在观赏展品上。需要重点突出的展品常采用局部照明以加强它同周围环境的亮度对比。展品背景亮度和色彩不要喧宾夺主。一般情况下，背景应当是无光泽、无色彩饰面。环境亮度的分布决定着观众的视觉适应状况。在高度水平不同的展室中，尤其在明暗悬殊的展室走廊部分，应设有逐渐过渡的照明区域，使观众由亮的环境过渡到暗的空间时不至于有昏暗的感觉。

3) 艺术性原则

在展台设计中，照明设计是为了使展示环境更具艺术效果，从而引起观众对展品的兴趣与注意。因此，在应用光的技巧上，更要讲究光的强弱对比、光的色彩感觉，将光的性能具艺术性地展现在展品上，让观众得到艺术的享受，也使展品的档次得以提高。

4) 照度原则

在展台照明设计中，光与灯具的造型都应符合展台环境氛围的要求，要从整体空间效果去考虑光的照度、色彩、方式、高度、位置，以达到空间的统一。与此同时，因为陈列品不同，要满足不同的照度值要求。比如，食品、杂品、书籍和鲜花等需要 100~500 lx；暗色纺线品、珠宝首饰和皮革等需要 200～1 000 lx;美术品需要 300～500 lx;机器家电等需要 100～200 lx。

5) 安全性原则

确保用电安全是展台设计的根本。照明的电源、线路、开关的位置务必要可靠、安全。还要注意电源走线的合理、明晰,多用接线盒、绝缘 PVC 管套,所有的电线接合处要刷漆。与此同时,要用最少的灯具达到最好的效果,不仅节约经费,而且维护方便,更安全可靠。

思考题

1.简述展台设计的注意事项。

2.简述展台设计的限制性规定。

3.简述展台设计的功能空间类型。

4.简述道具的类型及其优缺点。

第7章
现场工作与危机管理

【学习要求】

理解展期展台业务工作的内容,理解展台环境工作的内容,理解参展危机的种类,掌握参展危机的沟通管理,掌握参展危机的反应管理,掌握参展危机的恢复管理,掌握参展危机中的媒体管理。

7.1　展台业务工作和环境工作

展台工作是整个展览工作最重要、最关键的阶段,展览的价值和展出目标主要在这个阶段得以实现。展台现场工作主要指展会举行期间的展台接待、展台推销、贸易洽谈、情况记录、市场调研等。展台工作效率和效果依赖于展台管理,展台工作人员的知识、技巧和工作态度。展出工作的特点是时间短、空间小、人多、事多。因此,展台工作管理非常重要。

7.1.1　展期展台业务工作

展会开幕以后,展出的主要责任就由组织者转向参展企业和展台工作人员,由展台工作人员开展接待观众、洽谈贸易等工作。展出期间的负责人是展台经理。展台经理要使展台工作正常运转,也就是要让所有展台工作人员发挥团队精神,互相配合,解决展台出现的问题,完成展台工作目标。展台业务工作的主要内容包括接待客户、商务洽谈、现场记录、公关联络、调研工作、操作示范、资料发放、安排配套活动、现场销售等。

1) 接待客户

接待客户是展台工作人员的关键工作之一,主要内容是巩固与现有客户的联系,发现新客户并与之建立联系。要接待好现有客户,维持好关系,但是如果不是在洽谈业务,就不要因为他们而耽误接触新客户。

接待潜在客户是展会的最大优势、最大价值所在,展台工作人员需要识别潜在客户并收集联系信息,构建合作关系,以便展后进一步交流。重要客户,不论是现有的还是潜在的,都可以列出名单,并预先告知展台工作人员。如果发现重要客户前来参观,要予以特别接待。普通观众一般没有贸易价值,与展出目标没有直接关系,因此,接待普通观众不要耗费过多时间和精力,但也不能失礼,应采用礼节性招呼和简要问答,尽快结束交谈。这里需要讨论的是优先接待预约客户还是优先接待随机到访客户。一种观点认为,最好将预约客户的接待安排在观众较少的时间段,以免会谈时受到打扰,同时也避免错过接待随机到访客户的机会。另一种观点认为,为鼓励更多观众提前预约,且预约客户目的性很强,忠诚度高,应该优先安排时间接待预约客户,在有空余时间时再接待随机到访客户;或者安排大部分的展台工作人员接待预约客户,留出一小部分接待随机到访客户。但是,也要视客户的重要性而定。

2) 商务洽谈

商务洽谈是与接待工作紧密相连的关键工作之一,其重要工作内容是推销公司的产品、服务,宣传公司形象,需要有效的沟通(图 7-1)。商务洽谈的成果体现为签订贸易合同,要积极争取与现有客户签订新的贸易合同。虽然展会的关键功能是建立新的客户关系,但是为了控制风险,展会上建立的新的客户关系,不建议马上签订大型贸易合同,最好在展会结束后进一步做好调研工作,深入了解考察后再签订大型贸易合同;对新客户的大宗买卖及投资项目尤其要谨慎,报价和条件再好也不要急于当场签约。临近展会结束时提出的大宗买卖和投资项目要警惕,"趁热打铁"的观念不可使用在展会上。

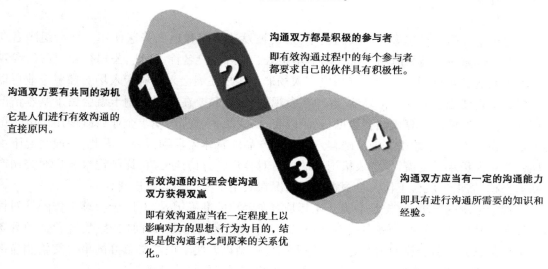

沟通双方要有共同的动机
它是人们进行有效沟通的直接原因。

沟通双方都是积极的参与者
即有效沟通过程中的每个参与者都要求自己的伙伴具有积极性。

有效沟通的过程会使沟通双方获得双赢
即有效沟通应当在一定程度上以影响对方的思想、行为为目的,结果是使沟通者之间原来的关系优化。

沟通双方应当有一定的沟通能力
即具有进行沟通所需要的知识和经验。

图 7-1　有效沟通的特点

3) 现场记录

现场记录是展台正式工作方法之一,是接待和洽谈工作中不可缺少的环节。记录对展览评估和展览后续工作都很重要,因而展台工作人员必须对展台工作做完整的记录。不少参展企业无法判断展出效果,或无法取得理想的展出效果,往往就是因为没有完善的现场记录,因而无法做合理的评估,更无法有效地开展后续工作。

现场记录方式包括纸媒记录、表格记录和电子记录等。

(1)纸媒记录

名片是一种典型的纸媒记录方式。收集名片是最简便的记录方式,缺点是内容有限,只有客户的姓名、地址。客户登记簿是另一种简单的纸媒记录方式。登记簿一般只记录客户的姓名、公司名称、地址等情况,有时还有"需求"一栏。名片和登记簿是比较传统简单的方式,因为没有收集接待交流情况、展台工作人员的评语及后续工作的建议,因此,纸媒记录可以作为现场记录的一种辅助方式。

(2)表格记录

表格记录是一种常用的记录方式。表格记录除了客户的基本情况之外,还有客户的公司情况、参观兴趣、参观要求等内容填写栏。表格通常可以附印在有参展企业地址、邮资已付的信封上,供客户带走,填好后寄回。表格记录对展览评估、展览后续工作有很大的价值。记录内容根据需要选定,格式设计要考虑使用方便和效率。表格记录除了客户的姓名、地址之外,还可以有客户的背景、兴趣、要求,展台工作人员自评语及后续工作的建议等。

展会开幕前,展台工作人员要熟悉表格记录。表格记录最好是复写式,一式多份,一份留给当地机构,一份尽快发回总部,一份留在展台,用于存档和后续工作。每份复写式表格要注明去向和用途。如果是单页式表格,应在一天结束时或指定时间将表格内有关情况发回总部处理。

(3)电子记录

电子记录是一种先进和高效的记录方式,被发达国家和地区普遍使用。展会组织者向目标客户邮寄展览请柬时附一份入场卡申请表(包括客户名称、地址、公司行业、规模、参观兴趣等),客户填好回寄后即可获得电子入场卡。客户在展会入口刷卡入场。参展企业可以免费或交费使用安装磁卡记录器,客户在参观展台时,只要在仪器上刷卡就会留下基本情况记录。记录器使用计算机储存数据,记录内容、格式统一、规范,便于企业后续使用。电子记录也存在着不足,不能很好地反映客户对公司产品的具体需求和兴趣。因此,一般情况下由展台工作人员跟进交流,参考表格记录的栏目对客户进行访谈交流,详细记录客户对公司产品的兴趣、需求。展台工作人员根据访谈情况在表格上写下后续跟进建议。

现场记录的要求,首先是准确。尤其是潜在客户的准确记录,有助于后续工作的针对性和效率。其次要求及时。展台接待和记录的客户数、客户来源、询问内容、数量和金额等统计结果是每天展后会议的内容之一。每天的统计结果要便于把需要急办的事要交给相应部门人员尽快办理,也为展会结束后开展深入统计分析工作打下基础。

4)公关联络

展期内还需要继续做好现有客户和潜在客户的公关工作,热情联络,友好接待,尽可能地为客户到访做好各类服务工作。同时,精心准备并合理利用接待室,发挥其在客户接待上的最大作用。利用接待室有以下几点注意:第一,接待室应用于有价值的客户和贵宾,要提前向展台工作人员说明谁可以使用、什么时候使用;第二,接待室的招待品可以分等级提供,比如软饮料、饮料、快餐、正餐等;第三,招待标准要根据预算决定,要注重实际效果;第四,接待室要营造商务工作气氛,避免娱乐、消遣的气氛。除此之外,还需要做好礼品管理工作。展出工作一般都会配备礼品,根据赠送档次,一般分贵宾礼品和常规礼品。赠送礼品要有规则和计划,需要制定明确的赠送规则。明确登记送礼详情,以便展会现场的礼品管理及展会后向公司报账。

5) 调研工作

调研是展会的重要功能之一。在展会上做调研既节省费用,又节省时间,在展会上进行信息采访,询问市场、产品,甚至竞争者的情况都要比在其他环境中容易。调研范围主要包括市场、趋势、产品、竞争、需求等方面。参展企业的调研范围和内容可根据展出需要和条件来安排,可以委托专业公司,也可以由展台工作人员完成。

调研途径和方法可以以展台为阵地,主要针对观众做调研,了解观众对产品和服务的意见及建议,询问观众对产品和服务的需求、要求,以及对市场和发展趋势的看法等。除了自家企业的展台之外,参展企业的工作人员可以抽空参观其他展台,尤其是竞争对手的展台,主要针对竞争对手做调研,收集资料,询问情况,了解竞争对手的展示手段、销售方式、宣传方式,以及新产品、新技术、产品质量、价格、包装、性能等方面的情况;可以参加展会期间召开的研讨会,了解市场、行业发展趋势,获得发言人会对行业的推论、预测,根据参加者所表现出的兴趣(如出席人的人数、出席人所提的问题等)预测市场发展趋势;可以阅读报纸、刊物、官方报告等,了解综合性质和宏观性质的情况。在展会期间做调研工作,巧妙使用各种方式、方法,但应当在法律允许的范围内进行。调研工作与竞争情报工作紧密相连,对企业的发展有着更为重要的价值和意义(图7-2)。

图7-2　竞争情报的获取渠道

6) 操作示范

操作示范能很好地吸引观众注意,让客户更加深入了解产品,体验产品的优点,从而更快地做出购买决定。因此,在有条件的前提下,参展企业应考虑安排产品的操作示范。操作示范需要安排熟练的技术人员,确保产品质量及示范流程的顺畅性,演示过程中切忌出现产品故障。操作示范一般需要报备办展机构,如需报批,则事先必须办好相关手续。操作示范要注意控制音量、调整屏幕角度,不要影响周围展台。

7) 资料发放

展台资料包括公司介绍、产品目录、服务说明、展出介绍、价格单、展台工作人员名片等。展台资料要做好管理工作,资料管理使用得当,可以有效地发挥宣传、推销作用;资料管理使用不当,便会造成丢弃、浪费的现象。在发放资料时,要控制散发数量和散发对象,撤下残损的资料,添加新的补充资料等。据统计,许多真正的客户往往不愿意携带很多资料,处于没有目的或者目的不明状态下时会到处收集资料,但大多是草草翻阅后就将之丢弃。

①单页和折页资料,是一种散发给每一个观众的相对低成本的资料。单页和折页资料可放在观众方便拿取的地方,不要摆放太整齐或摆放成几何图案,以免观众误以为是展示而不拿取,建议使用资料架(要注意摆放位置不影响展台工作,也不要影响观众行走)摆放。单页和折页资料可由展台工作人员直接散发或少量地放置在展台上,然后不断地添加,以免溢发造成浪费。单页和折页资料的散发要控制节奏,以便在整个展览期间都有正常的供应,不要在展览结束时还剩余很多专门印刷、无法用于其他场合的资料,或者展览还没有结束已无资料可以散发的情况。

②成套资料,是提供给专业观众的成套的贸易资料,编印成本较高,且往往包含一定的商业机密。成套资料一般不当场提供,可以放在接待室或资料柜内,不要让观众自由拿取,应由展台工作人员有选择地提供给有价值的、真正需要资料的客户。若客户问取资料,可填写索取表,参展企业当天或展后安排邮寄。在展台上可以只配备少量成套资料用于谈判参考,这样可以使展台工作人员和观众集中交谈。在进行贸易细节洽谈时,可以使用有直接关系的、能够辅助洽谈的资料。

8) 安排配套活动

展会期间可能会安排一些配套活动,包括开幕式、新闻发布会、馆日、招待会、研讨会、贵宾访问、采购团等,参展企业应对这些配套活动予以足够的关注,并视需要积极参与,充分利用。比如,展会开幕式是展会最重要的活动之一,邀请参加开幕式的人员都是政府官员、工商界名流和新闻记者,在开幕式当天,参观展会的人有很多是有价值的客户。表7-1和表7-2分别介绍了专业研讨会和技术交流会的差异、产品发布会和产品推介会的差异。

表 7-1　专业研讨会和技术交流会的差异

	专业研讨会	技术交流会
主题	偏重理论性的话题	偏重实用性的技术方面的问题
目标	加深听众对行业发展现状、发展特点和发展趋势的了解	促进技术的交流和传播
主讲人	主要是科学研究机构、大专院校和专业杂志的有关专家	主要是企业技术部门,以及科学研究机构、大专院校的有关技术人员
复杂程度	涉及的议题较为抽象,不需要太多的设备和演示	涉及的议题基本都和技术有关,在会议中需要较多的操作示范和技术演示

表 7-2　产品发布会和产品推介会的差异

	产品发布会	产品推介会
标的	新产品	已大批量生产和销售的商品
形式	新闻发布会	用户座谈会、经销商会议
听众	新闻记者、产品设计等技术人员和企业管理人员	经销商及其最终用户
会议内容	强调产品的"新",包括技术、设计和款式	介绍产品的用途、性能和结构等实用性较强的,与最终用户关系密切的一些内容和知识
展示平台	注重会议的环境布置,对展示平台的灯光、音响要求较高	以实用为主,对展示平台的设计和环境布置等要求较低
服务要求	重在突出形象,对会议现场服务要求较低	实物操作演示与示范,现场服务事项相对较多

参展企业要了解开幕式流程和活动,包括开幕后贵宾的参观路线,可以争取将自己的展台包括在贵宾的参观路线内,实现商业目标和传播目标;同时确保展台工作人员全部到位,确保展台工作人员着装整洁、精神饱满。如果需要,做好摄影和摄像准备,最大限度地实现展会开幕式的新闻价值和商业价值。

9) 现场销售

消费性质的展览基本上展出的都是消费品,面向消费者开放。参展公司一般是生产、经营消费品的企业,参展的主要目的是直接向现场的观众销售带来的产品,但需要办理相应的手续并严格遵守相应的管理规定。在贸易型展会上,主要面向中间商进行交易,直接零售是违反效率和效益原则的,因此贸易型展会通常禁止现场零售。贸易型展会是做贸易(进出口、多层次批发)的场所,参展企业应集中精力捕捉潜在客户和贸易机会。只在展会的最后一两天,有些参展企业为了减少展品回运的工作量才将部分或全部展品现场销售。

但有些参展企业将贸易型展会也作为直接销售的场所,采用小面积的标准展台,在里面堆满产品,在展台前的过道上摆放,直接向观众销售。参展企业这样做不仅会扰乱展会的现场秩序,自身也很难通过零售获得足够利润。如果参展企业认为有充分理由零售,可以事先与展会组织者商量,获得同意后,安排一个合适的位置零售。如果参展企业违反规定强行零售,展会组织者可能会采取强行措施,关闭展台。

企业会议运作的创新实践

理念先进、创意十足的会议已成为当今企业会议运作的主流。作为参会者阐述新思想、交流新观点的平台,成功的会议往往能以充满创意的安排,激发参会者的灵感,使参会者之间的交流达到最理想的效果。而令人耳目一新的会议创新形式能让参会者得到更加人性化的体验。

● 会议座位排法日趋体现互动性

会议的一个重要功能就是加强与会者之间的沟通交流。为了保证会议代表之间、演讲者和听众之间、参会者与新闻媒体之间的互动性达到理想的效果，国际会议在这方面做出了很大的努力。座位的排法已经突破了"剧场式""课桌式"等传统概念，"圆桌式"的座位排法使参会代表可以流动入座，并以小组的形式进行交流。在培训式讲座上，椅子的摆放采取弧形和平排并用，左右区排列交错，放置空间宽松，便于参会者自由讨论，以及演讲者走入听众区进行互动问答。在百人以上的观众区内，会议主办方事先设置了多处站式麦克风便于讲台上下交流。另外，有的国际会议在主席台上设置了两个主持讲台，由两位高层领导轮流并分别主持不同内容和板块的会议，既体现高层管理的和谐，又有利于调节会场的单调气氛。

● 变茶歇为社交活动

会议期间的茶歇，一改以往单纯的与会者享用茶点等活动安排，将"Coffee Break"（茶歇）改称为"Networking Break"（社交时间），让与会者有充足的时间沟通交流，扩大结识面，整理获取的信息资料。很多大型国际会议还设计了多种形式的助兴活动，例如当地历史文化的展示，扳手劲娱乐活动，参与型纪念品制作等，看似与会议主题无甚关联，但有效地创造了更多社交机会，加强了与会者之间的感情联络。

● 高科技迅速渗透

Facebook、Twitter、Linkedin 等社交媒体已经成为国际会议不可缺少的一部分，正发挥着越来越大的作用。诸如会议推广营销、信息发布、会前交流、寻求商机、会中约见、实时议程查询、经验分享、会后联络、资料上传、内容回看……多种渠道的社交媒体已经渗透到大型国际会议的运作过程中。会议还可以在指定网站上有选择地进行直播或录播，以扩大会议的影响力，吸引更多未参会的从业者学习和获取前沿动态和观点。此外，形式多样、功能各异的会议 App（基于一种便携式互动信息终端）的应用正日渐普及。它可使与会者进行实时互动、获取最新会议进展、寻找目标对象等。以 Spotme 机型为例，该小型装置具有无线通信功能，备有微型键盘，以及主要应用功能键。大会将与会者的个人基本信息导入该设备中，以便其与目标对象进行联络沟通。会议结束后，参会者可通过大会专门网站下载个人收集积累的会议信息、电子名片和日记等。

需要注意的是，我们学习和借鉴国际先进的会议经验，应该深刻理解其创意的内涵，而非盲目仿效，形式和方法均需结合当时当地的情况不断创新。独特的创意是会议运作发展的源泉，优质高效的管理和服务是会议运作发展的保证。

7.1.2 展台环境工作

展台环境有双重功能，一是对观众而言，展台环境体现了展出者良好的形象；二是好的展台环境体现了对展出者的尊重。展台环境主要指展台清洁、展台安全和展台保卫。

1) 展台清洁

展台体现了参展企业的形象,应当维持展台整齐、干净的状态。要保持展台清洁,在进行展台设计时就有必要设计充足的储存空间。

展品,以及模型、图文、声像设备等要放在合适的位置。若被挪动或碰脏,要及时挪回原位,并擦干净。展出期间,观众喜欢摸展品,要随时擦去展品展架上的手印。如果有操作演示,须及时清除废料。若有空箱必须及时搬走。展台上下可能有乱放的资料,要及时检查资料和样本放置,供观众拿取的资料要摆放整齐。

展台地面要保持干净,随时捡走地上的纸片、空杯或其他物品,展台墙面也要保持干净,随时擦去墙上的手印或其他痕迹,展台内不要随便放东西,尤其是可能绊倒人的物品,参展企业可以雇用专业清扫工或指定展台工作人员负责展台清扫工作。

2) 展台安全

展会上人群高度聚集,安全至关重要。展台安全包括遵守政府、行业和展会制定的各种安全规定。展会上的安全隐患包括火灾,以及一些人身伤害等,参展企业必须认真阅读相关规定,按规定办事。各地展会比较一致的规定有:展架展板必须经防火处理;照明设备和材料必须符合当地标准;电源必须由展会指定的公司人员连接。另外,各地展会对双层式展架的要求也很严格。

参展企业保证安全要注意选择使用符合规定的展架道具。在施工搭建时,不仅要赶速度,也要注意质量,保证展架道具安装牢固;在展出期间,要有人负责检查展架、设备状况,维护修理展架、设备,尤其是观众多的时候。指定人员在每天闭馆时检查展台,关闭电源;按规定配备灭火器;根据条件和需要为展台工作人员和观众投保。展台安全不仅仅是为了防止事故的发生,也是为了保证展台和展台设备的正常工作。

3) 展台保卫

展会上失窃现象比较普遍,既要防止小偷偷窃展品及工作人员的私人财物,又要防止"大偷"——非法窃取或合法套取展台记录及其他秘密资料或情报,因此保卫工作是展台工作的重要内容之一。展台保卫主要有以下两方面。

一方面,防止展品被盗。使用封闭式展台是防偷窃的方法之一。如果有贵重但体积不大的展品,可以使用保险箱或在闭馆后随身携走。展会多设有晚间保险设备,参展企业可以联系使用。太重的展品可能需要雇用专业保卫,同时要购买保险。

另一方面,防止展台记录及其他秘密资料或情报被非法窃取或合法套取。展会是合法收集情报的地方。竞争对手或工业间谍(往往以用户或信息咨询机构的名义出现)可能采取合法或不合法的手段收集信息,尤其是企业商业机密。对此,展台工作人员应有必要的警惕性,不能只有热情而不用头脑,为吸引更多的潜在客户而泄露公司机密。竞争对手直接参观展台并不违法,但是要十分小心。由于许多情报是在交谈中被"套"出来的,因此,参展企业要明确限制展台工作人员透露公司的一些情报,比如正在研制的产品、拓展市场的战略等。

展台工作人员要掌握一些必要的技巧,比如掌握交谈思路、了解对手意图、知晓解决问题方法等,除了合法地通过交谈"套"情报外,情报收集者还会用"偷"的办法收集情报。所以,产品、秘密资料、成交合同、接待记录等若管理不善就很容易让情报收集者得手。此外,一些媒体也到处寻找故事和花边新闻,全体展台工作人员对此要有所警觉,不要向竞争对手和记者透露秘密。要对每一个上展台的人存有一份戒心,但也不要草木皆兵。

7.2　参展危机种类和应对模式

7.2.1　参展危机的种类

危机管理是确保企业能顺利参展的有效措施,确保参展安全举行的有力手段,能最大限度地减少参展企业的损失和维护企业形象。参展危机的种类可分为市场危机、经营危机、财务危机、合作危机等。

1) 市场危机

市场危机是指那些由市场和社会宏观环境所产生的,对所有参展企业都发生影响的危机,如战争、恐怖袭击、自然灾害、瘟疫疾病、通货膨胀、经济衰退、游行罢工等。市场危机属于系统性危机,属于"不可抗力",一旦发生,对所有参展企业都会产生重大影响。参展企业可以通过慎重选择参展地点来规避这类风险。

【案例】

● **恐怖袭击**。如"9·11"恐怖袭击事件,人心动荡,全球著名的 IT 展览 Comdex,企业参展意愿非常勉强,来场参观人数更是剧降六成,参展企业几乎血本无归。

● **局部战争**。如美伊战争、叙利亚战争等,使得中东国家的会展业受到冲击,发生了严重萎缩,很多品牌展会停止举办,办展公司申请破产。

● **瘟疫疾病**。瘟疫、流行病爆发会使很多会展活动被迫停止举办,造成会展业巨大损失,会展业一片萧条。

● **游行罢工**。西方国家如英国,多见出租车司机、货车司机、市民的游行示威和罢工,这造成了参展的不便,影响展会顺利举办。

● **经济衰退**。各行各业无法逃脱经济衰退带来的严重后果,经济衰退造成了百业萧条,会展业深受其害。

● **通货膨胀**。通货膨胀给社会带来严重的危害,物价上涨,市场机制破坏,社会动荡和人心不安等。会展业发展需要的和平环境将被根本性破坏。宽松货币政策下带来了世界各国物价上涨。最极端的例子是 2008 年的津巴布韦,通货膨胀率达到 100%~500%,当地货币的纸面价值已经低于纸的价值,商家不得不用秤称钱。

2) 经营危机

经营危机是指因参展企业经营方面的原因而给参展带来的危机,如展会现场布置不当和设施老化等引起的展台火灾或展台坍塌,因分发礼品导致人群拥挤并出现踩踏事故,因参展目标不当、前期客户邀请不足、宣传推广效果不佳、人力资源及结构不合理出现新的强大竞争者而使参展效果微弱等。

【案例】

某消费品展会上,出现了一批混迹展会之中,借展会的旺盛人气,推销与企业参展展品有关的假冒伪劣或三无产品的人员或企业。这就是业内所称的"展虫"。他们的伎俩包括:经常变换参展公司名称,变换营业执照,逃过展览主办方的参展资格审查;许多展会有些参展企业因故缺席,就会耍无赖抢占摊位进行产品销售;如果主办方下了逐客令,就狮子大开口,要求主办方赔偿交通费和住宿费;利用展馆监管人员人手不够,躲躲闪闪跟主办方捉迷藏,销售假冒伪劣产品。这些"展虫"不但坑害了消费者,还严重损害了参展厂商的声誉。

某届佛兴·广州酒店用品展会在撤展的前 2 个小时,突发展台倒塌事故,幸而近午饭时间观众人数不多,并未造成太大人员伤害。调查发现,事故时该企业的展台设计结构不合理,跨度过大而无中柱支撑,门头过重而导致倒塌。根据行业调查,展台坍塌事故多发的原因主要两点:一是低价格与高成本的矛盾。展台设计超出预算,参展企业压缩预算成本,展览公司在制作与服务阶段减少成本,制作的墙板厚度不达标、承重不对称,龙骨密度非国标等原因都可能导致坍塌。二是搭建过程监管不专业,质量标准缺失。有些地方展览行业无序恶劣竞争,行业没有政策和制度的规范管理,导致行业门槛太低,市场混乱,特别是搭建过程缺乏标准衡量,缺乏监管机制,现场监管不力,留下隐患。

3) 财务危机

财务危机包括参展企业自有资金投入和举债筹措参展资金给财务成果带来的不确定性。如果资金安排跟不上参展筹备工作对资金投入的需要,参展的筹备进展就会受到影响;如果投入不当,参展企业投入筹办展会的各种资金就难以按期如数收回。参展企业必须慎重选择参展项目,维持一个合理的资金筹措结构,尽可能节约参展成本。特别是中小企业,切忌孤注一掷,超越自身实力过多投入参展。

4) 合作危机

合作危机是指参展企业和各合作单位之间、参展企业与展馆之间、参展企业与展会各服务商及各营销中介之间,在合作条件、合作目标和合作事务各环节上可能出现的不协调、不一致和其他不确定性而对参展产生严重的影响。例如:某合作机构中途退出;展品运输商工作失误使展品运输紊乱;展品侵权维权中律师不力等。为了确保合作的成功,合作双方需要细化合作条件,通过文字性的合同条款明确各合作单位的权、责、利,并且在合作过程中保持积极沟通和协调,以解决合作中出现的问题为基点推进合作的实现。

【案例】

A公司和B公司决定共同购买展位参展。两公司签订了合作参展的原则性君子协定。但是,在实际的操作过程中,两公司因为权利、责任、利益分配不清的问题出现了很多矛盾,严重影响了参展筹备。对此,B公司主动积极地和A公司进行了沟通和协调,最后实现了合作参展的成功。

该案例的启示是:合作前尽可能以文字形式细化合作条款,"先小人后君子";合作中要做积极沟通者,全力化解矛盾和解决问题,实现合作共赢。

经营危机、财务危机、合作危机都属于个体性风险,不属于"不可抗力",一旦发生,对参展企业个体产生重大影响。参展企业可以通过提升自身实力来规避这些风险。

为应对这些危机,参展企业一般采用"RCRR模式",即预警(Readiness)、沟通(Communication)、反应(Response)、恢复(Recovery)来进行危机管理。预警是在危机发生前对可能发生的危机事件进行预测和预防,通过捕捉危机可能发生的蛛丝马迹,分析危机事件发生的可能性,针对危机可能发生的概率制定不同的预防措施,做到防患于未然。沟通是指为了阻止危机事件的发生,或者在危机发生以后为了有效地进行危机管理,参展企业内部进行信息交流和沟通,以及他们与外部的沟通。没有很好的信息交流和沟通,就没有有效的危机管理。反应就是危机事件发生以后不惊慌失措,能按计划和实际情况对危机采取必要的应对措施,并做出快速而正确的反应,使危机得到控制,使危机所造成的损失减少到最低限度。恢复就是在危机持续期间和危机得到控制以后,参展企业能采取切实措施,使受危机影响的客户、设施和有关人员等尽快恢复到危机发生前的正常状态,抓住危机中的机会,化不利为有利,使其得到更好的发展。

7.2.2 参展危机预警

参展企业应采用科学有效的办法,对各类危机发生可能性的大小,以及它们发生后可能造成的影响进行评估,为危机预警提供依据。

1) 参展危机风险评估

找出参展可能面临的危机有哪些,参展企业对可能发生的危机进行预防和采取有效的控制措施。参展企业可以采用科学的办法,对市场危机、经营危机、财务危机和合作危机等4种危机进行评估,作为危机预警的依据。

2) 建立参展危机预警机制

危机预警机制分为指标性危机预警系统和电子危机预警系统等。指标性危机预警系统是将判断危机是否发生的信息转化成一系列较容易识别的指标,并根据指标的变化情况来进行危机预警的系统。这种预警系统一般是用来针对那些根据直接信息一时无法判断出危机是否发生的事件。

建立指标性危机预警系统,关键是要选择合适的预警指标体系。电子危机预警系统是通过有关电子装置对可能引起危机的信息进行收集、监视和分析,并发出危机预警的系统。电子危机预警系统有的是一种自动装置,如预警火灾的烟雾报警器等;有的是自动装置与人员监视相结合,如闭路电视监视系统等。

电子危机预警系统主要用于那些可以通过电子技术来收集的危机信息,而且这些信息与可能发生的危机之间有明显的因果关系。电子危机预警系统可以根据需要做成很多种不同类型,如动态移动系统、动态固定系统、静态移动系统、静态固定系统和混合系统等。在进行危机预警时,参展企业要避免出现两种情况:一是有关人员对危机预警信号反应迟钝而错失危机预防和危机反应的良机;二是危机预警系统本身失灵,不能及时对即将到来的危机进行预警。

【案例】

在某企业参展过程中,工作人员 A 和 B 同时发现自家展台内有烟雾冒出,但是因为很多时候展台搭建、展品演示都会产生烟雾,属于"正常"现象。并且,如果真有问题,展馆内的电子火警系统也会鸣叫,于是两人更加没有在意。结果,正是这一不在意,导致了展台火灾的发生,造成了重大损失。后来发现,展台电子火警系统处于失灵状态。

这个事故的教训在于:对于危机信号不可麻木不仁;要注意危机预警系统是否处于失灵状态。

3) 开展参展危机预防措施

危机预防是指尽量避免危机的发生,尽量减少危机发生的可能性,或者是尽量降低危机发生后所造成的损失。对可能发生的危机进行预防有 4 种应对措施(PETA 方法):阻止、回避、转移、接受。

①危机阻止是指根据危机预警,在危机发生前采取有效的措施阻止危机的发生。例如,在火灾发生前就将可能引起火灾发生的危机源消除;在观众入场参观前就合理地安排好展台参观通道以避免过度拥挤等。阻止危机简单易行,可以彻底地消除危机,或使危机在萌芽状态就被消灭,对保证参展安全具有重要作用。参展企业可以指派专门安全督察人员,对展会的布展、展览和撤展等阶段进行监控,一旦发现危机源,就立即消灭;并与有关政府部门做好联合行动,如展前、展中与消防部门联合大检查以预防火灾的发生,与安全保卫部门合作以维护现场秩序等。

②危机回避是指危机预警发出危机信号,参展企业在危机发生前就主动远离危机而避免危机给自己带来更大损失的一种危机预防策略,包括先期回避和中途放弃。先期回避是参展企业根据危机预警,在危机发生前就远离危机而不承担危机风险的一种策略。中途放弃是因为种种原因使参展企业中途放弃已经承担的危机风险,这种策略一般不常见,使用这种策略很多是被迫的。和先期回避策略相比,中途放弃的成本较高,因此造成的合同法律和利益补偿等问题也较难处理。

③危机转移是指参展企业通过合理的途径,将危机风险或危机可能造成的损失,转移给

其他有关机构承担的一种策略。危机转移策略在企业参展实践中经常被使用,分为控制型转移、财务型转移。控制型转移是将危机风险及其潜在损失和危机控制等一起转移的策略,如采用出售、分包和签订免除责任协议等办法,来指定展品运输代理,转移展品运输风险。财务型转移是将危机风险的潜在损失从财务上转移到相关机构的一种办法,如向保险公司投保等。危机转移只是转移了危机的风险承担对象及财务损失,而不能转移危机对展会带来的不利影响。

④危机接受是主张在无法或来不及阻止、回避和转移危机风险的情况下,参展企业勇敢地承担起自己的责任,主动接受危机风险,并通过采取一系列有效措施来尽量降低危机发生的可能性,以及危机发生所带来的不利影响和损失,使参展能顺利渡过难关。在危机接受策略下,参展企业有预防损失、减少损失、掌控不利影响和财务对策等应对措施来努力减少危机造成的损失和带来的不利影响。

7.2.3　参展危机的沟通管理

由于危机管理中沟通的特殊性,参展企业需要特别注意危机管理中的沟通工作。

1) 使用合适的沟通渠道

沟通渠道的选用要具有一定的抗干扰能力。要考虑危机环境和交互作用对沟通渠道的影响,考虑与危机管理无关的人员可能使用该通道的情况,做到有备无患。要尽量简化沟通渠道的层次。危机中的很多信息可能要经过逐级上报,如果经过的级次太多,不仅会使信息走样,还会错过最佳时机。所以,沟通渠道的层级要尽量简短。沟通渠道要有一定的替代性。不能因为一个渠道遭到破坏或者被堵塞就没有可用的替代渠道。选择合适的沟通渠道是保持沟通畅通的基础。

2) 使用规范化的沟通方式

规范化的沟通方式确保了信息的准确可靠。沟通方式规范化包括沟通程序、沟通内容和沟通渠道等的规范化。对于沟通程序的规范化,可以规定什么样的危机事件应向什么级别的领导汇报,由什么级别的领导来处理等;对于沟通内容的规范化,可以采用格式化的报告、调查表和格式化的记录来进行;对于沟通渠道的规范化,可以规定什么样的危机通过什么样的渠道来汇报。参展企业可以设计专用通道来构建快速有效的危机沟通方式。

3) 培养信息收集和分析的技能

所谓"失之毫厘,谬以千里",确保被传递的信息的真实性和准确性是危机管理中非常重要的能力。在危机中,能否对有关信息进行准确的判断并及时准确地向有关方面传递出去,往往关系到危机反应措施的成败。所以,展台经理要培养参展工作人员的信息收集和分析技能,充分发挥集体的智慧,不能仅仅依靠自己一人。

4) 公开地与外界进行交流

危机一旦发生,除非能被很快地消除和控制,否则,主动公开地与外界交流比隐瞒和躲躲藏藏要好,因为以坦诚的态度与公众交流能更多地获取他们的理解和支持,而公众的理解和支持是危机管理的一个重要力量来源。同时,参展人员应该积极与媒体沟通联系,第一时间把最新的危机信息告知媒体,争取媒体对危机解决的帮助。

5) 避免发生各类冲突

危机一旦发生,情急事急,要尽量避免因沟通不畅或沟通不当而引起各类冲突。对于任何有关危机的提问,都要以礼貌、谦和和灵活的方式来回应;要及时与利益攸关者进行沟通,了解他们对危机的看法,征求他们对下一步行动的意见和建议,如果有可能和必要,可以让他们选派代表参与危机的管理,这样更能调和与他们的利益冲突;要寻求其他可信的机构出面,对危机的发生原因和反应措施及后果进行独立的评价,以增加危机管理和善后处理的公正性。

基于沟通在危机管理中的重要性,企业高管和展台经理必须对它加以高度重视,否则,不当的沟通或不畅的沟通不仅会阻碍危机管理,还会严重破坏参展企业的形象。

7.2.4　参展危机的反应管理

参展危机的反应管理的主要目标就是努力减少危机造成的直接和间接损失,并为危机恢复创造条件。具体来说,就是迅速消除危机或阻止、延缓危机的蔓延;阻止和减少危机的交互作用;阻止和减少危机对人、财、物的伤害。危机反应管理的措施包括以下 6 方面。

1) 迅速成立危机反应小组

参展企业可以设立一个危机反应小组来负责参展危机管理,这个小组一定要责任明确、分工清楚、人员到位。同时,危机反应小组也应是一个富有弹性且适应性很强的机构。

危机反应小组应该做到以下 4 条:第一,其成员都要有代表性,能符合危机事件性质的需要。例如,成员可以由参展企业主要负责人、公关人员、展馆技术人员、负责展务的人员和法律顾问等组成,这样可以满足各方面的需要。第二,需要有一个既权威又民主的决策程序,能在紧急环境下做出有力度,又有弹性的决策。第三,责任和管理目标必须层层分解,责任到人,发挥集体的力量和团队的智慧,让所有成员齐心协力,向一个共同目标努力,避免出现"只管不理"的现象。第四,管理层级的设立要尽量简洁,避免层级过多而引起信息传递不畅和沟通困难的现象。

2) 把握危机反应的黄金时间

接到危机预警或危机爆发消息的最初几个小时至关重要,是危机反应的黄金时间。要把握好这个黄金时间,就要在这段时间里努力弄清危机源,评估危机环境,防止发生交互作用。具体来说,一是要立即弄清引起危机发生的危机源是什么,并提出控制或清除这些危机源的可行办法;二是要评估危机发生的周边环境,并采取措施阻止危机进一步蔓延;三是防止发生交互作用,避免发生连锁反应。

3) 获取信息和保持内外部的沟通畅通

获取信息和保持内外部的沟通畅通是危机反应管理能有效进行的保证。如果在危机反应管理中获取不到充分的信息,就很难做出有效的危机反应决策和进行有效的危机反应行动。一旦信息缺失,谣言和挫折所引起的冲突就可能不断升级,危机所导致的损失就会进一步扩大,危机反应管理就会顾此失彼。

在危机反应管理中,管理机构的所有成员既有收集信息的责任,也有分析信息的要求,还有传递信息的义务。收集信息是为了弄清楚事情的真相,分析信息是为了给决策提供依据,传递信息是为了保持内外沟通的畅通。不过,在收集和处理信息时,要注意将内部信息流和外部信息流分开,这样更有助于对整个危机事件保持清醒的认识。并且在收集和处理信息时,要注意将交流和控制的场所相对分开,因为如果它们没有相对分开,就会彼此影响而使决策受到干扰。

4) 按轻重缓急对行动进行排序

接到危机预警或危机发生以后,由于危机反应的时间和资源极其有限,展台经理不能对危机的各个方面平均地使用力量。因此,就会漏失危机中急需解决的主要矛盾而招致重大损失。为避免更大损失,危机反应行动应有轻重缓急之分。

危机管理人员可以根据以下几个标准来统筹危机反应行动的轻重缓急:第一,危机继续造成损失的严重程度。因为危机已经造成的损失无法挽回,危机反应的当务之急是要设法阻止危机继续造成更多的损失。第二,危机各部分继续蔓延的可能性。一旦危机蔓延,危机将更难控制,损失将更大。第三,危机各部分是否会引发连锁反应。越能引起连锁反应,危险程度越高,也越应引起重视。第四,危机中是否存在影响展会的生存、参展企业的可持续发展和尽快恢复的因素。如果有,就要及时采取应对措施。

上述对危机反应管理的评估,有赖于当事人对危机的熟悉度、对危机发展的预见性和专业技术能力,这是保证评估正确的关键。另外,在危机反应管理中,要避免出现主要管理者过分介入具体事务细节工作。因为,一旦他们介入到应如何做每项具体工作时,他们就可能失去对危机全局的看法。失去了对全局的把握能力,这不仅无益于危机的有效控制,还可能将其下属成员置于危险的境地。

5) 重视对人的管理

危机爆发以后,人的作用至关重要。如果危机管理的有关人员出现混乱,危机将很难得到控制,严重时还可能会出现人员伤亡。在危机反应管理中普遍存在的一个问题,即大家的注意力都被危机事件所吸引,而很少去关注正在为控制住危机而奋斗的人。展台经理应该跟踪这些人员的部署情况和精神状态,监控每个人所处的最新位置和最新情况,在确保每个人职责分明的同时,让每个人都有一定的应变权利。这样,他们在处理突发事件时才会更加积极主动。另外,危机管理人员要精干。如果人员太多,令出多头,大家就会感到无所适从,危机管理工作就会出现混乱。

6) 牢记法律义务

无论是在刚接到危机预警时,还是在危机爆发以后,或在进行危机反应管理时,展台经理要牢记法律义务,如法律对安全方面的要求、对有关方面进行照顾的义务等。不遵守法律义务而一味蛮干,将会导致一系列后遗症。

对危机进行反应,是进行危机管理的决定性阶段。如果危机反应及时而正确,危机就可能被很快控制和消除;如果反应延迟或失误,危机就可能蔓延和扩大。所以,在危机反应中,要尽量避免出现以下 6 种情况:第一,对危机预警麻木不仁,没有危机意识,缺乏预见性;第二,延用惯性思维,缺乏应变能力,决策不果断,措施不坚决;第三,信息沟通不畅,报喜不报忧;第四,三心二意,分不出轻重缓急,措施不到位;第五,言而无信,做表面文章,不以诚相待;第六,盲目乐观,分不清是机遇还是危机。

为了能对可能发生的危机尽早做出科学的反应,有些参展企业在参展筹备时,往往对可能发生的危机提前提出危机反应和恢复计划,通过这个计划,节约进行危机反应的决策时间,指导工作人员对危机事件做出科学合理的反应和恢复工作。

7.2.5　参展危机的恢复管理

参展危机的恢复管理包括人的恢复、物和系统的恢复、形象和声誉的恢复 3 个方面。危机恢复管理的任务在于保持展会的连续性,维持参展企业的生存并改进办展业务流程,恢复参展企业和有关展会的声誉和形象,恢复有关人员的信心,使参展企业和有关展会获得新的发展。危机恢复管理的具体措施包括以下 5 点。

1) 成立危机恢复小组

危机恢复小组可以在危机管理的最初阶段就成立,也可以在危机基本得到控制之后成立。危机恢复小组的主要任务是进行危机恢复的信息收集、制订恢复计划和进行恢复决策。小组成员可以包括受危机影响有关部门的主管、公关人员,危机恢复所需要的技术人员和一些危机反应人员。公关人员的参与是为了更好地与内外部进行沟通,恢复展会及参展企业的形象和声誉,恢复人们的信心。危机反应人员由于对危机情况较为了解,将他们中的一部分安排在恢复小组中可以提高决策的科学性。成立危机恢复小组,可以使危机恢复工作按计划有条理地进行,使展会尽快恢复到正常状态。

2) 及时沟通

在恢复管理时,保持及时有效的沟通仍然十分重要。通过及时有效的沟通,外界知道参展企业正在做什么,参展企业也知道外界期望自己去做什么,有关恢复人员也知道自己应该做什么,这对于尽快使事情恢复到正常状态十分必要。如果沟通不畅,人们发现在合理的时间内,某些"应该"要采取的行动没有开始,就没有信心按随后的信息去行动。如果沟通中断,受害者就会感到被抛弃和孤立无援,利益攸关者就会觉得参展企业对他们的利益漠不关心,社会公众会觉得参展企业缺乏人性关怀,这样可能引起新的冲突甚至新的危机,恢复工作就难以进行。

3) 对需要恢复的对象进行排序

在进行恢复工作时,首先要明确需要恢复什么,然后要区分需要恢复的对象的重要性,按轻重缓急决定恢复工作的优先次序。一般而言,如果在危机中有人员伤亡,那么,对人的恢复应该放在最优先的次序;如果没有人员伤亡,那么,对核心业务的恢复工作应该优先考虑。支持业务和延伸业务也是恢复的对象,但其优先次序没有前两者重要。

4) 重视对人的全面恢复

人的全面恢复,包括对有关人员的生理恢复和心理恢复。这里所说的"人",包括明显受危机影响的受害者、与危机相关的各利益攸关者、进行危机反应的人、关注危机进展情况的人,以及参展企业的内部员工。这些人都是需要恢复的对象。在恢复管理中,执行恢复工作的人员可能只关心受害者,受害者当然是需要关怀和恢复的首要人员。但如果对人的恢复工作仅限于此,那么恢复工作可能就很难成功。例如,各利益攸关者的利益如果得不到应有的补偿,他们将会制造新的危机;如果那些关注危机进展情况的人(如媒体等)没有得到及时的反馈,他们就可能继续传递对展会及参展企业不利的信息;如果内部员工在危机得到控制后得不到应有的关怀,他们在高兴之余就可能产生失落。人是危机影响的最终承担者和评价者。从某种意义上讲,除非有关人员感到他们的需求和忧虑正在被妥善地解决,否则,恢复工作做得再好也是徒劳。

5) 整合资源寻求新发展

恢复工作的目标,不是使遭受危机打击的有关展会及参展企业,在危机过后劫后余生而勉强维持生存,而是要努力恢复到危机发生以前的水平,并尽量超过该水平。危机的爆发会暴露展会及参展企业薄弱的一面,恢复工作可以对之加以改正和提高,使有关展会和参展企业获得新的发展。例如,改进业务流程中不合理的部分而提高工作效率,重新对展会进行定位以求新的发展等。

在进行恢复工作时,要防止出现追究责任式的恢复工作。危机已经形成,尽管危机已经得到基本控制,但影响还远未消除,这时关键还是要努力保持内部团结,让大家齐心协力,努力进行恢复工作。如果此时大张旗鼓地追究责任,可能会给恢复工作带来很大的危害。所以,危机的责任要追究,但最好不在恢复阶段进行。

7.3　参展危机媒体和形象管理

媒体对危机管理的积极作用表现在帮助参展企业传递信息,维护参展企业的形象,为参展企业提供社会支持,帮助参展企业进行危机预警、反应和恢复,帮助参展企业与其客户及其他利益攸关者进行沟通。媒体对危机管理的消极作用包括：可能成为危机的制造者；可能使危机进一步恶化；可能妨碍危机管理。企业参展管理者应该高度关注和深度认知参展危机在媒体中扩大的路径(图 7-3)。

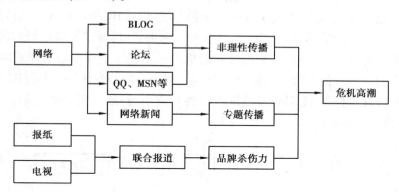

图 7-3　危机在媒体中扩大的路径图

7.3.1　参展危机中的媒体管理办法

1) 将媒体作为危机管理的重要对象

将媒体作为危机管理的重要对象纳入参展危机管理计划，可以通过主动引导媒体报道和采访，主动向媒体提供信息来有计划地引导媒体为危机管理服务。指定与媒体沟通的负责人，或成立相应的管理部门，是参展企业将媒体纳入管理对象的一项重要举措。媒体管理部门对内进行信息筛选，对外进行沟通，可以发挥极大的协调作用。

2) 多渠道地与媒体保持沟通和密切联系

参展企业可以采用新闻发布会、媒体会议、现场采访、随机采访等方式，多渠道地与媒体保持沟通和密切联系。对于新闻发布会和媒体会议，要注意使发布的信息满足新闻发布的四个要素，即危机在本会议召开时的情况如何、社会的关注重点所在、当前事态的进展怎样、将来会如何发展等。

在发布形式上，要注意做到：简明清晰地介绍信息发布的动机和内容；做一个本事件给人们带来的影响的简要评论；清楚地陈述自己已经、正在和将要采取的危机管理措施；给媒体留下如何继续获取信息的时间、地点和途径。

在新闻发布会和媒体会议上，背景材料会提高介绍效果。对于各种采访，展台经理要有一定的准备，要使被采访者能镇静应对，不要陷入猝不及防的尴尬状态；被采访者对外提供的信息要口径一致，不要随意发挥。

3) 适当地控制媒体在危机中的活动范围

适当地控制媒体在危机中的活动范围的目的在于减少干扰，抓紧时间和集中精力处理好危机事件。在对媒体活动范围进行适当控制时，还要向媒体说明原因，取得媒体的理解和配合。同时,还要积极给媒体提供必要的信息,这样范围控制才会有效。适当地控制媒体在危机中的活动范围,并不是拒绝媒体对危机现场进行采访和报道,更不是对媒体进行封锁。实际上,通过控制媒体在危机中的活动范围来达到封锁消息的目的是行不通的。因为,如果得不到有关信息,媒体总会想方设法冲破企业和办展机构的限制。另外,一旦媒体不能从正常渠道得到其所希望的信息,他们就会从非正常渠道去获取,而这种渠道得到的信息往往是不真实的。不管哪种情况,结果常常都会对危机处置不利。企业参展管理者应该了解和掌握危机事件中的记者行为的规律和特点(图7-4),因为不容许媒体进入的范围也可以是动态的。随着危机被逐步控制,受限制的范围可以逐步缩小,到危机完全被控制,就可以取消范围限制,给媒体活动的自由。

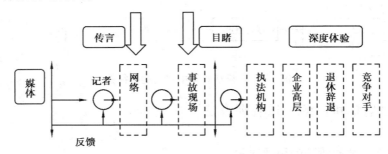

图7-4　危机事件中的记者行为

7.3.2　参展危机中的媒体管理要点

危机中的媒体管理工作是一项富有挑战性的工作,它要求展台经理熟悉媒体的运作,了解媒体的报道规律,与媒体有良好的关系,能与媒体进行有效沟通。这样,媒体管理工作才会事半功倍。

1)不要和媒体发生冲突

任何时候与媒体发生冲突都是一种不明智的选择,因为一旦机构与媒体发生冲突,媒体就可能联合起来共同捍卫行业的整体利益。这时,媒体可能发布一些不利于危机控制的信息,成为危机的制造者和危机控制的妨碍者。

2)不要责怪其他组织和个人

对其他组织和个人的任何指责都会给人一种逃避责任的印象,会破坏危机管理团队的团结。即使其他组织或个人真有过错,在危机得到控制前,也不要向媒体吐露,更不要让媒体推测。因为,在危机管理期间,核心任务是如何有效控制和消除危机,而不是追究谁该负责。在危机被有效控制和消除以后,一切事实都会真相大白。

3)尽量提供真实的信息

一旦媒体发现企业提供的某条信息不是事实,他们就会有一种被欺骗的感觉,就会对企业提供的其他信息也产生怀疑。要尽量向媒体提供真实的情况,对一些暂时还不明确的情况不要进行主观臆测。如果发现已经提供的某些信息与事实有出入,或者彼此之间出现不一致,要主动承认,并就出现这种情况的原因对媒体做出合理的解释。

4) 保持冷静并表现得坦率和诚实

不论媒体的采访提问如何尖锐,展台经理都要保持冷静,要心平气和,避免情绪化;对一些敏感问题,只要不影响危机管理的效果都可以公开,这样以坦率和诚实方式与媒体交往,有利于彼此之间形成一种和谐友好的气氛。对于一些确实不知道的情况,不要以"无可奉告"来回答,因为这样会给人一种傲慢和故意隐瞒事实真相的印象,对维护参展企业的形象极为有害。

5) 要富有责任心和同情心

对于一些涉及危机的受害者和其他利益攸关者的问题,展台经理要表现得富有责任心和同情心,做好各项慰问,提供前期补偿,密切关心和及时呼应他们的关切。不要表现得漠不关心,否则容易引起媒体和社会公众的反感。

6) 注意运用应对采访的技巧

在接受采访之前,要尽量事先拟订回答问题的答案提纲,以便应对自如。在被采访时,要在较短的时间内简要阐明自己的重要立场,便于媒体的报道和传播。在安排新闻发布会或媒体会议时,要安排危机管理的主要负责人出场,这样会给人一种较权威和较负责任的印象。在其他场合,如果不是非常必要,尽量不要安排危机管理的主要负责人出场,因为一旦他将有关情况说定,与媒体进行再协调的机会就少了,危机管理工作就可能陷入被动。

7.3.3 参展危机中的形象管理

声誉和形象是一个企业重要的无形资产,它和参展企业的有形资产一样宝贵。保护无形资产不受损害也是危机管理的重要任务之一。形象管理是用来保护参展企业的声誉和形象,关注的是有关方面对参展企业的看法,并通过内部文化的认同和沟通,以及外部公共关系的处理和协调来达到管理的目标。为了做好危机中的形象管理,参展企业应做好以下4点。

1) 注意及时处理外部关注的焦点问题

很多展台经理在处理危机事件时只关注组织的内部,只关注物质利益的损失,这会使外部环境对组织产生"不负责任"和"漠不关心、没有人情味"的印象。这种印象一旦形成,对组织形象的损害就不可避免。所以,在危机管理时展台经理不仅要关注内部事务,还要注意及时处理外部关注的焦点问题。例如,针对危机,我们已经做了什么、我们正在做什么和我们将要做什么等。针对这些问题与外界多方沟通,努力使组织表现得更加诚实、公开、积极和富有同情心,为组织建立一种"正在为大家的利益而积极和公正地解决问题"的形象,使组织免遭外部舆论的攻击。

2) 反映组织的真实态度和行为

与外界的沟通要畅通,意思传递要准确,一旦因沟通而引起误解,就会很快产生不良形象。例如,展台经理声明将要做什么,但外界却认为他正在做什么,这会使外界误以为组织"言行不一致",组织形象因此而受损。为此,展台经理在与外界沟通时,要尽早提出某种有利于自身组织形象的观念或概念,要为媒体描述未来行动的计划,并在随后的行动中加以验证。

【案例】

某展会发生了展台倒塌事件,媒体蜂拥而至,老总为控制负面影响,有意识地控制媒体的活动范围,但是个别媒体试图突破活动范围进行采访,致使工作人员和媒体发生了肢体冲突。在随后的新闻发布会中,公司老总对展会的一些不利信息进行了弱化和回避处理,对展台搭建商因搭建质量问题而导致的本起事故进行了言辞激烈的指责。最后,表示对此造成的损失承担全部赔偿责任,并表示慰问! 在随后的采访中,公司经理 A 对着电视台采访侃侃而谈。结果,播出后的节目因为是经过剪辑的,经理提出了强烈的抗议,认为电视台"断章取义"!

该参展企业进行媒体沟通需要改进的地方包括:不应该为了控制负面影响而控制媒体的活动范围,但是如果为了避免外界干扰,更好地解决危机,则可以加以控制;不应该和媒体发生冲突;在新闻发布会中开诚布公,积极承担责任而非指责他人,如第三方有责任可在事后追偿;面对媒体采访时,要注意言多必失,可以面带微笑,尽可能不说话或少说话,或者由新闻发言人出面接受采访。

3) 与危机发生前的态度和行为保持一致

如果参展企业在危机发生前有一个良好的形象,那么在危机发生后,千万不要因为一时忙乱而改变了以前的态度和行动原则,要一如既往地善待客户和其他利益攸关者,要密切注意外界对危机的现有看法。危机过后,不要因为危机已经被消除而中断在危机中所做的各种承诺,在危机消除之后要继续兑现和保持危机中的各种行动承诺和公开态度。

4) 协调与利益攸关者的关系

危机之中,参展企业在努力控制危机的同时,还要努力协调与各方面的关系,如与社会大众的关系、与媒体的关系和与利益攸关者的关系等。其中,因为涉及利益问题,与利益攸关者的关系很难协调,而一旦协调不好,他们经常会将参展企业已经受损的形象危机放大。在危机中,要倾听利益攸关者的呼声,了解他们的看法,重视他们的利益,如果有必要,可以让他们选派代表参与危机管理,使他们了解危机处置的难处,争取他们的合作与支持。

思考题

1.简述参展危机应对的"RCRR 模式"。

2.如何做好参展危机预警?

3.简述参展危机中的媒体管理要点。

4.简述参展危机中的形象管理。

第8章
参展商务接待与谈判

【学习要求】

掌握客户接触中的提问技巧,掌握客户接触中的倾听技巧,掌握现场评估客户的方式,掌握展会报价的策略,理解参展谈判的类型,掌握初步谈判策略,掌握展台工作人员讨价还价策略,掌握分配式谈判和整合式谈判策略。

商务接待与谈判是企业参展过程中的重要工作内容。参展商务接待是展台工作人员获得销售线索的必备条件,同时也能为客户提供其所需的基本采购信息,是实现参展目标的重要环节。

参展商务谈判是买卖双方为获得最大利益、建立更长远合作关系的过程,对展台工作人员的心理素质、应变能力和谈判经验有较高要求。因为商务接待与谈判主要是在展期内的展台进行,具有时间短、空间狭小的特点,展台工作人员需要尽可能在短时间内抓住对方的采购线索,并把自己的销售信息传递出去。

在商务接待与谈判过程中,展台工作人员不仅需要熟悉企业产品、行业知识和生产技术,对客户做到有问必答,能主动询问客户相关信息和需求,并为其介绍合适的产品,而且要对客户的区域市场行情了如指掌,为客户分析、预测最新流行趋势,比较他们与竞争对手之间的优劣势,并有效引导客户的采购行为。这些能力不是一蹴而就的,而是需要展台工作人员在工作过程中不断积累、逐步提升的。

8.1 参展商务接待的技巧

展台工作人员商务接待流程可分为3个步骤:初步接触客户、深入交谈、交谈结束。

8.1.1 初步接触客户

初步接触客户可分为事先约好客户和随机拜访客户两类。

对于事先约好客户,因为展台工作人员往往已经了解对方的意图和即将谈判的内容,事先有所准备,接待会比较顺畅。

对于随机拜访客户,需要快速判断他们的拜访意图,他们的企业背景,是否为有效的潜在客户。同时,展台工作人员还需要通过交流激发客户的兴趣,使其留下来进行深入交谈。这个过程还可能面临接待时间不足的问题,因此接待随机拜访客户往往会具有挑战性。总之,在初步接触客户的过程中,展台工作人员需要完成的任务包括:了解客户基本情况、初步筛选客户、针对性回应客户关注点。

1) 了解客户基本情况

展台工作人员通过与客户的积极互动沟通,了解客户的相关背景,特别是客户的市场区域、客户的产品销售类别、客户的性质(批发商还是零售商)、客户的采购能力。

这个阶段与客户沟通的最常用方式就是提问和倾听,两者相辅相成。在挖掘客户信息的时候,准确的提问和有效的倾听则是后续商务谈判的基础。

(1) 提问

展台工作人员应该根据信息的掌握程度,灵活地使用提问方式。展台工作人员提问的形式有以下 4 种:①事实性提问:"Where is your market?"②探询性提问:"Are you searching for TV Stand?"③选择性提问:"Are you importer or retailer?"④疑问性提问:"Why are you interested in our products?"①、②、③的问题会得到可控回答,即回答者在回答内容时遵循着提问者的意思或在某一特定的范围内。④的问题会得到不可控回答,答案是发散式的。

为更好地引导和控制谈话的方向,展台工作人员需要注意提问技巧。一般来说,可以从以下几个方面加以注意:①倾听之后再提问。在对方没有答复完毕前,不应急于打断对方。②重要问题要预先设计好问句,不要问无关紧要的问题,并设置好客户提供不同答案时的对策。③要使用"Why""What""When"等开放式问句来提问,这种提问方式会让客户更畅快地表达内心感受,实现双方之间良好的互动。④要尽量避免使用封闭式问题,如"May I help you?"根据心理学研究,封闭式提问会让人有被审问的错觉,人们在潜意识里更倾向于给出否定的答案。一旦客户给出的答案是"No, thanks"或"Just looking",那么继续交谈就会变得不太容易。

(2) 倾听

展台工作人员在提出问题后,要认真倾听客户的回答,敏锐抓住有价值的销售线索。倾听时需要注意以下几点:①倾听要真诚。发问后要尽量让客户多说,工作人员的内心和表情都应表现得真诚,争取获得客户的信任和接受。②倾听要做笔记。这不仅表明你在认真听取客户的回答,而且有利于销售线索的记录,为之后的沟通和服务打下基础。③适时复述客户的意思。复述客户的话语可以准确掌握客户的需求,提升交流的融洽度和针对性。④积极使用肢体语言。例如,稍微倾斜身体,用手支撑下巴,在客户表述时适当回应,如点头、微笑、注视等。⑤不要轻易打断客户讲话,否则会引起客户反感,也会使自己漏掉一些客户提供的信息。

2) 初步筛选客户

初步筛选客户是为了判断哪些客户是企业真正的潜在客户,哪些是过客或是刺探情报的同行。在展会上,展台工作人员会接触到形形色色的人,为了能把宝贵的时间尽可能地用在目标客户上,展台工作人员必须在接触客户时就先进行筛选,筛除不属于目标客户的观众。判定客户有效性的方法有以下4种。

(1)通过客户的名片判断

名片是客户的门面,展示了客户最基本的信息,隐晦地透露了客户的实力。①名片的质量,纸质的厚薄程度,名片的编排,专业的名片更能使人信服。②名片的内容。公司名称或商标、姓名、职位、地址;联系方式,如电话号码、邮箱、传真、网站;其他信息如经营范围、产品图片、资格认证等。展台工作人员可以从名片的内容初步判断是不是同行业的客户。越专业的客户,越会把名片印得简单明了。

(2)从客户的穿着和人员组合判断

正规公司都非常注重公司形象。他们的公司人员会统一着装,甚至带着印有公司品牌的箱包拜访展台工作人员。展台工作人员要特别重视和认真接待这类客户。

(3)从客户专业的发问判断

越是资深的客户,提出的问题就会越专业。他们字里行间都会提及产品规格、技术参数、市场流行趋势,以及主要供应商和专业客户构成等,谈话偏向量化和精准。但是,当客户的问题涉及公司的价格体系、折扣体系、运作方式、促销手段、专利技术等问题时,要特别注意,谨慎对待,要判断是否是超级专业的客户,还是同行竞争者。因此,不要急于回答,可以反问:"您关注的这些对您的业务有什么帮助吗?"

(4)从客户的关注角度判断

一般来说,重点关注某一系列或某一类型展品的客户,说明他们目标明确,更有可能成为企业的目标客户,需要重点关注。需要警惕那些一上来就要大量报价和样品的人员,这些人下单的概率比较低,往往不是潜在的目标客户。

展会的有效时间很短很宝贵,展台工作人员需要集中时间和精力发现和接待目标观众。因此,当展台工作人员判断某些客户与实现企业参展目标没有太大关系时,就不能花费太多时间和精力进行接待,但同样应该有礼貌,通常可以在客气地打招呼后,简略地回答问题,并尽快地结束交谈。

3)针对性回应客户关注点

初步接触客户时要注意沟通的双向性,即展台工作人员在初步掌握客户基本信息的同时,要及时地将本企业的信息传播出去,并针对性回应客户关注点。展台工作人员在介绍产品时,应该根据之前掌握的客户信息,抓住客户最感兴趣、最关注的点进行营销。若客户关注的是产品质量、技术参数、市场流行趋势,展台工作人员可以先介绍产品系列、设计理念、下过订单的热卖品、产品在国际市场上获得的技术认证。若客户关注的是供应链的稳定性、售后服务的高效性,展台工作人员则要重点介绍公司的供应链优势。

在为客户做企业和展品情况介绍时需要注意以下几点:①时间要控制好。由于还处在初步接触阶段,客户可能还处在可走可留的选择期。展台工作人员的介绍时间若拖得太久,就会使客户烦躁不安。②言简意赅,切中要害。在采购意愿还不明确的情形下,客户更愿意从展台工作人员简短而又具概况性的介绍中掌握展品的大致情况,从而判断是否有深入交谈的必要。③用数据说话。高级商务人士非常务实,喜欢从数据中判断一个企业的实力,所以展台工作人员可以整合出一些相关数据,如企业年营业额、营业额增长比例、企业职工数、企业投入研发资金比例、部门结构、企业生产规模、出货时间、售后服务等。

8.1.2　深入交谈

深入交谈是指客户在初步了解企业和展品后,愿意更深入地进行交谈或谈判,使双方进一步获得完整的销售及采购线索,来推进贸易达成。深入交谈的内容包括:现场区分客户;报价、还价、接受、签约;详细记录谈判信息。展台工作人员在这个阶段要进一步获得客户的各种详细、准确的信息,并把自己企业的展品优势、技术参数、特色服务等进一步传递给客户。

1) 现场区分客户

在完成筛选目标客户的基础上,展台工作人员要对客户进行进一步区分,争取把最宝贵的时间用在最有价值的客户身上。客户区分可以按照以下 5 种方式进行。

(1) 按业务实现状况区分

根据业务实现状况可分为现有客户和潜在客户两种。现有客户的沟通重点在于维护商务关系,争取业务稳定并有所增长。如果不是洽谈新的业务合作,就不要因为过长时间的交谈而耽误了接触、结识新客户的时间,通常稍做寒暄即可结束交流,可约其闭馆后共进晚餐或做其他社交安排。每一个展台工作人员要把发现和接待潜在客户当作展台工作的主要任务。

(2) 按重要程度区分

根据重要程度可分为重要客户和普通客户两种。重要客户主要指已有大额贸易往来的客户,或者存在大额贸易往来可能的客户。有些客户虽仅有少量业务,但这类客户在行业中影响很大,对其应列出名单,予以重点接待。对普通客户也应热情接待,不可怠慢,要以长远、发展的眼光看待这类客户,争取把普通客户培养成重要客户。需要注意的是,参展企业不能单纯以是否已有订单来判别客户的重要程度。欧美公司不会随意确定供应商,更不会初次见面就在展会上下订单,他们通常需要花很多时间来了解供货企业的历史和现状,有时还会派遣专业市场调研人员来实地验厂和考察。

总之,参展企业应充分了解客户行事风格,重视展会接待,给客户留下良好的第一印象,为发展有潜力的重要客户做好坚实的铺垫。

(3) 按是否预约区分

来访客户根据是否预约可分为预约客户和非预约客户两种。展前客户邀请最好约定好到访时间,并尽可能地定在观众相对较少的时间段,如展会的第一天早上和第三天下午之后,以及开馆时、午餐时、闭馆前。除了从参展企业的角度考虑时间之外,务必结合预约客户的时间。相对于非预约客户,应该给予预约客户优先权,尽可能地让预约客户在其方便的时间到访。

(4) 按市场区域区分

不同市场区域的客户有不同的关注点和谈判习惯。欧美客户重视供应商的供应链稳定性、交货期的准时性。他们关注工厂是否获得了国际认证、与哪些知名的国际企业合作过、产品线的数量等。他们比较信任通过质量认证的产品,对价格的敏感度较低。日本客户有非常高的价格接受能力,但他们对于产品外观、细节、功能的要求严苛。印度客户往往在长江三角洲、珠江三角洲等经济发达区域设立办事处,经常走访市场、了解行情,所以他们对中国出口商品的价格非常熟悉且敏感。

【案例】

XFRD 家具公司第一次参加国际家具展就获得了日本客户的订单。这次展出的样品是 XFRD 新设计的产品,功能齐全,外观时尚,所以报价也比别的公司高出 10%。客户在看完样品及获得报价后没有多久就正式下单了。XFRD 的老板及展台工作人员都没有想到,日本客户对高于别的公司报价的产品居然没有任何异议,他们甚至有些后悔没有再报高一些。

在整个订单生产过程和在日本市场销售的过程中,XFRD 公司才发现日本市场的销售并没有想象中那么简单。日本客户从订单开始就派出了质检员驻厂跟踪,并对工厂生产线设计、员工技能、品质要求等提出了严苛的整改要求。XFRD 公司不得不投入较大的资金进行整改。但是百密一疏,产品在交货时发现因为包装问题,产品外观被严重划伤。客户要求工厂换货并提出相应的赔偿。

经此经验和教训,XFRD 工厂知道了满足日本客户需要更多的努力和成本,因此专门为日本客户设计了一条生产线。工厂采用更高的质检标准并培训更专业严谨的工人上岗生产,对日客户报价成本也相应提升。

在消费转型升级的大背景下,为满足中国居民高品质消费的巨大市场需求,中国政府出台规定要求,所有产品,不管是出口还是内销,都要求同生产线、同品质要求,不得区别对待。

(5)按客户的专业程度区分

专业行家看产品背后的技术、企业研发和管理。量大的跨国客户议价能力强,注重出货的稳定性、供应链的稳定性和工厂拥有的认证;量小的客户对最小起订量、产品线的多样性、价格等问题关注得比较多。

2)报价、还价、接受、签约

深入谈判环节最主要是报价、还价。因为客户往往需要对产品和企业进行进一步深入了解,接受、签约这两个环节在展期内出现的概率不会太高。展台工作人员要认真准备,熟练报价和还价环节的技巧。企业在筹备展会时就要准备好基础报价。由于面对的客户不同,因此在展会上完成客户区分后,展台工作人员根据客户的不同情况提供不同的报价。不论怎样,报价要适中,太高或太低都不会吸引客户。

(1)对同一产品准备不同等级的价格

不同等级的价格,可以按照数量、材质划分,还可以按照进口商、零售商等身份进行划分,然后根据不同客户的需求进行报价。一般来说,整柜的价格比散货的价格低;给进口商的价格比零售商的低;给专业店铺的报价要高于给大型连锁超市的报价;给对品质严苛的客户的报价要高于给不那么严苛的客户的报价。

（2）让客户了解报价的大概构成

展台工作人员除提供单纯的价格条款外,还要向客户解释报价的大概构成,特别是当客户有很强的购买欲望及对价格略有不满,有明确的了解要求时。这些内容体现了企业部门结构、售前售后、产品质量、附加服务等综合实力。在价格波动较大时,工作人员还需要给客户分析国际经济和市场形势、国内原材料和劳动力涨跌幅度、汇率风险和海运费变动等情况。

（3）利用明星款或促销款吸引人气

参展企业可以选定一两款产品作为展台上的明星款或促销款,辅以较大优惠,以提升展台人气,吸引客户采购,并带动其他产品获得订单。

3) 详细记录谈判信息

由于展会上需要接待的客户众多,若不及时记录,事后几乎很难准确详尽地回忆起当时谈判的内容。因此,在谈判过程中,展台工作人员一定要及时详细记录谈判的内容,特别是客户的要求、己方已报的价格、承诺的优惠、赠送样品的数量和后继商谈的时间等。在记录谈判信息之前,展台工作人员应该把客户的名片钉在笔记本新的一页上,并在这一页开始做详细的记录。

8.1.3　交谈结束

交谈结束时,展台工作人员首先要向客户重复一遍商谈的重要内容,其次是要强调会在最短的时间内反馈客户的要求和意见,最后对客户拜访展台表示感谢。

8.2　参展商务谈判的策略

商务谈判是展台工作人员的核心能力之一。对于预约客户,展台工作人员在参展前就需要查阅客户的背景资料,计划好谈判策略,以及预期获得的目标。对于非预约客户,展台工作人员需要以促成交易为导向,灵活应答,娴熟使用谈判策略,促成交易。而在谈判中,展台工作人员要创造良好的谈判气氛,面对不同情况采取不同的谈判策略。

8.2.1　参展谈判类型

根据目的不同,企业参展谈判的类型可分为 4 种:探测型谈判,是为了解对方信息,摸清对方意图,属于非实质性业务接触;意向型谈判,是实质性合同谈判的准备或初始阶段,买卖双方以交易为目的,表述自己的交易愿望并相互交换;协定型谈判,是买卖双方在讨价还价及接受后达成协议,并用书面合同形式加以确定;处理纷争型谈判,是买卖双方因为之前的合同责任及义务履行未达到规定而进行的谈判。意向型谈判和协定型谈判都是在买家对企业的产品产生浓厚兴趣之后所进行的更深入的谈判。不同类型的谈判或激烈,或敏感,需要展台工作人员具有较好的心理素质和灵活应变的头脑。

8.2.2 参展谈判准备

1)制订参展谈判策略的步骤

不论是否熟悉接待的客户,展前是否有充足的准备,展台工作人员都需事先制订参展谈判策略和步骤,特别是明确双方的谈判目标,假设谈判中对方的反应,并制订相应的谈判策略等。展台工作人员要经常在脑海里回忆参展谈判策略的步骤,再与客户进行沟通谈判,不打无准备之战。要明确客户这次谈判的目标是什么,是否与企业的参展目标一致。

2)谈判中的注意事项

展台谈判空间狭小,容易让人烦躁不安,因此展台工作人员要学会营造温馨融洽的谈判气氛。与客户说话时,语气要温和友好、轻松愉快;精神面貌上,要表现得自信,精力充沛。

当谈判开始时,展台工作人员应面带微笑,给客户一个有力度的握手或是拥抱,这样有利于让客户放松戒备,产生信任。谈判之初,一定不能急于求成,可以从一些轻松的话题开始。开场的基本问候如:你好吗? 旅途是否愉快? 天气怎么样? 休息得好吗? 感觉这期展会如何? 好久不见,非常高兴再次见到你。如此,有利于形成友好轻松的气氛。

当客户比较急切地想要进入主题时,展台工作人员首先要跟上客户的节奏,认真倾听客户讲话,不要冒昧打断,反应要快,适时接话,争取逐步掌控谈判节奏。这要求展台工作人员有良好的现场调节能力和掌控能力。展台工作人员千万不要自说自话,不顾客户的感受,一味介绍自己的产品和服务。

8.2.3 初步谈判策略

1)根据客户类型有针对性地交流

(1)开门见山型客户

当客户走进展台现场,向展台工作人员直接提问:"Do you have this kind of product?" "How much of this item?" "Do you have the catalogue/brochure?"

客户会主动拿出自己的名片和展台工作人员进行交换,认真地查看展台的产品、目录,直接坐下来和展台工作人员交谈,并仔细记录自己感兴趣产品的信息。这样的客户目标明确,已经知道自己需要什么样的产品,什么样的供应商,甚至在逛展前就已经进行了仔细调查。对于这样的客户,展台工作人员在了解清楚客户需求点的基础上,可直接进入谈判主题,有针对性地介绍产品特色。

(2)犹豫不决型客户

客户在展台前犹豫是否要进入,或者是客户只是沉默静观看,看完展品后,客户未做过多停留,只是对展台工作人员微笑一下或者说"Thank you""Bye-bye"。客户犹豫不决说明他们的目标不是很明确,或者对企业的产品兴趣还不大。当遇到这类客户时,展台工作人员可以先给客户一个真诚的微笑,邀请客户坐下来喝点饮料:"Why not take a seat?" "Would you like a cup of tea/coffee?"逛展是一件非常辛苦的事情,展台工作人员的诚挚邀请,可以使疲惫的客户顺理成章地暂时停下来休息,同时也为双方进一步交谈做铺垫。当遇到长久看样品又不表露兴趣点的客户时,展台工作人员可以跟随伴在客户身旁。注意跟随客户时不要贴得太近,让客户觉得不自在;也不要隔得太远,让客户知道随时会有人为自己服务。

当客户参观到展台的核心展品时,展台工作人员可以简单介绍该展品,比如,"This item is very popular this year" "Walmart has ordered 10 000 pieces of this item"。这些短句能迅速加深客户的印象。此时的介绍还处在激发客户兴趣的阶段,句子或词语宜短不宜长。展台工作人员还可以在客户看样品时,不失时机地问客户来自哪里,主要经营哪些产品等。在这种轻松的介绍和问话下,就会有一些客户放松戒备和警惕,和展台工作人员攀谈起来,从而获得逐步进入正式商务洽谈的机会。

(3)飘移索要型客户

有些客人一到展台上二话不说,直接索要产品目录:"Catalogue! I need your catalogue. Hurry up."拿到手后,他们既没有留下名片,也没有继续商谈就径直离开。有些没有经验的展台工作人员常常被客户的气势吓到,直接给了产品目录却忘了索要客户的名片等信息。其实,这样的客户很可能是国外进口商聘来的资料收集人员或者是竞争对手。在与直接索要产品目录的客人交流时,要遵循互相平等,互相尊重的原则,既要热情服务,又要不卑不亢。不能一味地顺从,要学会拒绝不合理的要求。因此,对于直接上来就要目录的客户,展台工作人员不用急着提供目录,要先把主动权争取到自己手上,可以问一下客户:"May I have your business card?" "Where are you from?" "Please take a seat and have a drink?"如果客户能回答我们的问题,或者坐下来进一步交谈并留下相关的信息,则可以为其提供目录。如果对方拒绝回答问题,转身就走,展台工作人员也不需要追上去挽留。

2) 甄别客户而不是急于展示或销售

在初接触时,展台工作人员应在短时间内甄别对方的身份。甄别对方身份的方法有向其索要名片、简单问答,还可以从他手里收集的资料、样品来分析判断。只有确定是潜在客户时,展示才具有意义和价值。合格的展台工作人员应当在观众将目光停留在展品第三秒时开始接待工作,接待工作的起始动作是报以微笑,展示亲和力,并等待对方先开口说话即可。这样无论观众是否真的对陈列展品感兴趣,都不会令双方在接下来的时间中感到尴尬。当观众停下来索取资料或提出问题时,接待才真正开始。

为了营销展品,展台工作人员必须想方设法地获得客户的接纳。要使双方关系有一个良好的开端,第一次与潜在客户接触就非常重要。许多成功营销员的经验告诉我们,为了能够顺其自然地接近客户并为客户所接受,最初话题不宜紧紧围绕所要营销的商品,而应该把谈话重点放在大家都感兴趣的事情上。有些展台工作人员一见到客户就滔滔不绝地介绍自己的产品优势,却忽略了客户需要什么,反而使客户对其反感并敬而远之。另外,展台工作人员的仪容仪表也非常关键。展台工作人员营销展品时,要殷勤有礼貌,一举一动都要体现参展企业的形象。

3) 开场白避免用"是"回答的封闭问题

在谈判中为了实现客我之间良好的互动,展台工作人员还可通过提问来引导客商敞开心扉,通常使用"怎么样?""为什么?""能不能……""如何……"等开放式提问来开场。开放式的提问往往针对的是比较概括、广泛,范围较大的问题,对回答的内容限制不严格,给对方以充分自由发挥的余地。开放式问题可以让客户对有关的问题、事件给予较为详细的反馈,而不是仅仅以"是"或"不是"等几个简单的词来回答。开放式问题是引起客户兴趣的一种方式,使客户能更多地讲出有关情况、想法等。与之相反,封闭式提问带有提问者预设的答案,会使客户的回答包含的信息量极其有限。

4) 顾问专家式销售

顾问专家式销售要求展台工作人员根据客户的目标,而不是自己的产品特性来为客户制订解决方案。当展台工作人员向客户询问其目标及选择标准时,客户就会判断自己需求被放在什么位置上。因此,在向客户销售自己的产品时,应站在客户的角度上考虑和解决问题,扮演好顾问专家的角色。

为做好顾问专家式销售,展台工作人员可以通过提问获取更多信息。有些客户熟悉目标市场、目标产品、相关行业情况,可使用采访询问的方式了解目标产品国际市场销售情况、客商目前销售业绩、之前主要采购渠道、是否与中国外贸企业发生过贸易关系等,收集这些信息的目的是了解客户的需要。

一个优秀的展台工作人员不仅要了解自己的产品,更要了解国际市场的行情、相关区域的客户情况、产品销售情况,能够结合客户的情况进行销售,所提出的建议专业性越高,越容易让客户满意,让竞争对手望尘莫及。

8.2.4 商务谈判中的报价策略

商务谈判会面临两种情境:零和分配式情境、非零和分配式情境。零和分配式情境是指只有一个赢家或者一方想在有限的资源中获得更大的比例。相反,非零和分配式情境则是谈判中的多方都可以达到自己的目标。这两种情境也同样存在于参展商务谈判。

1) 分配式谈判及其报价策略

分配式谈判又称为竞争型谈判或者单赢谈判,即在固定的、有限的资源下,一方谈判者的目标通常与另一方的目标相冲突,双方都希望通过谈判使自己获得的利益最大化。在分配式谈判下,每一方都会采用策略组合来取得最有利的谈判结果。其中一个很重要的策略就是小心谨慎地保护信息,一方只有在该信息能获得谈判优势时才会提供给另一方;另一方谈判者则会积极争取通过从对方获得信息来提高己方的谈判能力。分配式谈判在参展商务谈判中的应用情境主要有两个:具体的讨价还价阶段、对陌生客户报价阶段。

在分配式谈判中,存在初始点、目标点和抵抗点。初始点是在各方的开场陈述中表明的价格,例如卖方报价单中列出的要价,或者买方的最初出价。目标点通常是谈判开始后逐渐获悉或是推断的价格。抵抗点是一方宁可中止谈判也不会跨越的价格,也是一个需要保护不能让对方知晓的价格。

【案例】

在展会上,一位客户对某灯具展品产生了浓厚的采购兴趣,向展台工作人员询问价格。展品原定报价为50美元,经理要求最低报价不能低于45美元。展台工作人员为了尽早签订采购合同,直接把最低报价告诉给客户。但客户一直以价格太高为由,要求降价到42.5美元。该参展企业最终只好通过再次降价来获取订单。

报价要明确价格的初始点、目标点和抵抗点。在这个案例中,可以理解灯具价格的初始点是50美元,目标点是45美元,抵抗点低于并接近42.5美元。展台工作人员过早地放弃了初始点50美元,使得客户认为他们的初始点就是45美元,导致价格上谈判的被动。

在分配式谈判过程中,展台工作人员应该快速评估客户的目标点、抵抗点和终止谈判的成本;积极控制对方对已方目标点、抵抗点和中止谈判成本的认识;努力改变客户对自己目标点、抵抗点和中止谈判成本的感知;认清操纵拖延导致谈判失败或终止谈判的实际成本。

既然价格存在初始点、目标点和抵抗点,不可能所有报价都坚持初始价,要想达成协议就需要做好适当的让步。但让步不能一次性让到底,每次让步的幅度不宜过大,让步的次数不宜频繁。优秀的展台工作人员会在初始报价时留出足够的让步空间,并有计划地做出退让。

上述"错误的报价策略"案例中的展台工作人员的正确做法应该从以下几点进行调整。

第一,在参加展会前,对灯具的国际市场进行调查,了解不同市场区域的产品价格水平、客户类型、流行趋势等信息。

第二,在客户拜访展台时,不应该急于展示价格,而是先询问客户的市场区域、客户性质、客户的产品需求等。在对客户信息有了基本评估后,再开始报价。

第三,报价时,先报初始点50美元并观察对方的反应。当客户抱怨价格高时,让客户看到价格高的理由、可以提供的服务、对比其他供应商的好处。这时要努力改变客户心目中对产品的预期,从而改变客户自身的目标点和抵抗点,尽可能将价格维持在45~50美元。

第四,当展台工作人员要给客户让步时,并不急于从50美元一下子让到45美元,而是可以采用让步幅度逐渐缩小的办法,比如从50美元让步到47美元,再让步到46.5美元,再让步到45.5美元,最后才让步到45美元,这种让步策略既表明参展企业的诚意,又证明了让步空间越来越小,让买家觉得已经还价到最低价格了。

分配式谈判的报价要适中,太高或太低都不会吸引客户。展台工作人员要认真熟悉价格,专业报价,如与实际行情相差太远,会让客户觉得不专业、不可信任;要根据市场、客户购买量、销售淡旺季等情况调整报价;对于议价能力很强的大客户,可以考虑给予一定的折扣。初步报价要有回旋余地,也就是说,展台工作人员所报的价格可以比市场价及客户的心理预期价稍高,同时要让客户知道所报的价格是可以根据客户的不同需求进行调整的,但也不能让自己过于被动。由于企业在淡旺季供货能力不同,展台工作人员可以告知客户,如果在淡季要货,将给予一定的折扣。

展台工作人员可以采取以下的讨价还价策略。

一是在报价过程中,要强调供应商的服务、产品质量等综合实力,让客户了解报价的大概构成。客户永远都会说价格太高,一个优秀的企业,除了拼价格,还要有好的研发质检、优质的售后服务能力,展台工作人员可以详细告知客户自己企业的质检部门、售后服务部门的功能和情况。不是所有的客户都只看价格,很多客户还注重品质、售后服务、供应链的稳定性等。

二是在客户抱怨价格过高时,切不可固执己见。可以把球先抛给对方,如"请问您的目标价是多少?"这时,客户有可能会告知自己的心理预期价位,这其实是客户的第一次还价。展台工作人员可以根据对方的心理预期价位,判断对方还价是否合理、我方是否有降价的空间、哪些成本可以让步、哪些必须坚持等。

三是对客户提出的要求尽量不要说"不能"或"不行",而要说明实际情况,由客户来做决定。如工厂的最小起订量是 1 000 个,客户说只能订 500 个。这时展台工作人员可以说:"500 个我们是可以接的,只是费用要重新计算。"

四是红白策略,即在谈判过程中,由两个人分别扮演"红脸"和"白脸"的角色,使谈判进退更有节奏,效果更好。"白脸"是强硬派,谈判中态度坚决,寸步不让,咄咄逼人,几乎没有商量的余地;"红脸"是温和派,谈判中态度温和,与"白脸"协调配合,一唱一和,从而达成对己方有利的协议。

五是攻心策略,这是一种努力营造使对方在精神上产生满足感的策略。为此,接待要高度重视,高规格,贴心周到,礼貌真诚,使对方有被重视的感觉。要高度关注和耐心解答客户提出的各种问题,做好己方各项条件的解释说明,使对方有被尊重的感觉。

六是提供选择权策略,即摆出两个以上的解决方案,让对方挑选。这会使对方感到参展企业的大度和真诚,因而可能放弃原来的打算,而按参展商提供的方案来做选择。提供选择权策略的具体做法可以是就某一议题提出几种方案,由对方选择;或是对几个议题同时提出解决方案,由对方去选择;或者互相提出条件,相互选择。例如,若对方开出设备费方案,我方则对应开出技术服务费方案,你收取我的技术服务费方案,我同样要收取你的设备费方案。

七是谈判升格策略,即在双方主谈人遇到无法解决的分歧时,请双方高级领导出面干预决定。

2) 整合式谈判策略

整合式谈判是以取得双赢结果为条件的谈判。这种谈判的前提是,假设至少有一种办法可能达成双赢的协议。要使整合式谈判取得成功,必须有态度基础、行为基础和信息基础。态度基础是指要有诚意,愿与对方共享信息并坦率询问具体问题。行为基础是指要掌握熟练的谈判技巧,对事不对人,不让个人情绪影响谈判,不过早做判断,根据客观标准判断可能达成的协议。信息基础是指要清楚了解谈判双方的利益焦点、最好的解决方案,以及己方应做的努力。

与分配式谈判不同,整合式谈判关注共同点,非不同点;关心需要与兴趣,而非立场;积极寻求最大限度满足谈判各方需求的方案;乐于交流信息与想法,为互惠出谋划策;使用客观标准来评价各方的表现。整合式谈判的应用情境适用于分配式谈判以外的所有情境,如与客户建立业务关系、与客户洽谈长期合作、为客户做顾问式咨询等。

在整合式谈判过程中,展台工作人员:首先要客户开诚布公地交流互利信息,进一步掌握双方的情况;其次要尝试理解客户的真实需求和目标;再次要强调谈判双方的共同性并缩小差异性,积极寻找满足双方需求与目标的解决方法。

【案例】

在展会上,一位客户对某灯具品产生了兴趣,展台工作人员向客户报价为 50 美元。客户嫌贵,还价 45 美元。这时展台工作人员并没有急于还价,而是开始和客户沟通。

展台工作人员:"您为什么需要 45 美元的灯具产品?"

客户:"首先,我方市场对这类产品的价格比较敏感,往年进货价都是 45 美元,这样才能保证最基本的利润。另外,我们还要留出部分成本进行售后服务。其次,我刚才也已经在这片展区走了一圈,其他好几家有和你们类似的产品,报价都在 45 美元左右,没有这么贵。我看你们产品的质量也不错,但是价格太高,如果不能达到 45 美元,我只能去别的展台上下订单了。"

展台工作人员了解到客户的基本信息,稍稍思考后开始回话:"根据您的名片信息,您的市场在欧洲,过去几年欧洲市场的类似产品进货价确实有 45 美元的,但这是中低端档次产品的报价。我们在过去几年的出口价保持在 48 美元。这是因为,我们的产品走中高端路线,不论是设计、做工还是质量都有相关部门运作监督。正是因为这些部门的良好运作,才保证了产品质量过硬,客户满意度高。另外,从今年开始,欧洲市场的所有的灯具都要通过ERP(能效指令,是欧洲安全合格认证的四大指令之一),这就使得我们的灯具成本需要加入认证费用。"

客户听完后,没有反对也没有认同,展台工作人员感觉到了客户的态度在转变,否则他会继续反驳或者转身离开。于是展台工作人员打算进一步沟通:"请问您的订购量一般有多少?"

客户说:"一次下单有 1 000 个产品,每两个月一次。"

展台工作人员听完后,说道:"我们除了有这款 50 美元的产品,还有几款不同设计的产品也适合您,我们可以做个组合销售。另外,鉴于您的订单量,如果您选择了我们的产品,我们会定期帮您给客户做维护工作。"客户对展台工作人员的新主意产生了兴趣,于是在这个展台上继续深入谈判后下了订单。

以上案例中,展台工作人员对客户的利益更加关注。从对客户的提问当中,展台工作人员发现客户关注的利益不仅包含产品本身的价格,还有一些隐性的需求。双方的问题并不仅仅在于价格的高低,还在于整体成本、品质保证及信誉要求。这就使得展台工作人员找到了解决问题的关键,成功达成了交易。

思考题

1.简述客户接触中的提问技巧。

2.如何判定客户的有效性？

3.简述展会报价的策略。

4.简述分配式谈判和整合式谈判的差异。

5.简述展台工作人员讨价还价的策略。

第9章
参展知识产权管理

【学习要求】

　　理解知识产权定义,了解知识产权保护的有关法律及公约,掌握参展知识产权侵权类型,掌握参展知识产权纠纷防范,掌握参展知识产权维权措施,掌握展前维权准备的要求,掌握落实展中维权措施。

9.1　参展知识产权基本概念

9.1.1　知识产权定义

　　知识产权,也称"知识所属权",指权利人对其智力劳动所创作的成果和经营活动中的标记、信誉所依法享有的专有权利。知识产权包括各种智力创造,比如发明、外观设计、文学和艺术作品,以及在商业中使用的标志、名称、图像。它通常是以无形财产权的形式存在于有形事物中。知识产权一般只在有限时间内有效,在这段时间内,其他任何人都不得无偿、任意地使用该知识产权。如需使用,必须取得知识产权权利人的认可,以及进行有偿支付。

　　知识产权包含著作权和工业产权两部分。著作权是指著作权人对其文学作品享有的署名发表、使用,以及许可他人使用和获得报酬等权利。工业产权是指包括发明专利、实用新型专利、外观设计专利、商标、服务标记、厂商名称、货源名称或原产地名称等的独占权利。

　　知识产权权益包括人身权利和财产权利。人身权利是指权利同取得智力成果的人的人身不可分离,是人身关系在法律上的反映。例如,作者在其作品上署名的权利,或对其作品享有的发表权、修改权等,即为精神权利。财产权利是指智力成果被法律承认以后,权利人可利用这些智力成果取得报酬或者得到奖励的权利,即为经济权利。

　　参展知识产权,是指企业在参展期间涉及的所有与展会、展品相关的智力活动创造的成果和经营管理活动的标记、信誉依法享有的权利。参展知识产权可分为 3 个层次:展会名称、展会的 Logo、展会理念等展会本身的知识产权;参展企业的展台设计、展具设计及宣传品

的知识产权;参展企业展出产品的商标权、专利和著作权的知识产权。

出国参展是中国企业走向世界的跳板,但是在国际展会上,我国参展企业的知识产权问题层出不穷,造成参展的诸多不顺。一方面,作为发展中国家,我国的知识产权问题长期被忽略,其意识也非常薄弱,相当多的产品,从软件到家用电器,使用的核心技术基本都是外国企业的专利。另一方面,我们有一些企业知识产权意识淡薄,看到好的产品就习惯性地想仿制、借鉴或参考,不会考虑是否侵权。部分企业为了追求利益,明知故犯,铤而走险;部分企业从业人员的业务素质不高,缺乏知识产权相关知识,更不了解展会侵权的后果和风险,法律意识淡薄,征集展品时把工厂代理的商品"拿到篮里就是菜",既不要求厂方提供相关证明文书,也不进行专利商标查询审核;有的企业曾为境外品牌做过定牌,业务员为了展示其生产能力,直接把样品放在展台上;还有些业务员明知产品有仿冒仿制等问题,却怀着侥幸心理,而在展会现场被查打时又惊慌失措,个别业务员甚至撤掉展台一走了之,不顾企业上黑名单、被迫退出市场的后果。

从国际竞争的角度来看,随着知识产权被逐渐纳入世界贸易组织的管辖范围内,各国更是把知识产权作为国家战略加以重视,大力抢占各类产品知识产权以获取主动权。事实证明,美国等发达国家的外汇收入主要来自知识产权带来的附加值和使用授权等;部分发达国家拥有了知识产权的第一"发声"权,往往就占有某些产品的世界营销垄断权。

金融危机后,全球经济复苏乏力,全球贸易保护主义回潮,知识产权纠纷已经成为新形势下中国和发达国家之间双边贸易往来中又一个不可忽视的问题。特别是在经济全球化趋势下,外部加工已成为国际化生产经营的主要方式,许多跨国公司只保留对国际生产网络的经营掌控权,成为没有加工车间的"虚拟公司",依靠数量庞大的知识产权和高超的资本运作技术获取超额利润。随着"MADE IN CHINA"的全球崛起,中国企业凌厉的出口势头不断挑战跨国公司在各个领域中的王者地位,而且相当一部分中国产品正通过技术升级向中高档产品延伸,从而与发达国家同行产品形成了更加激烈的市场竞争。在这个过程中,中国企业和跨国公司的知识产权纠纷日趋激烈,展会成了知识产权纠纷的主战场。

知识产权已经成为发达国家贸易保护主义和打击竞争对手的手段之一。知识产权虽常以正义的面目出现,但无数经验证明,知识产权可能只是一种竞争手段。很多侵权投诉人并不是真正被侵权,只是出于商务目的打击竞争对手,破坏对手正常的展览行为。对于这种滥用知识产权诉讼的行为,中国政府会支持参展企业坚决反击。

9.1.2 知识产权保护的相关法律及公约

1474 年 3 月 19 日,威尼斯共和国颁布了世界上第一部专利法,正式名称是《发明人法规》(*Inventor By Laws*)。1623 年英国的《垄断法》(*Statute of Monopolies*),是资本主义国家专利法的始祖,是世界专利制度发展史上的第二个里程碑。《垄断法》这个名字表明了拥有专利者对知识产权具有垄断权利,体现了对知识产权拥有者的绝对保护的立法意志。

我国现代的知识产权法律制度包括两大部分。一部分是国际法,主要包括我国参加的,有关知识产权保护的国际公约,以及签署的双边或多边知识产权保护协议。另一部分是我国自行制定的知识产权法律法规,属于国内法。在国际法方面,与服务贸易行业的会展业相关的知识产权的国际法律文件主要有《服务贸易总协定》《与贸易有关的知识产权协定》《世界知识产权组织版权条约》等。这些法律和文件对有关知识产权的效力、范围和利用标准做出了界定，内容涉及商标、外观设计等。在国内法方面，1982 年的《中华人民共和国商标法》是我国内地第一部知识产权法律，标志着我国知识产权保护制度开始建立。1984 年《中华人民共和国专利法》、1990 年《中华人民共和国著作权法》(以下简称《著作权法》)的推出，标志着我国知识产权保护制度初步形成。

2006 年 3 月颁布的《展会知识产权保护管理办法》，主要针对我国参展知识产权侵权问题，规定了展会参展单位或个人侵犯他人知识产权纠纷的处理程序和相关法律责任，规范了主办方义务，并要求在展会期间设立知识产权投诉机构，以提高展会期间专利、商标、著作权管理部门的执法效率。2009 年 2 月颁布的《关于加强企业境外参展知识产权工作的通知》，从预防、援助和协助企业自我维权 3 个方面提出了境外参展知识产权纠纷的 10 项应对措施。

9.2 参展知识产权侵权类型

9.2.1 商标侵权

商标侵权(Trademark Infringement)即商标侵权行为，是指行为人未经商标权人许可，在相同或类似商品上使用与其注册商标相同或近似的商标，或者其他干涉、妨碍商标权人使用其注册商标，损害商标权人合法权益的其他行为。商标具有巨大的价值(图 9-1)。侵权人通常需承担停止侵权的责任，明知或应知是侵权的行为人还要承担经济赔偿的责任。情节严重的，还要承担刑事责任。

商标侵权是参展知识产权侵权的典型行为。随着商标意识的大幅提升，以及政府对商标保护的高度重视，明目张胆地冒用他人商标的现象已经比较少见。我国企业商标侵权的原因主要是对国际授权的商标使用地域及时间限制的忽视。一些商标仅申请了国内商标而没有申请国际商标，其商标就可能已被其他机构抢注，导致其在国内使用合法，出国参展则造成侵权。同时，授权使用的商标获得的使用期限也有限制，如果超越授权使用期限，可能导致超期限使用该商标的商品被诉侵权。因此，为防范自己的商标被人使用或抢注，参展企业需要在参展前对使用的商标进行国际商标注册，而不仅仅是在国内注册；已经取得商标注册的，若需要获得知识产权强制程序的保护，须取得国际商标注册证明。

我国商标注册共有 45 个大类。参展企业是仅注册自己经营的大类商标还是进行全品类注册，需要仔细斟酌。为了更好地保护自己的商标知识产权，进行全品类注册是值得考虑的。另外，一些企业会把与自己近似的商标都进行注册，以防止他人恶意注册，给消费者造成混淆。

品牌名称	行业	品牌价值(亿美元)
1 Google	Technology	302.063
2 （苹果logo）	Technology	300.595
3 amazon	Retail	207.594
4 Microsoft	Technology	200.987
5 Tencent 腾讯	Technology	178.990
6 facebook	Technology	162.106
7 VISA	Payments	145.611
8 McDonald's	Fast Food	126.044
9 Alibaba Group 阿里巴巴	Retail	113.401
10 AT&T	Telecom Providers	106.698
11 IBM	Technology	96.269
12 verizon	Telecom Providers	84.897
13 Marlboro	Tobacco	81.914
14 Coca-Cola	Soft Drinks	79.964
15 mastercard	Payments	70.872
16 ups	Logistics	60.412
17 SAP	Technology	55.366
18 （logo）	Regional Banks	54.952
19 Disney	Entertainment	53.833
20 （logo）	Retail	47.229

图 9-1　全球最具价值的 20 大商标品牌

9.2.2　专利侵权

专利包括发明专利、实用新型专利、外观设计专利,专利侵权也体现在这 3 个方面。

发明是指对产品、方法或者其改进所提出的新的技术方案,包括产品发明、方法发明。产品发明包括所有由人创造出来的物品;方法发明包括所有利用自然规律,通过发明创造产生的方法。

方法发明可以分成制造方法和操作使用方法两种类型。发明专利要求的技术含量较高,特别是对新颖性、创造性的要求较高,因此存在一定的授权难度,但授权后的权利稳定性更高。发明专利申请要经过受理、初步审查、公布、实质审查和授权/驳回 5 个阶段,因此,整个申请周期相对较长。

实用新型指对产品的形状、构造或者其结合,所提出的实用的新的技术方案。实用新型只保护产品,该产品应是经过工业方法制造的,具有一定空间的实体,但该产品的制造方法、用途和使用方法不属于实用新型专利的保护范围。实用新型必须具有一定形状或构造，或者是两者的结合。产品的形状是可以从外部观察到的，确定的立体空间形状；产品的构造是指产品各组成部分所处的相应的位置，相互之间的连接方式，以及它们的配合关系。

外观设计是指对产品的形状、图案或者其结合，以及色彩与形状、图案的结合所做出的富有美感，并适于工业应用的新设计。外观设计专利应当符合以下要求：是形状、图案、色彩或者其相结合的设计；必须是对产品的外表所做的设计；必须富有美感；必须适于工业上的应用。

在外观设计专利侵权判定中，首先应当审查被控侵权产品与专利产品是否属于相同或相类似的产品，不属于相同或相类似的产品的则不构成侵权。因此，判断被控侵权产品是否属于外观设计专利产品，不仅要看该产品的外观设计与权利人获得专利的外观设计是否相同或者相似，而且要看该产品与权利人获得专利的外观设计被指定使用的产品类别是否相同。

专利侵权是展会知识产权纠纷最主要的形态。参展企业往往会将最新研发的产品带到展会上，而这些产品正是众多知识产权的载体。展品往往是企业最新研发的、具有高度知识产权的新产品，展会是参展企业最新产品的大展示，一个展品可能包含了若干个发明专利、实用新型专利或者外观设计专利。为防范参展产品相关专利被他人使用或申请，参展企业需要为在展会中展示的产品和技术申请专利。申请发明、实用新型专利要具备新颖性、创造性和实用性 3 个条件，缺一不可。申请外观设计专利，只要具备新颖性就可以申请。这里所指的新颖性，则应当同申请与之前在国内外出版物上公开发表的或者在国内外公开使用的外观设计不相同或者不相近。

展台设计、展具设计等都是容易造成专利侵权的对象。许多参展企业投入大量资金，聘请专业机构对自己的展台进行精心设计，通过对声、光、电及各种特殊展饰材料的组合和设计，在张扬个性的同时起到良好的广告宣传效应。这种设计包含了力学、美学、建筑学等知识和艺术，从专利保护的客体来说，展台设计凝结了设计人的智慧劳动，是受到法律保护的专利客体。展具是指展会中用于展示产品的各种展板、展架、展台、展柜、桌椅、帐篷、舞台音响等设施。一些新颖的展具往往也蕴含了一些实用新型专利、外观设计专利。

9.2.3　著作权侵权

在中华人民共和国境内，凡是中国公民、法人或者非法人单位的作品，不论是否发表都享有著作权；外国人的作品首先在中国境内发表的，也依著作权法享有著作权；外国人在中国境外发表的作品，根据其所属国与中国签订的协议或者共同参加的国际条约享有著作权。

受著作权保护的对象包括：文字作品；口述作品；音乐、戏剧、曲艺、舞蹈、杂技艺术作品；美术、建筑作品；摄影作品；电影作品和以类似摄制电影的方法创作的作品；工程设计图、产品设计图、地图、示意图等图形作品和模型作品；计算机软件；法律、行政法规规定的其他作品。

但并不是所有作品都受著作权保护。不受著作权保护对象包括：历法、通用数表、通用表格和公式；为保护国家或社会公众利益的需要，不适宜以著作权法保护的作品；法律、法规,国家机关的决议、决定、命令和其他具有立法、行政、司法性质的文件,以及其官方正式译文;时事新闻(《中华人民共和国著作权法实施条例》第五条规定,著作权法和本条例中的时事新闻,是指通过报纸、期刊、广播电台、电视台等媒体报道单纯事实消息)。

著作权包括著作人身权和著作财产权。著作人身权是指作者通过创作表现个人风格的作品而依法享有获得名誉、声望和维护作品完整性的权利。该权利由作者终身享有,不可转让、剥夺和限制。作者死后,一般由其继承人或者法定机构予以保护。根据《著作权法》,著作人身权包括:发表权,即决定作品是否公布于众的权利;署名权,即表明作者身份,在作品上署名的权利;修改权,即修改或者授权他人修改作品的权利;保护作品完整权,即保护作品不受歪曲、篡改的权利。

著作财产权是作者对其作品的自行使用和被他人使用而享有的以物质利益为内容的权利。著作财产权的内容具体包括:复制权,即以印刷、复印、拓印、录音、录像、翻录、翻拍等方式将作品制作一份或者多份的权利;发行权,即以出售或者赠予方式向公众提供作品的原件或者复制件的权利;出租权,即有偿许可他人临时使用电影作品和以类似摄制电影的方法创作的作品,计算机软件的权利;展览权,即公开陈列美术作品、摄影作品的原件或者复制件的权利;表演权,即公开表演作品,以及用各种手段公开播送作品的表演的权利;放映权,即通过放映机、幻灯机等技术设备公开再现美术、摄影、电影和以类似摄制电影的方法创作的作品等的权利;广播权,即以无线方式公开广播或者传播作品,以有线传播或者转播的方式向公众传播广播的作品,以及通过扩音器或者其他传送符号、声音、图像的类似工具向公众传播广播作品的权利;信息网络传播权,即以有线或者无线方式向公众提供作品,使公众可以在其个人选定的时间和地点获得作品的权利;摄制权,即以摄制电影或者以类似摄制电影的方法将作品固定在载体上的权利;改编权,即改编作品,创作出具有独创性的新作品的权利;翻译权,即将作品从一种语言文字转换成另一种语言文字的权利;汇编权,即将作品或者作品的片段通过选择或者编排,汇集成新作品的权利,以及应当由著作权人享有的其他权利。

在展会中,每一个参展企业都会撰写产品介绍,印制产品宣传页或者设计产品介绍的展板。这些产品介绍、产品宣传页及展板具有著作权,擅自模仿、抄袭有可能侵犯他人的著作权。同时,参展现场演示的电脑使用了盗版软件或者展品本身使用了盗版软件,则构成软件侵权。目前,已经有部分展会看到了展会中出现的软件侵权问题,并加以重视。

9.3 参展知识产权纠纷防范

参展知识产权纠纷特点往往是爆发突然、集中发生,并呈现出复杂的利益关系。首先是爆发突然。爆发突然是指展会持续时间短,一般只有 3~5 天,而知识产权权利人又很少事先发律师警告函,而是采取突然袭击。如果在国外参展且没有紧急预案的参展企业,要找当地律师请教,向驻外使领馆汇报,研究商量应对策略,如遇语言不通等被动因素,可能还没有举证、申诉,展会就结束了。

其次是集中发生。目前,国内外的大中型展会的知识产权维权已经组织化、机构化。参展企业在展会知识产权保护机构的组织下,开展集体维权,联合行动打击侵权。国际行业著名展会是集中展示新产品、新技术、新理念的平台,也是各种信息高度透明、互相交流的场合。展会展示科技成果的前沿性凸显了高科技知识产权保护的超前性,跨国企业在展会中越来越重视知识产权,维权意识也越来越高。近年来,中国企业参加欧洲展会,特别是在德国、法国、意大利等的世界著名展会上,几乎每次都遭遇不同程度的问题,知识产权纠纷日益突出。

最后是利益关系复杂。一方面,知识产权纠纷涉案数量爆发,涉及领域越来越广泛,开始呈现群体性的特点。被诉侵权的中国企业已由开始时的数家发展到动辄数十家,并由少数几个技术领域发展到多个技术领域,由普通品牌延伸到知名品牌。这些知识产权纠纷极大地影响了中国出口商品信誉,损害了中国企业的国际形象。另一方面,展会知识产权保护主体往往具有受害者和侵权者双重身份。为此,参展知识产权纠纷防范需要政府行政管理部门、主办方和参展企业三方共同努力(图9-2)。

相关立法不够完善　　会展主办机构的知识产权意识薄弱　　现行专利审查制度存在一定问题　　以自律、调节为主的保护方式保护力度有限

图 9-2 我国展会知识产权保护存在的问题

9.3.1 政府行政管理部门监管责任

知识产权行政管理部门及展会管理部门对企业参展知识产权的检查、指导、监督与协调,是促进会展业健康持续发展的重要保证。政府行政管理部门需要积极推进中国展会知识产权纠纷宏观政策建设,持续完善全国性的相关法律法规。引入行业自律模式,由政府部门、行业协会和律师组成展会知识产权保护委员会,建立快速处理投诉机制。不仅要全方位维护我国企业的合法权益,解决由我国管理体制的多头性造成的侵权问题解决时间滞后,各方利益没有得到及时保护的问题,同时要禁止参展企业将侵犯他人知识产权或知识产权归属不清的展品带到境外参展,维护我国在知识产权领域的国际形象。

在我国企业境外参展知识产权工作的管理方面,我国政府相关部门已经出台了一系列法规和管理规定。其中由国家知识产权局、外交部、工业和信息化部、司法部、商务部等9部门在2009年2月18日共同发布的《关于加强企业境外参展知识产权工作的通知》,可以作为政府相关部门监管的纲领性文件。该文件集监管和服务于一身,统筹协调境外参展知识产权有关的工作。

《关于加强企业境外参展知识产权工作的通知》

各省、自治区、直辖市、计划单列市及新疆生产建设兵团知识产权局、外事办公室工业和信息化主管部门、司法厅(局)、商务主管部门、工商局、版权局、新闻办、贸促分会：

近年来,随着对外开放的不断深入和"走出去"战略的实施,越来越多的企业到境外展会参展,向世界展示我国企业的产品、品牌和形象,对增强我国企业国际竞争力、扩大产品出口发挥了积极作用。同时,由于个别参展企业知识产权意识不强,以及一些发达国家以知识产权执法为手段加强贸易保护等原因,我国企业在境外参展遭遇知识产权纠纷,甚至被以涉嫌知识产权侵权名义查抄的现象时有发生,严重影响了我国产品的信誉,损害了我国企业和国家的形象。为加强企业境外参展知识产权管理工作,树立我国企业保护知识产权的良好形象,维护我国企业合法权益,促进我国产品出口平稳健康发展,经国务院同意,现将有关事项通知如下。

1) 引导企业加强境外参展知识产权管理

行业主管部门、知识产权行政管理等有关部门(单位)要通过多种途径,引导企业增强知识产权意识和诚信守法意识;指导企业加强境外参展知识产权管理,了解展会所在国边境知识产权保护、展会知识产权保护等相关法律法规;督促企业加强境外参展产品知识产权的自我审核,对是否侵犯他人知识产权进行充分检索,降低境外参展知识产权纠纷风险。

2) 指导组展单位加强对企业参展项目知识产权状况审查

出境参展管理、行业主管等有关部门(单位)要加强对组展单位的管理和服务,指导组展单位对参展企业展品的知识产权状况加强审核把关,要求企业慎重选择出境展品,做出相关承诺,避免境外参展发生知识产权纠纷。要指导组展单位建立境外参展企业知识产权相关情况信用档案,对信用记录不良的企业参加境外展会从严把关。

3) 积极提供境外参展知识产权法律服务

知识产权行政管理等有关部门(单位)要根据企业申请,委托专业机构对出境展品进行知识产权风险评估,指导企业做好展前准备工作,备齐必要的证明文件。要组织进行境外参展知识产权预警监测,加强专业化知识产权文献数据库和信息平台建设,为有关行业提供知识产权公共信息服务。对易发生知识产权纠纷的境外展会,商务部门要会同司法行政部门、贸促会等有关部门(单位)组织或指导聘请熟悉境外参展知识产权业务的专家、律师提供现场法律服务,帮助和指导参展企业妥善处理知识产权纠纷。

4) 加强与境外主办方的沟通和协调

出境参展管理等有关部门(单位)要协助组展单位与知识产权纠纷多发的境外主办方建立沟通渠道,深入了解展会主办国知识产权法律法规和展会执法等情况,及时反映我国参展企业的要求。对易发生知识产权纠纷的展品,协助组展单位将有关知识产权权利证明文件、不侵犯知识产权鉴定等材料在参展前提交给主办方及其所在地法院,尽可能避免根据知识产权权利人单方面诉求而引发知识产权执法措施。要协助组展单位和参展企业制定知识产权纠纷应对预案,指导企业妥善应对知识产权纠纷,维护我国企业合法权益。

5）加大对知识产权滥用的对外交涉力度

商务部门要会同知识产权行政管理等有关部门（单位）充分利用知识产权双边磋商机制等渠道，针对境外展会滥用知识产权的行为，加强与展会所在国相关政府部门的沟通和交涉。同时，要加强与有关国家相关非政府组织的联系，及时掌握有关国家知识产权发展动态，研究制定符合我国实际的知识产权海外维权机制和争端解决机制。对经常发生知识产权滥用行为的展会，要委托相关机构发布预警信息，提示国内企业谨慎参展。

6）鼓励企业申请、注册和购买境外知识产权

知识产权行政管理等有关部门要采取多种有效措施，鼓励和协助企业在主要贸易目的国申请、注册和购买知识产权，提供知识产权公共信息服务，对易发生知识产权纠纷的境外展会，商务部门要会同司法行政部门、贸促会等有关部门（单位）组织或指导聘请熟悉境外参展知识产权业务的专家、律师提供现场法律服务，帮助和指导参展企业妥善处理知识产权纠纷。

7）引导企业建立知识产权合作机制

要充分发挥有关行业协会、知识产权专业机构的积极作用，引导企业建立知识产权合作机制，共享知识产权成果。加强行业协会在应对知识产权诉讼中的组织作用，集中行业力量共同应对知识产权纠纷，降低风险，分摊成本；统筹利用国内企业、研究机构等有关方面知识产权资源，增强集体谈判优势，提高企业应对涉外知识产权纠纷的能力。

8）加大对企业知识产权管理能力的培训

出境参展管理及司法、知识产权行政管理等有关部门（单位）要通过多种方式组织专家、律师对参展企业进行针对性培训，增强企业预防和应对知识产权纠纷的能力。力争用两年左右时间，将我境外参展重点企业轮训一遍。要组织收集整理国内外知识产权纠纷典型案例，结合世界知名展会知识产权法律法规和相关规定，编写通俗易懂的宣传资料，向参展企业免费发放。

9）积极宣传我国知识产权保护成就

知识产权行政管理、商务和贸促会等有关部门（单位）要选择我国出口行业中具有自主知识产权的龙头企业加强正面宣传，树立我国企业的良好形象。要协助宣传、外事部门以多种形式和渠道大力宣传我国在知识产权保护立法、执法、打击侵权犯罪等方面取得的成就。

10）加强对境外参展知识产权有关工作的统筹协调

知识产权行政管理部门要加强境外参展知识产权有关工作的统筹协调，组织研究应对境外知识产权纠纷突出问题，建立部门间信息通报和合作机制。要会同商务部门、贸促会等有关部门（单位）跟踪国际知识产权发展趋势，积极参与知识产权国际规则的制定，及时掌握企业遇到的知识产权问题，主动通报有关政策措施、境外展会的有关情况，积极主动为企业服务。

在政府行政管理部门监管责任方面，我国还存在不足，如：政府相关部门对知识产权侵权问题的重视度和认识度不够；地方政府对展会知识产权工作的政策也不够到位，与国家立法机关制定的有关知识产权保护的法律法规不够配套；展会知识产权管理部门过于分散，权责不一，政出多门等。目前，我国的会展业还没有统一的权威管理部门，各级政府部门、展馆、行业协会、金融机构都具有展会审批权,存在严重的多头审批、重复办展,以及多个行政部门参与解决展会知识产权侵权事件效率低下等问题。

我国应当学习德国等会展业发达的国家的理念。德国政府并不对会展业直接管理,而是设置国家级的管理机构——德国展览委员会。在德国发生展会知识产权纠纷时,企业常用的维权手段是向被告方发出警告函,向法院申请发放临时禁令,而后是赔偿协商及法律诉讼。其中,临时禁令和民事诉讼可强制执行,这也是最值得我国借鉴的地方。在这方面,我国 2006 年颁布的《展会知识产权保护办法》规定,展会时间在三天以上,展会管理部门认为有必要的,主办方应在展会期间设立知识产权投诉机构,投诉机构的组成人员应包括展会所在地的知识产权行政管理部门人员、展会管理部门人员及主办方人员。投诉机构主要负责接收知识产权权利人的投诉,暂停涉嫌侵犯知识产权的展品在展会期间展出,并将有关的投诉资料移交给相关知识产权行政管理部门。投诉机构的设立能够及时有效地制止展会知识产权侵权行为。展会若未设立投诉机构,则主办方应将举办地的相关知识产权行政管理部门的联系方式在展会场馆的显著位置予以公示。另外,会展业较发达的省市地方政府也可适时出台本区域的展会知识产权保护的专门规定,并设立展会知识产权投诉机构。

9.3.2　主办方知识产权责任

由于区域知识产权管理制度、对知识产权保护的重视程度不同,以及主办方资质和展会规模等的差异,我国展会知识产权保护水平参差不齐。随着展会经济的发展,展会知识产权保护相关制度不健全,严重制约了中国展会经济的发展。对展会的知识保护不力,必然会令一些拥有知识产权的企业望而却步,展会举办效果也会因此大打折扣。与此同时,参展企业因知识产权纠纷在展会中发生争执的现象越来越多,严重影响展会的顺利举办。因此,主办方在展会运作的知识产权保护上具有重要责任,其知识产权保护意识决定着展会知识产权保护方面的格局。主办方在办展过程中必须采取积极有效的措施开展知识产权保护,把一些可能发生的知识产权行为扼杀在萌芽状态。为此,在力所能及的情况下,主办方应该做好以下这些工作。

主办方知识产权责任

①主办方应尽可能设立展会咨询服务机构。为更好地保护展会的知识产权,咨询服务机构组成人员应包括知识产权法律专业人员,以专门为咨询者提供参展知识产权保护方面的法律咨询。

②主办方应将当地知识产权事务所的联系方式刊印在参展商手册上,分发给各参展企业,以方便参展企业,尤其是异地参展企业能及时有效地获得专业人员的帮助。

③主办方应聘请现场法律顾问解决侵权争端,派出人手协助相关权利人对有侵权嫌疑的展品进行及时取证。

④主办方应在招展中加强对参展项目的知识产权状况审查,提前将本届展会参展企业的知识产权进行备案和公示,或将历届展会的知识产权信息进行汇总,建立相关数据库,方便管理与查询。

⑤主办方应在展会前公告保护展会知识产权的规定,建议参展企业在展会前将自己已经使用或准备使用的商标申请注册,将符合专利条件的产品申请专利,将可能被侵权的作品或软件进行著作权登记。

⑥主办方应要求参展企业在展会期间随身携带能证明其知识产权权属的文件或许可使用授权书,或者法院已做出关于参展产品的知识产权纠纷的判决等。

⑦主办方应在开展前与参展企业签订的合同中约定知识产权保护条款,内容可包括参展企业应当承诺其所有的参展项目不侵犯他人的知识产权。

⑧参展产品如被认定为涉嫌侵权,参展企业又不能提供未侵权的有效证据的,主办方应组织力量,对涉嫌侵权产品立即采取遮盖或撤展等行动措施,展会结束后应及时进行通报并为投诉人出具证明材料。

⑨参展产品已由人民法院做出侵权判决,或由知识产权行政管理部门做出侵权处理决定并已发生法律效力的,参展企业若仍拒绝采取遮盖或撤展等措施时,主办方应取消参展企业当届的参展资格。

⑩对易出现展品侵权的展会,主办方需采取展览现场不得擅自拍照,有权没收并销毁现场拍照者底片及数码资料等措施,防范侵权。

我国展会主办方对展会知识产权的保护大多借鉴了广交会的模式。广交会采取大会投诉站处理展会知识产权纠纷的模式,该模式与意大利展会的知识和工业产权服务规定,与瑞士巴塞尔国际钟表与珠宝展的"专家组"仲裁,与香港贸发局展览会保护知识产权措施有诸多相似之处。这是因为广交会在制定其《广交会参展展品管理规定》和《涉嫌侵犯知识产权的投诉及处理办法》时就充分借鉴了国外及地区展会在知识产权保护方面的成功经验。

随着广交会知识产权保护模式的逐渐建立、成熟,也随着部分省市出台展会知识产权保护方面的意见或指引,在展会经济发达的地区,越来越多的展会主办方开始重视知识产权,如在招展时与参展企业签订带有知识产权条款的招展合同,制定针对本展会的知识产权保护办法,或者在参展企业须知中专门列明知识产权保护事项。

2006 年 1 月在广州召开的第二届中国国际展会经济合作论坛上,中国国际贸易促进委员会(以下简称"贸促会")联合全国会展行业从业单位发布了《中国会展行业保护知识产权联合行动宣言》,宣言由贸促会发起,联合 943 家中国展会行业从业单位共同签署。宣言签署单位宣布将在所举办的展会上杜绝剽窃、假冒、伪造、盗版等侵犯知识产权的行为。

此外,中国贸促会还与国际展览管理协会签署了《中美会展业知识产权保护的共同声明》。该声明指出,国际展览管理协会与中国贸促会共同关注对知识产权进行剽窃、伪造、盗版的行为,绝不允许这些侵权行为损害展会和其他类似活动的名誉和信誉。国际展览管理协会与中国贸促会大力支持对企业参展期间知识产权的合理保护,积极向各自的组展机构、参展企业、政府官员、法律部门强调知识产权保护的重大而深远的意义。

9.3.3　参展企业知识产权自律

改革开放以来,虽然我国出口贸易的规模和商品结构都已发生巨大的变化,但技术进步带来的贸易成果却并不明显:出口竞争优势长期停滞在劳动密集型产品上;部分企业急功近利,不在研发上下功夫,而是投机取巧,以侵犯他人的专利权等不正当手段进行生产,导致知识产权问题屡见不鲜。

同时,参展企业运用知识产权法律保护自己的水平不高。由于缺乏知识产权保护的法律意识,很多参展企业在参加展会时,并不了解自己展品知识产权的保护范围和保护方法,直到自己的参展产品被侵权时才意识到知识产权保护的重要性,导致其很难对侵权行为进行投诉。

另外,参展企业法律意识的淡薄及缺乏应对有关知识产权问题纠纷的专业人士,也造成了企业在知识产权纠纷中的被动局面。因此,参展企业应该大力增强知识产权保护的法律意识,积极开展知识产权自律工作。

在具体做法上,参展企业在参展前应主动将自己已经使用或准备使用的商标申请注册,将符合专利申请条件的产品申请专利,或将重要作品及软件进行著作权登记;开展前应当按主办方的要求签订知识产权保护协议(条款),并准备好相应的知识产权权利证明材料,以备不时之需。

在参展期间,如需要维权,参展企业可以了解其他参展企业有无侵犯己方知识产权的行为,若发现存在侵权行为,应当抓住展会这一有利时机,积极取证,及时投诉,最好聘请当地律师或知识产权专业代理机构处理参展知识产权事宜。

在参展期间,如被诉侵权,参展企业应当配合有关部门的调查,对于以打击竞争对手为目的的其他参展企业的虚假投诉,应当积极应诉并提交未侵权证据,并服从有关部门的决定或裁定。

另外,为更好保护自身的知识产权,参展企业应该关注我国法律法规对展会相关的专利新颖性和商标优先权的规定。根据《中华人民共和国专利法》规定,申请专利的发明创造在申请日之前六个月内,在中国政府主办或者承办的国际展览会上首次展出,不丧失新颖性。参展企业若未能在此类展会开展前申请专利,在展出后六个月内应当尽快申请专利,以免因丧失新颖性而无法获得专利权。根据《中华人民共和国商标法》的规定,商标在中国政府主办的或者承办的国际展览会展出的商品上首次使用的,自该商品展出之日起六个月内,该商标的注册申请人可以享有优先权,符合此条件的参展企业也应尽快申请注册商标。

9.4　参展知识产权维权措施

在展会知识产权竞争中,参展企业要积极维护自身的知识产权权益,防止自身的利益被侵犯。参展企业要做好以下几点。

9.4.1　做好展前维权准备

1)设置专职工作人员

大中型企业最好设置独立的知识产权管理部门,配备专利、商标、计算机软件等专业法律人员,制定企业知识产权方针、策略、规划及各项规章制度等,实施专利、商标、著作权等申请、注册和保护,提出侵权诉讼、开展专业培训等职能。中小型企业可以在总经理办公室、综合业务部或法律事务部中设置相关职能,视需要配备一定数量的知识产权专业管理人员;或者在业务部门设立知识产权工作联络员,定期召开会议,了解基层知识产权工作情况,并通过联络员将知识产权工作和要求落实到各业务板块和各个工作环节中;与社会专利律师、商标代理、法律顾问建立关系,必要时获得他们的帮助和支持;重视培养本企业熟悉相关知识产权法律法规、懂得企业管理、掌握行业专业技术的复合型人才。

2) 增强相关法律意识

参展企业应认真学习领会中国政府出台的相关法律法规,知晓、熟悉政策和措施,寻求多方面的法律咨询和服务。同时,参展企业还应该了解和熟悉《保护工业产权巴黎公约》《商标国际注册马德里协定》《世界版权公约》《专利合作条约》等国际通用知识产权保护协议;熟悉掌握展会所在国知识产权保护的法律法规,包括一些独有的知识产权保护规定和司法解释,注意境外取证手段和取证程序的合法性。参展企业要对国内外的知识产权法律的基本精神和内容具备常识化的了解,既约束自己不做错事,也不允许他人将过错强加给自己,在此基础上争取专业法律人士的帮助和指导,以应对境内外展会的各种知识产权纠纷。

3) 开发自主知识产权

参展企业应大力开发具有自主知识产权的关键技术,选择含有自主知识产权的展品参展。通过自主研发、自主创新获得核心技术,提高国际竞争力。在当前情况,企业应该把原始创新、集成创新、引进消化吸收、二次创新有机结合,多途径申请和获得知识产权。对短期内无法拥有的核心专利技术实施专利"包围",围绕原核心专利,开发出一批应用型技术专利、组合专利、外围专利,最终向发达国家支付基础专利费的同时,向他们收取专利使用费,以取得发展空间。在拟出口、潜在出口,特别是将要重点发展业务的国别地区,通过申请专利、注册商标等手段实施知识产权先行保护,防止被抢注,做到兵马未动、粮草先行。开发自主知识产权要注重独创性,避免知识产权近似而产生知识产权纠纷。

4) 参加专业交流培训

政府、行业协会组织知识产权培训会议,给参展企业提供互相交流、研讨的平台,促进参展企业及时总结知识产权工作实践经验,通过沟通信息、分析案例,分享经验教训,提高应对涉外知识产权纠纷的能力。政府、行业协会有计划、有针对性地邀请组织一些专家、学者,讲授欧美知识产权保护环境、技术创新和专利保护、专利获取与管理、企业知识产权战略设计、企业专利申请实务、知识产权资产评估、专利预警机制建立等内容,在此基础上推广普及保护自己、防止侵权的相关知识,降低企业参展侵权风险。

【案例】

"王致和"商标在国际参展中发现该商标已被某国际公司抢注,虽然经过长期诉讼后赢得官司,但是影响了其海外拓展的步伐。该案例带给我们的启示是:

首先是要"兵马未动,粮草先行"。商标一旦在国外被抢注,就得以重金买回,代价很高。因而企业应事先在潜在海外市场进行商标注册,将商标作为海外市场战略的排头兵,为自己的产品开山铺路,占地圈管。这是一种成熟的商业战略,也是最经济、最简单、最有效的自我保护。

其次是要"眼观六路,耳听八方"。建立商标与品牌的侵权监测预警系统对于我国企业防范海外侵权风险意义重大,其目的就是及时发现商标在国内外所受到的侵权风险,并果断地采取措施予以制止,将维权成本降至最低。在侵权人抢注商标尚未成功之前,维权费用是非常低的,而一旦抢注成功,则意味着必须通过诉讼或者赎金等方式解决纠纷,维权的成本将非常高。同时,诉讼期间许多国家禁止争议商标的使用,对产品的销售极为不利。

最后是要"知己知彼,百战不殆"。熟悉外国法律与国际条约,采用正确的诉讼策略。许多跨国公司将我国企业拖入诉讼,正是希望利用我们不懂外国法律与语言逼迫中国企业就范。此外,在跨国诉讼中选择中方律师与外国律师共同组成律师团,也有利于我们变被动为主动,更好地在国外进行诉讼。

9.4.2　落实展中维权措施

1) 携带相关知识产权材料

维权工作必须出示各种合法有效的知识产权权属证明,如涉及专利的专利证书、专利公告文本、专利权人身份证明、专利法律状态证明;涉及商标的商标注册证书、商标权利人身份证明;涉及著作权的权利人证明、著作权人身份证明等。此外,还应备妥知识产权权利人的营业执照(复印件)。如果委托代理人投诉,还必须事先准备好届时填上投诉对象和内容即可使用的授权委托书。

2) 与主办方订立知识产权保护条款

参展企业最好通过合同形式,明确主办方保护参展企业知识产权的义务,促使主办方有效行使保护职责。一旦接到权利人的投诉,对涉嫌侵权的参展项目,主办方应协助权利人进行证据保全等;对涉嫌侵权的参展企业要暂停其展出,移交相关知识产权行政管理部门处理;对确定侵权的,应要求侵权人撤展。主办方应当对参展企业的身份、参展项目和内容进行备案,在参展企业提出合理要求时,为其出具相关事实证明。

3) 对未上市的新产品做好知识产权保护

首先,参展企业对未上市的新产品尽量不做公开展示。但为了取得参展效果,参展企业可以将新产品以照片或录像的形式在展会上展示。同时,做好商业间谍防范,对确有诚意的客户,在核实并登记其身份资料、联系方式后,可以向其出示产品实物,但应禁止其拍摄、摄像。其次,对还未申请专利的产品不做实物展示。在展会上展出未申请专利的产品,随时可能成为侵权目标。如果不得已确实需要参展,应注意:展会必须是中国政府主办或承办的具有国际性质的展会;必须向主办方详细备案,备案内容包括新产品的名称、外观、功能、原理、技术、发明人、实物图片等,并要求主办方对详细的备案进行保密;要求主办方对该新展品参展出具相关事实证明。

4) 聘请当地法律的顾问提供应急法律援助

参展企业可以聘请熟悉当地法律的顾问提供展会应急法律援助,一旦发现他人侵犯本企业的知识产权,就可委托当地律师全权处理,包括取证和投诉。这样做不仅快捷有效,还可避免许多麻烦。欧美工业国家知识产权体系中有众多官方和民间的法律咨询服务机构,比如德国专利商标局、德国工商业法律保护中心、欧洲专利局、欧盟商标与外观设计保护局等,参展企业要善于利用这些机构,通过咨询、检索法律等援助来做好企业的维权。

5) 按照规定在产品上标注知识产权标记

参展企业要对已经申请专利的产品,在产品、产品包装说明书、宣传资料上标明专利标记和专利号;已注册商标的,应在产品、包装、说明书宣传资料上印制商标,并标明"注册商标"或注册标记;对于享有著作权的作品,可以标明著作权人名称,办理了著作权登记的,可以标明著作权登记标号。在产品上标注知识产权标记不仅可以起到宣传效果,又可以对侵权分子起到警示作用。

6) 熟悉展会的知识产权侵权投诉机制

熟悉主办方制定的知识产权保护管理规定,了解主办方设立的投诉机构、投诉程序、主办方的查处职责、查处措施等规定。如发现侵权行为,应立即通过展会知识产权侵权投诉机制投诉,具体部门包括展会现场侵权投诉中心、当地知识产权局、专利局等行政管理部门,也可以直接在当地法院起诉。投诉时必须递交的材料:对侵权行为的简单描述,提出具体投诉要求,留下联系方式;递交已收集到的侵权人侵权证据;递交自己享有该知识产权的合法有效的权属证明;递交其他材料,包括公司营业执照(复印件)、授权委托书等。

7) 检索主办方公布的知识产权目录

参展企业可以通过主办方在展会公布的本届备案的知识产权保护目录,查找相同或类似行业中是否有参展企业提供侵犯自己的知识产权的展品。如果自己的产品商标是驰名商标,则可以查找相关行业和不同行业中是否有商标、企业名称、产品名称对驰名商标侵权。参展企业在参加展会前,应对竞争者在相关领域具有的知识产权进行检索,提前了解自己参展产品是否存在侵权的可能性,将那些可能侵权的产品排除在参展范围之外,降低参展可能带来的法律风险。

8) 及时进行侵权行为取证和证据保全

维权必须要有证据证明侵权事实存在，所以取证就成了打击仿冒的关键，取证时应当注意以下几点。首先，展会布展完毕即可安排专人在展会现场进行巡视，以便及时发现其他参展企业对本企业的侵权嫌疑。其次，取证过程尽可能悄悄进行，不要与侵权人发生直接冲突，最好用特殊手段摄像，音像资料可成为有力证据；应当在侵权人发觉之前拿到证据，否则证据很可能被藏匿或销毁。最后，在有可能的情况下可借助外力，让律师或专利代理人陪同前往；投诉人还可带公证机构工作人员到现场取证。

同时，展会时间一般比较短，而对知识产权侵权行为的认定又需要比较长的时间，多数侵权案件难以在展会期间得到解决，一些侵权纠纷可能还需要通过司法途径解决，因此权利人有必要在发现侵权行为后立即保全证据。具体方法是：申请主办方对涉嫌侵权的参展项目拍摄取证；邀请公证机构到现场保全证据。如被投诉方未能在规定时间内提供有效证据材料，参展企业要监督展会侵权投诉中心立即采取实际行动，将侵权产品遮蔽覆盖、查抄撤展，对侵权企业提出法律诉讼和经济赔偿要求。

9) 周全考虑展品运输方式和运输途径

欧洲海关数据表明，海关扣押展品的依据主要集中在商标90%，专利8%，外观设计和著作权分别为1%。海关扣押的途径主要集中在航空43%，邮包43%，道路运输10%，海运4%。海关扣押的价值和进口途径的配比为海运74%，航空16%，道路运输8%，邮包2%。被扣押货物的来源主要集中在中国内地、中国香港、土耳其和泰国。被扣押货物的种类主要集中于服装、箱包、手表、珠宝、电子产品、软件光盘和玩具等。扣押货物活跃的地区主要集中在法兰克福机场、汉堡港口和鹿特丹港口等。根据以上数据的分析与总结，参展企业要充分准备，考虑周全，结合自身公司的产品特点，选择适合本公司自身条件的运输方式和运输途径，提前预留出相应的运输时间来运输展品，以减少由海关扣押导致展品无法按时运到展会的被动局面。

10) 向法院预先提交保护令争取答辩权利

法院在签发"临时禁令"前，一般情况下会听取被申请人的答辩意见，但如情况紧急，法院则可以在不听取申请人意见基础上签发该禁令，即"临时禁令"。参展企业如果担心某些竞争者在展会期间请求当地法院发出"临时禁令"来查抄摊位和展品，可以事先向当地法院提交"保护性备忘录"，一般应包含3项内容：可能纠纷的双方当事人；可能纠纷涉及的专利；不适合发出"临时禁令"的理由（通常说明可能发生的纠纷并不具备紧急性且案件技术复杂，或涉及专利无效及参展产品不构成侵权等理由）。参展企业在展示产品前可向法院提交保护令。提交保护令的目的在于，法院在收悉申请人的"临时禁令"请求时，将对保护令中包含的反驳理由进行考量，且在有"保护性备忘录"的情形下，法院未经事前口头庭审程序不会对参展企业签发"临时禁令"，参展企业可以继续展出产品。被申请人在口头听证程序中则可以"无侵权"或申请人的知识产权"无效性"为由进行反驳。

11）冷静应对知识产权侵权律师警告信

参展企业接到律师侵权警告信时，应要求对方出示委托公司营业执照和授权委托书，以核实对方身份并判别其是否有权提出维权主张；要求对方出示相关知识产权证明和记载权利范围的法律文件（专利说明书），仔细判断文件是否真实有效；对技术特征进行逐一比对，审视自己的展品是否存在侵权现象；审视对方经济方面的要求，衡量其提出的标的额是否过高。

确认弄清情况后，可分别采用 3 种不同的策略。若确认自己没有侵权，对方是一种无理取闹，或者是一种商业策略，则拒绝在警告信上签字，同时要及时向当地法院提交保护文本，还可以考虑提出反警告，甚至提出民事法律诉讼。若的确存在侵权行为，可以考虑对具体条件讨价还价后签署警告信。这样做的好处在于避免进入冗长的法律诉讼程序，可以防止对方向法院证明颁布"临时禁令"，从而保证其他非侵权展品继续参展。若在不确定是否侵权的情况下，不要轻易在警告信上签字，签字即意味承认侵权，事后再也无法采取其他补救措施，应立即向律师咨询请教，迅速对警告信做出分析研究，权衡利弊得失后，再做出决定。

12）冷静应对和处理"临时禁令"

"临时禁令"具有强制执行力。如果被申请人拒绝执行，申请人可以要求警方协助。参展企业收到"临时禁令"时要冷静应对和处理，要配合执法人员的工作，不要发生语言和肢体冲突，但不要随便在承诺停止侵权声明之类的文件上签字；如执行人员强行没收"涉嫌"侵权展品，可向其索取收据并仔细查看是否与实际被没收的展品吻合，以作为今后提出诉讼的依据。对"临时禁令"提出的侵权依据，参展企业也应该审核其是否属于展出国家合法有效的知识产权。

一种情况是，对已颁布的"临时禁令"，若参展企业确认自己没有侵权，或认为复议有较大取胜把握，可以委托律师向法院提出复议，如果对复议结果不认同，还可以向上一级法院提出诉讼。企业务必积极应对，切不可对"临时禁令"不理不睬，后果将是被永久禁止参展，以及承担几倍正常诉讼的费用。另一种情况是，若参展企业对复议没有取胜把握，还可以委托律师要求"临时禁令"申请人限期提出诉讼，如果对方提出诉讼，法院在听取双方意见和审查双方证据材料后将做出对相关争议有约束力的判决；如果对方超过期限仍不提起诉讼，被申请人有权向法院要求取消"临时禁令"，退还被没收的展品，并且可以要求对方赔偿自己因"临时禁令"的执行而遭受的损失；如果对相关民事诉讼有信心，还可以就"临时禁令"提出民事诉讼。

9.4.3　实施展后维权跟踪

展会时间短暂，侵权案件处理一般不可能在几天之内结束，对侵权人的处理以及索赔的要求更不可能在展会期间得到解决，因此展会结束之后，参展企业可以实施侵权跟踪。

侵权跟踪可根据不同目标采取相应措施。一是以展会维权为目标，参展企业可督促展会侵权投诉中心尽快对侵权赔偿作出结论，要求侵权人承诺今后展会不再重犯，同时决定是否起诉,以及向侵权人提出赔偿。二是以当地市场维权为目标,参展企业要与当地工商、海关等部门取得联系,将侵权人侵权事实予以报告,将侵权结论予以备案,防止侵权商品仍在当地销售及再次进入市场。三是以所有注册地区综合维权为目标,参展企业在该知识产权已经注册的所有地区同时采取维权行动,特别要重视侵权人所在国和地区的源头打击。

思考题

1.简述参展知识产权侵权类型。

2.如何防范参展知识产权纠纷?

3.参展知识产权维权措施有哪些?

4.如何应对知识产权侵权律师警告信?

5.如何冷静应对和处理"临时禁令"?

第 10 章
参展后勤工作管理

【学习要求】

掌握参展人员的住宿安排,掌握宴请客户的餐饮安排规则,理解商务考察与观光休闲的特点,了解参展文印资料,了解常用物料的种类,掌握财务预算削减的策略,了解现场设备租赁的注意事项。

后勤服务到位是确保一线参展工作人员方可全力以赴把握商机,保证实现最佳参展效果的前提。这需要建立一套完善的参展后勤管理制度,参展后勤工作有很多细节,需要丰富的经验和良好的沟通能力才能顺利完成。企业参展的后勤工作主要由市场部统筹安排,由销售、财务、行政等多个部门配合进行。"兵马未动,粮草先行"说的就是后勤工作的重要性。会展专业人员务必重视参展后勤工作管理能力的提升,只有能统筹好参展后勤管理工作的人才适合做会展工作。

10.1 参展人员的住宿餐饮

10.1.1 参展人员的住宿安排

展会期间,参展人员众多,酒店爆满,预订房间十分重要。如果不及时预订,就会迫使参展人员住在距离会场较远的地方,增加交通成本,无法保证参展人员休息时间,影响参展效果。同时,不是展会的协议酒店,不仅无法享受协议酒店应有的住宿价格优惠,还得承担周边酒店因为展会涨价的额外支出。例如,每届广交会有境内外参展企业近 2.5 万家,近 10 万名参展人员,210 多个国家和地区,约 20 万名境外买家参会,这促进了广州酒店业的发展,所以广交会期间酒店会全面涨价,特别是邻近展馆的酒店。

如何做好参展人员的住宿安排?

1) 及早预订,争取好房源

不仅要有房源,而且要有好的房源。好的客房能够确保参展人员良好的休息环境。展

会期间,酒店一般要求开展前两周确认预订房间数量并支付预订款项。有的酒店要在房费的基础上收取一定比例的服务费,一般为15%。

2) 选择性价比最高的酒店

随着城市地铁和轨道交通的发展,交通变得越来越便捷、通畅。选择距离近、房费贵的酒店还是选择距离远、房费低的酒店,在预订时需要整体考虑价格、交通和距离,确认好酒店与场馆的交通路线及所需的交通时间。

3) 国际参展落实签证办理

获得签证是确保成行的基础,也是确定预订房间数量的前提。所以,国际参展需要先办理好签证。

参展人员的住宿安排,可以考虑由主办单位安排、由指定旅行代理商安排、由专业代理机构安排等。主办单位安排又可分为主办方推荐酒店(一般是主办方仅客观提供酒店信息等)、主办方协议酒店(一般是主办方争取到优惠价格的酒店等)、主办方指定酒店(一般是主办方深度介入接送结算等全流程)。在《参展手册》或《服务指南》中附有酒店的基本情况介绍,包括酒店名称、地理位置、星级、价格和联系方式。根据行业规律,参展企业、专业买家的人员如跟着交易团一起入住,通常会选择办展机构推荐的高星级酒店入住。这些酒店星级一般都在5星,至少在准4星。酒店会统一时间安排大巴接送。

选择自行入住的企业参展工作人员需要根据自身需求去选择。有选择价格实惠的,也有选择交通方便的。大多数都会选择地理位置方便的三星酒店或连锁酒店入住。在价格方面,据统计,广交会期间各星级酒店卖价与平日价格相比涨幅在60%~150%。高星级酒店价格较为平稳,涨幅在60%~100%,例如位于流花路的某五星级酒店豪华房,平日价约730元/(房·晚),广交会期间价格在1 200~1 500元/(房·晚)。经济商务型酒店价格波动明显,涨幅在130%~150%,以位于江南大道的某经济型酒店商务房,平日价约600元/(房·晚),广交会期间价格涨至1 500元/(房·晚),涨了近千元。广交会的场馆是在琶洲,如果在琶洲附近住宿,则价格较高,且琶洲附近的酒店都较为高档。如果选择离展会稍远的酒店,或选择距离市中心相对较远的酒店,价格会较为亲民,有利于节约参展成本。

随着城市交通的便捷,通过认真查询和比价,或可以实现住宿的价廉物美和交通便捷的结合。需注意的是,公司高管、一般工作人员的住宿标准应该有所区分,以体现公司实力和形象。办展机构往往会提供高、中、低不同档次的酒店以供选择。

由指定旅行代理商安排,是指由办展机构专门指定展会接待服务单位来安排住宿,这是比较流行的操作方式。例如,第十七届中国国际服装服饰博览会,中旅体育旅行社被指定为博览会接待服务单位,负责来京参展人员的酒店预订、交通及食宿安排等接待服务工作。这种住宿安排的基本程序为:展会主办单位指定一家旅游公司,该旅游公司一般会在展会现场设立接待台,为参展企业和专业观众提供酒店、票务(代订、代送火车票或飞机票)、旅游和订车等旅行咨询或预订服务。其优势在于,展会接待服务单位往往具备综合资源且服务专业,便于参展企业实现多元化需求,更好地服务参展人员以减轻主办方工作压力。

随着互联网的快速发展,出现了一些更加专业的代理机构,专门以大型会议和展会为公司的业务对象。比如酒店预订网、展会商旅服务公司等,是专门从事会议和展会酒店预订服务的公司。这些公司借助互联网的优势,能够提供较为优惠的价格和更加专业的服务。与旅行代理商相比,专业代理机构往往更加专注于住宿或交通等某一项具体的服务。

10.1.2　参展人员的餐饮安排

1) 指定餐饮服务商

餐饮安全是展会顺利举办的基本保证。展会主办单位高度重视餐饮安排,往往会指定餐饮代理商,负责供应展出期间的各项餐饮,包括各种快餐、自助餐、工作餐、冷热饮料等。指定餐饮服务商有时会在现场设立几千平方米的餐饮区和咖啡区。如广交会网站专门提供餐饮查询、预订服务,提供广交会场馆内供餐单位分布图、广交会展馆餐饮资讯(包括广交会餐饮服务指南、广交会展馆餐饮企业特色介绍)等,信息全面,美食丰富。为解决到会客商的用餐需求,主办方在 A、B、C 区都设立了餐饮区,包括真功夫、麦当劳等知名餐饮企业。展馆内中餐、西餐、快餐等一应俱全,可满足参展人员不同口味的需求。据统计,广交会餐饮服务单位近 40 家,包括专营快餐的单位、专营咖啡的单位、兼营快餐和咖啡的单位、糕点配送单位。最近几届广交会餐饮服务共设 70 余个点,分为快餐类、咖啡类,按照 A、B、C 区设置。餐饮服务点面积超过 30 000 m²,就餐位近 15 000 个。供应品种包括普通中式快餐、煲仔饭、面食、潮汕牛丸汤粉、棒约翰比萨、麦当劳、真功夫、广式烧腊、穆斯林快餐、自助餐、商务套餐等;各式咖啡、饮品、点心零食等,具体品牌有拉瓦萨(LAVAZZA)、奥罗拉意祖、卡啡客、上岛、老树、世家兰铎等(图 10-1)。

图 10-1　广交会展馆内的餐饮服务

为提升美食文化,广交会主办方还曾举办餐饮"一店一品"活动。每家餐饮门店推出一道"招牌精品菜",展现广交会独有的饮食文化,凸显"广交美食,一期一会"的精髓。为确保广交会餐饮安全,按照规定,展馆内所有餐饮服务单位都须经过广州市食品药品监督管理局的资质审核后方可进馆提供餐饮服务。开幕期间,广州市疾控中心对每一家餐饮单位的餐饮品种、餐厨用具进行抽样检验。同时,广州市食品药品监督管理局还派驻专业工作人员对餐饮单位进行实时监管。因此,参展人员可以在馆内的餐饮单位放心选用。广交会规定,所有快餐单位不得到展台发放订餐传单。若参展人员收到来路不明的外送快餐传单,切勿购买。为保障餐饮的食品卫生安全,参展人员应该到快餐区用餐。购买快餐应该在两小时之内食用,以防食品变质,影响参展人员的身体健康。若参展人员对餐饮服务有任何意见、建议或投诉,可联系广交会餐饮现场管理机构。

除了场馆内的餐饮服务,为更好服务参展企业,办展机构会详细介绍和推荐举办地特色菜肴和场馆周边的餐饮设施。如广交会官方网站提供了广州餐饮查询、馆外优惠等信息,还提供不同商区的不同菜系餐馆的查询,包括川菜、潮汕菜、湘菜、东北菜、清真菜、欧式西餐、美式西餐、日韩料理、东南亚菜、自助餐等,并为参展人员提供给了价格优惠、口味可选的馆外餐饮服务。

展会期间,展台工作人员比较忙碌和辛苦,往往到了午餐时间无暇顾及餐饮问题,因此要由专人负责展期内展台工作人员工作午餐,提前做好预订。参展经理应该确定一个合适的固定时间,工作人员轮流用餐,既节约时间,又保证午餐时间展台仍有序运转。除午餐外,展台所需的饮料和矿泉水等也需要提前准备,并每日做好补充。如果展台上有饮水机,可以准备有公司 Logo 的一次性杯子,供观众使用。

2) 宴请客户的餐饮安排

为了达到宴请客户的预期效果,参展人员需要安排专门人员了解和熟悉住宿周边和场馆周边的餐饮情况,根据客户的餐饮喜好选定酒店并做好预订。根据行业标准,高星级酒店一般需要支付 15%~20% 的服务费或小费。

宴请客户要分档级,一般可分为 3 个档级。第一档级是最重要的合作伙伴,如有决定性的作用的大领导,建议选择在高档的私人会所,或者江边、湖边、郊区的私密性较强的农家乐私房菜;第二档级是上下游客户或职能部门的中层领导等重要的合作伙伴,建议选择所在城市居民公认的较好的饭店、星级酒店的配套餐厅等;第三档级是刚刚接触的、有潜在价值的合作伙伴或一般客户,建议选择所在城市的特色饭店、热门餐厅等。每个档级的饭店最好储备 3~5 家,以备选择。

宴请客户需要做好饭店及包厢预订。预订餐厅前需了解客户的身份及陪同,若有女性客人,最好安排女性陪同。要提前了解餐厅的风格、特色菜、口味与价位,根据客户的身份和口味,预订级别对等的餐厅。了解客户的口味、习惯、特殊偏好,如有的客人可能因为糖尿病、痛风等原因,不能食用部分菜肴;有的客人因为宗教信仰,禁忌某些食物或者调料;不同地区的客户有各自的饮食习惯,需要针对性点菜。需提前确认是否需要自备酒水,一般需配备白酒、红酒,以适应参加宴请的不同客人的需要。酒水需要来自正规渠道,必须确保货真价实,防止假冒伪劣酒水上酒桌。要提前为开车来的客人准备好用餐后的车辆或代驾。

在宴请座次的安排上,在通常情况下"尚左尊东""面朝大门为尊"。如果是圆桌,则正对大门的为主客。主客左右手边的位置,则以离主客的距离来看,越靠近主客位置越尊贵,相同距离,则左侧尊于右侧。

点菜的基本程序:冷菜—热菜(特色菜、高档菜、汤)—点心—果盘。点菜时,应该请客人先选菜,如果客人谦让点菜权,主方不必过于勉强。点菜过程要快,客人入座前,一般要有冷菜在桌,切忌空桌。餐厅的重点菜与口味应询问客户是否喜欢,了解客户是否有忌口。如果客人多,可以请餐厅点菜经理进行咨询了解。点菜时需要控制好菜肴的数量,冷菜的数量一般为人数的 1/3 到 1/2 即可,注意颜色搭配、荤素均匀;热菜的数量一般是人数的 1.2 倍到 1.5 倍,男士居多或饮酒等特殊情况应及时注意菜量的增加;点心一般选择当地的特色小吃、糕点或面食等。点菜时,可以请领导或客户点一个大菜,可以是餐厅推荐的特色菜、高档菜等,以表尊重。商务宴请基本菜单一般是 5 荤 3 素 8 冷菜,虾蟹鱼点齐,2 道家禽菜,1 道蔬菜,1 道豆制品,2 道饭店的特色菜等。饭局进行中要留心关注菜肴余量情况,适量添加酒菜。

宴请中需要注意礼仪,把握饭局的节奏,按照不同节点倒茶、添酒、催菜,目标是让客户觉得宾至如归。同时要寻找合适的话题,切忌冷场,同样也不要喧宾夺主。酒水要在客人进门后当面打开,打开的酒要喝完,劝酒适度,切莫强求。红酒一般先打开,放醒酒器为醒酒;敬酒有序,按级别敬酒,先敬客人;杯沿要低于领导或客户;记清领导的级别、姓氏,敬酒时避免叫错。

宴请结束,要保持清醒,核对账单、酒水数量,做好结账工作,并做好送客工作,为喝过酒的客户找好代驾,在醉驾入刑的时代,千万不得心存侥幸。

10.2 参展人员的交通考察

10.2.1 参展人员的交通安排

按时到达展会举办地是成功参展的前提,而展会的举办使举办地变得热门起来。广交会期间,广州往返国内热门商务城市的机票价格很少有折扣,即使打折,力度也较小。例如广州往返上海,每期交易会开馆和闭馆前后 1~2 天,单程票价基本是全价,较平日 5~6 折的出行价格高出一半,客商购买往返机票增加的总费用将超过千元。

参展人员的交通安排需要考虑以下几个方面。首先,合理选择交通工具,如高铁或飞机。中国高铁时速已经达到 300 km 以上,而且往往高铁站比机场更靠近城市,去火车站花费时间较去机场少,更重要的是高铁准点率高,飞机延误较为普遍。距离目的地 1 500 km 以内,可以通过高铁 5 个小时左右到达,为确保准时达到建议首选高铁。如果出国参展,则必须选择飞机,在时间的安排上不要满打满算,要充分考虑飞机延误带来的到达时间的不确定性。

其次,及早预订。一票难求的现象往往会伴随展会的举办而出现,能否买到票是一个问题。即便能够买到,航班、座位的可选择情况也是一个问题。还有一个价格的高低。越临近出行时间,票价就越高。国际航班、巴士和高铁会根据剩余数量,变动价格,越早预订价格越低。如果能提前一个半月预订,国际机票费用至少能低1/3。在机票价格因素上,直航班机机票费用高,如果为了节约资金,可以选择中途转机或中途短暂停留的航班。

最后,充分确认。主要是人员和时间上的确认,确定之后尽可能不要变动。因为任何的变动将会造成再次购票的不确定性。同时,还需要承担退票或改签带来的损失。再次购票因为时间临近,即便还有票,也往往是高价票。

除了出发地到举办地的交通问题之外,还需要考虑场馆与酒店之间的交通问题。这里主要有3种途径:第一是免费班车。协议酒店或者办展机构一般会安排有场馆和酒店之间的免费班车,方便参展者来往酒店和场馆。免费班车一般定时发车,过时不候。班车座位有限,有些免费班车需要进行预订,若没有预订可能无法乘坐或者无法确保有位。预订根据实际需求进行,防止座位虚耗。免费班车一般只限参展人员使用,凭参展证件或其他有效证件乘坐。若是团队型乘坐,建议联系酒店或办展机构在常规班次之外专门发车。

第二是公共交通。为减轻"逢展必堵"的尴尬,展会举办地一般采取以公共交通为主、以小汽车交通为辅的交通保障原则;交通组织以公共交通为主要因素,除组委会确定的贵宾、嘉宾专用车等外,其他以公共交通和小汽车无缝衔接解决换乘需求。为此,开通前往会展中心免费公交临时专线是常规做法。展会期间,开通几条免费公交临时专线,采用大站快线或者点对点直达会场。同时,展会举办地加强会展中心周边常规公交线路运营服务,提高公交线路的班次密度,加大线路运力投放,确保常规公交线路运能充足。采用公共交通,需要充分研究最佳乘坐线路,预留足够的交通时间,以免交通拥堵而无法按时到达会场。在交通导航越来越方便的今天,参展人员要利用好导航,但是也不能完全依赖导航。为更好地利用展会举办地的公共交通,参展人员最好安排特定人员研究、掌握和熟悉举办地城市和场馆的周边交通状况。

第三是领导专车。如果有重要领导参展,要根据"优先安排领导用车"原则,及早安排公务用车,或联系车辆资源做好预订工作。要反复确认领导在展会的行程,做好时间表,明确哪些环节需要用车。在派车前,应当事先征求领导的意见,看其是否有外出计划,或提前一天了解领导的工作行程,做到周到、准时、快捷服务。总之,参展人员的市内交通要充分考虑展会带来的交通拥堵问题;要研究透彻交通线路,注意交通管制线路、时间;要尽可能乘坐地铁或免费穿梭巴士;出租车很难打,同时交通拥堵造成打车出行效率低下;公交车往往会走较长的路,时间成本高;特殊情况下,可考虑租用车辆。

展会期间,会出现交通拥堵及工作人员疲惫等问题,要确保所有物料和人员都能够在合适的时间抵达展会现场,所以在展前要提前做好交通攻略,为工作人员提供场馆周边的交通信息。若参展人员随身携带的物品较多,可使用租车服务。对出席的主管、区域经理或者高层管理人员,可提前订好车辆。在物料运输方面,应随时保持与各个供应商之间的联络,确保每个环节的物料都能按时、按量到位。

10.2.2　商务考察与观光休闲

在展会开幕前后,有许多参展人员希望去一些产业集中的地区或市场集中的地区,实地深入了解有关商品信息和市场行情，或者到当地著名风景区适度放松心情。为适应这种需求，就需要通过办展机构或自行选择合适的旅游服务公司，来满足这些需求，提高参展人员对展会的满意度。

1）商务考察与观光休闲的特点

所谓商务考察就是以收集有关商品的市场信息，了解有关市场的行情为主要目的的商务活动。参展商务人士对展会具有贸易、展示、信息和发布四大功能的选择重点有所不同。如果参展商务人士觉得在展会上获取的东西还未达到他参加此次展会的全部目的，那么，他们就希望亲自到市场中去看一看。于是，商务考察应运而生。

商务人士进行商务考察的主要目的是收集市场信息和了解市场行情，特别是在参展主要目标已经完成，时间又较充裕的时候，商务考察可以深化和巩固参展成果。在展会结束之后的商务考察常与观光休闲统筹安排，彼此兼顾。

商务考察的主要目的地一般有两种：商品专业市场或大型的商场；商品的主要生产地或某些企业的所在地。前者主要是为了收集诸如商品销售价格、商品设计和流行款式、消费者需求等与市场有关的信息；后者主要是为了进一步了解企业实力，了解生产技术和生产规模等与产业有关的信息。

以观光休闲为主要目的的展会旅游，主要集中在展会结束之后，在展会开幕之前和展会进行之中比较少见。这种展会旅游主要是为了在游览风景名胜和文化古迹等旅游景点的过程中放松身心，增长见识。如果说商务考察是展会的一种补充的话，那么，观光休闲就是展会的一种延伸。在大型国际性展会中，有许多参展商务人士来自海外不同国家和地区，他们对展会所在地的市场可能有一些了解但没有亲身经历，对当地的名胜古迹和风土人情有一些耳闻但没有亲眼所见。商务考察的主要目的地是商品生产地和销售场所，观光休闲的主要目的地是风景名胜古迹所在地（图 10-2）。

图 10-2　观光休闲

在策划举办展会和安排展会旅游时，有必要结合参展的目标，注意客户需求的变化，安排适合客户需要的商务考察。同时，在多数情况下，客户参加展会旅游具有观光休闲和商务考察双重目的,这时,我们在安排旅游路线时就必须做到两者兼顾,不能偏废其一,否则客户将会逐步流失。

2) 商务考察和观光休闲的旅游代理

参展人员的商务考察和观光休闲可以通过办展机构的指定机构旅游代理。办展机构在指定旅游代理时,一定要选择那些资质好、能力强的公司,以便有良好的旅游服务来加深参展商务人士对参加展会的良好印象。根据客户的来源或者旅游线路的不同,办展机构在指定旅游代理时,可以考虑分别指定一个海外旅游代理和一个国内旅游代理。如果某家旅游公司的实力特别强,也可以只指定一家旅游代理,将海外和国内旅游的业务都交给它来代理。

在商务考察、观光休闲选择旅游代理机构时,除了要考察各代理公司的实力和服务水平外,还要注意考察它们的接待能力、收费标准和个性化服务等因素。由于商务考察、观光休闲的参加者一般都是公司派出的管理人士,他们的素质一般较高,独立意识强,个性化十足,加上商务考察、观光休闲的时间一般都较短,随机性较大,因此相关安排一定要突出个性化特征。例如,选择具有民族特色的旅游项目,最好做到商务考察、观光休闲两个目标的有机结合。对于出国参展的工作人员,除了安排好他们的旅游线路外,还可以把海关签证、交通指引、住宿选择、餐饮安排,甚至语言翻译等需求全权委托给旅游代理。

10.3　参展文印和财务管理

10.3.1　文印资料

文印资料分为两种,一种是提供给参展工作人员、主办方或供应商的支持性文印资料。包括公司介绍手册、产品宣传单页、各主营业务产品的销售手册(包括产品目录和价格表等信息)、来宾登记表、相关部门人员的名片等。主要内容往往是以图文并茂的形式,宣传企业和产品,并附带说明公司的销售政策、市场管理制度、市场运作思路。在展会同期,公司若举办技术研讨会、新品发布会等,则需准备活动的邀请函、日程安排表、车辆安排表、活动现场发放的公司资料和礼品、出席嘉宾和工作人员的通信录等。

另一种是提供给客户的营销性文印资料。包括与主办方的合同、附加订单(包括赞助、室外广告发布、参展企业研讨会、临时工作人员中介服务等)、搭建商的报价单和合同协议、其他供应商的合同文本和相关文件。所有的物料从制作到使用都由专人管理。参展人员培训计划、差旅日程计划、重点客户名单、参展企业名单、当地销售商、代理商名单、预先邀请客户莅临展台参观的邀请函等,也属于需要为销售部准备的营销性文印资料。时效性、成本是文印资料选择的重要标准。

文印资料的制作和管理需要专人负责,理出一份物料清单,注明物品明细、数量、负责人、就绪情况及就绪时间进度,以备核对,避免疏漏。资料的印制数量一般可通过往年参加该展会或参加同类展会的经验预估,展会规模、展期长短、上一年展会观众量等数据均可作为参考。可以多带一些资料,但带的比例要适当控制,否则撤展时将是一种负担。参加国际性展会,需适当准备些外文的文印资料,以满足海外买家的需要。

宣传资料的制作不要过度追求印刷工艺,一切以表达出产品所需的效果为准。部分资料需要精致印刷,包括招商手册、产品手册、宣传单、合同书等的内容、设计、排版、印刷等,以提高专业观众对公司的认可和信任度。制作新的文印资料需充分协商,应该和销售部及市场部主管共同确定最佳内容和设计方案,以符合公司最新的市场策略和产品定位。文印资料的准备和管理需预先计划,并对相关人员进行培训。在安排文印资料的制作工作时,明确制作时间期限和质量要求;在具体制作时,需要确认时间期限并及时检查制作质量,以便出现问题及时弥补;确定后的基本文件和资料需要先清点,然后再做补充和调整。

宣传资料要抓住热点,把握重点。中国某设计集团参加某届上海国际设计周时,当年发生了汶川地震,举办了北京奥运会。公司宣传资料的制作因此把握住了两个热点。一个是"水立方故事"。公司展台上的公司资料主要介绍了万众瞩目的奥运场馆——水立方,同时展台背景板、视频都只集中于水立方,讲述公司在水立方中承担了怎样的角色,描述多个参与水立方建设的技术故事。另一个是公司的社会责任故事。公司抓住对四川、汶川地震灾区的援助,在水立方专刊里图文并茂地介绍了其在四川灾区的社会责任行动,还有公司重要建筑设计师对灾后重建的专家建议等。由于公司资料抓住了社会热点,因此很受欢迎,很好地提升了公司的企业形象,产生了很好的社会效益和商业效益。

展会上95%的观众会在展台索要产品手册或公司介绍,但同时也有65%的资料被马上扔掉。这些资料往往印刷精美,制作成本高昂,在展会上很容易造成资源浪费、环境污染,也会加重参展企业的成本负担。因此,各种文印资料要有具体的负责人、发放对象和发放方式,方便进行分类整理和管理。比如领用资料的观众没带名片时,可以手写登记其联系信息确认身份,这一方面可以帮助销售引导观众领用匹配的材料,另一方面也可以有效地避免一些不相关的观众领取资料。同时,要杜绝无效人员领资料。一些职业逛展的收废品人员,通常会冒用一些别人的名片和联系方式,混迹展馆索取公司精心制作的资料卖废品,造成参展时间和资源的无端损耗。

10.3.2　常用物料

1) 手提袋

手提袋是一种简易的袋子,制作材料有纸张、塑料、无纺布、工业纸板等。手提袋通常用于参展企业放置产品,也有在送礼时盛放礼品。手提袋的分类非常多,按分类的不同,可能有上百种不同的手提袋印刷类型,形态各异、五花八门,其功能作用、外观造型也各有千秋。常用的材质有塑料袋、纸袋、布袋。不同的材质,价格差异巨大。参展企业需要根据自身的财力和需要定制。

手提袋从具体形式来划分,可分为广告型手提袋、礼品型手提袋、装饰型手提袋、纪念型手提袋、简易型手提袋、知识型手提袋、趋时型手提袋、仿古型手提袋等。其中,参展企业需要的主要的手提袋形式有以下 4 种。

（1）广告型手提袋

广告型手提袋是通过视觉传达设计，引起消费者的注意力来促进产品的销售。广告型手提袋占据了手提袋很大一部分，构成了手提袋的主体。在各种展会上经常可以看到这类手提袋，手提袋上印着企业的名称、标志、主要产品名称及一些广告语，无形中起到了宣传企业形象与产品形象的作用，相当于一个流动广告，且流动范围很广。既能满足装物的需求，又具有良好的广告效应，成为厂商、经贸活动常用的一种广告形式。这种手提袋设计得越别致，制作得越精美，其广告效果越好。广告型手提袋根据目标定位不同，还可分为购物手提袋、促销手提袋、品牌手提袋、VI 设计推广手提袋等。

（2）礼品型手提袋

礼品型手提袋是为了提高礼品的价值、携带方便而设计的手提袋形式。礼品型手提袋是一种包装物品，是指用来装放、包装烘托礼品的袋子，造型精致，图形华丽、美观，有很好看的外表，内装赠送人的礼品。礼品型手提袋的材质通常有塑料、纸、布 3 种。礼品型手提袋可以更好地烘托自己的礼品，使其更加赏心悦目。随着生活方式的日益变化，消费者对礼品型手提袋的要求也越来越高。

（3）纪念型手提袋

纪念型手提袋最常见的是为纪念某项文化艺术活动而特别设计制作的。这种策略迎合人们的纪念心理和荣誉心理，使人们在购买之后，尚有一番新的感受。这种手提袋一般印有活动的名称、标志、说明性文字等，例如："××艺术节纪念""旅游纪念袋""××届摄影展览""××届电视节"等，一方面可以装入领取的资料、样本，另一方面又扩大了这项活动的影响。

（4）简易型手提袋

当客户拿到公司产品介绍资料和物品时，需要简易购物袋盛装。如果参展企业能够提供一个简易型手提袋，必定受到消费者的欢迎。给人方便，本身就是促销的一个重要诀窍。

2）公司礼品

公司礼品是参展企业为了扩大其知名度、提高产品的市场占有率（份额）、获取更高销售业绩和利润而特别定制的、带有参展企业 Logo、具有某种特别含义的产品。公司礼品作为参展时赠送客户的物件，其目的是取悦对方，或表达善意、敬意。礼品拉近了人与人之间的距离，是人类社会生活中不可缺少的交往内容。送礼是我们每个人为人处世，融入社会所不能缺少的社交形式。

公司礼品具有新颖性、奇特性、工艺性和实用性。为参展而制作的公司礼品不需要太贵，只要能表达心意即可。常见的公司礼品种类包括办公用品、广告笔、广告表、广告服饰、电子产品、皮具制品、案头精品、水晶工艺品、箱包制品、家居用品、奖品奖牌、广告伞、胸徽匙扣等。

参展企业应该寻找专业的礼品设计公司，结合参加企业目标客户的特点，专门设计所需的公司礼品。公司礼品不仅要服务参展目标，也要体现公司的文化底蕴。公司礼品的赠送既需要配合企业整体商务外交活动，又必须切合包括风俗习惯、商务礼仪、心理学和社会学等的相关要求。

公司礼品的核心目标是加强与客户的感情交流。这类礼品,第一需要注意精准性。通常高端商业会议场合的参与人群都是具有一定身份的人,这里也存在一个非常有趣的二八法则,那就是频繁参加高端经济类会议的人通常只是非常精练的一小部分人,也就是社会精英人士。用通俗的话来讲,在商业会议场合,不同供应商提供的不同形式的礼品却往往发给了同一部分少数人群。这类人自身对礼品的品位会更加讲究,对礼品的诉求也更加精准,这点也值得我们的礼品供应商去认真研究。第二需要突出形象性。商务礼品往往通过高端会议论坛等高规格交流行为来传递并彰显本身的品牌形象。因此礼品本身的规格就能够充分体现出主办机构或赠予方对受赠人的尊重程度,也从侧面反映出受赠人在赠予人心目中的地位。但是因为大多数商业会议场合的受赠人往往是贵宾、名流或者是知名的媒体人士,因此在这个环节,礼品本身的品牌形象推广、提升、价值释放都显得尤为关键。

常用物料还包括:展台工作需要的名片盒、订书钉、订书机、笔、透明胶带、双面胶带、海绵胶等工具性文具;产品宣传的媒介,如光盘、装饰画、装饰海报等。同时,还需要准备一些糖果、小特产等小点心,以及感冒药类、止痛药类、消炎药类、胃痛药类、创可贴等常用药品。如公司在展期内有重要的公关活动,还需要准备专业的摄影器材用于拍摄,简单的手机拍摄无法满足专业要求。

在开展前,所有物料要按照物料单清点核实,检查在运输中是否有损坏,及时查漏补缺。在展期内,每天都要对物料进行检查清点,根据销售和市场人员的意见进行适当补充。安排专人负责物料管理,提升展台物料安保,防止涉密物料、重要展品、私人贵重物品被盗。

10.3.3 财务管理

1) 财务预算制订与执行

财务预算应开列详细科目。要确定企业年度营销费中运用于展会的比例,再确定各具体展会的比例,做到资金预算要有所侧重。参展费用主要包括展台租赁费、展台设计搭建费、展品运输费、交通费、食宿费、设备租赁费、广告宣传费、资料印刷费、礼品制作费、会议室租赁费等。要预留总费用10%左右作为不可预见费用的支出,并预留一定比例的预算经费用作展后后续跟进工作的支出。

财务预算要全面。财务预算要包括展台设计搭建、参展宣传推广、人员培训与维持,以及展后跟进等费用。支出记录要准确。根据预算持续记录各项参展开支,并集中记录所有采购订单及发票;随时检讨造成超支的原因,不断提高参展预算的效率。所有表格及时反馈。逾期订单及最后时刻的更改,往往会导致额外的支出,因此要及时反馈订单等各种表格。选择可靠的展台设计搭建公司,确保选择有能力按时、按预算完成任务的设计公司,避免因更改设计造成合同项目金额增加。

为了更好地节约资金,花好预算的每一分钱,首先要利用好展台指定搭建承包商,特别是在模块化展台设计中,利用好免费提供设计咨询服务,更能节省成本。其次是充分利用免费宣传机会,认真撰写媒体发布材料,并在适当的时机向展会公关代理机构及相关行业媒体传达。再次是分类使用销售宣传资料,制作简装版本资料作普通发放用途,而精装版本资料则专门针对那些有真正购买意向的专业观众。最后是控制开支,明确规定公司将负担哪些开支。除按参展项目期限向员工预付一定标准的餐费及业务交际费补贴外,所有正当超支部分应由当事人按规定进行事后报销。每日展会闭馆后,应将展台上的酒水、电话等物品及设施妥善保管。

2) 参展预算的削减

为了合理分配资金,参展预算制订必须需要明确哪些预算可以削减,哪些不可削减。

在可以削减的预算方面,第一是应该尽量减少赠品的费用。赠品是提高预算的典型开支,经常占到展会预算的 8%~12%。第二是降低展台清洁服务的费用。有经验的管理者会要求清洁工人在展台刚搭建好的时候来打扫一次,而不是每天有专人打扫。因为过了第一天之后,展台的清洁工作往往就很少了,只需展台工作人员打扫即可。第三是不租或少租装饰用植物。装饰用植物租用费用昂贵,其实没有植物,展台也不会显得没有生气。另外,展台上少装电话。展台上的电话能满足需要即可,少装电话的好处在于员工可以专注展台沟通交流,同时可以防止员工拨打未经批准的长途电话。

在不可削减的预算方面,首先要保证工作的稳定性和连续性。参展企业必须保证年复一年的展会工作之间的关联性。如果参展企业有一次没有追踪客户信息,那么下次就可能要花几年的时间恢复这个信息,并且多花成百上千元的费用。其次是要维持高水准的销售团队聚会洽谈。作为参展企业一定要花时间面对客户,不能削减客户与管理层、关键销售人员及市场人员的会面机会。再次是重点产品的展示推广费用不可少。重点产品信息的发布和宣传费用是不可缺少的。有经验的参展企业会花一笔钱雇佣受过训练的专业人员,他们能够用最有效的方式展示公司的明星产品,用最少的时间获得最多的回馈,这笔预算是不可节约的。最后是殷勤招待客户。在展会上让客户高兴是参展的主要理由之一,所以殷勤招待客户的费用不可少。参展企业可以考虑为此举办一些酒会或者活动,来加固与客户之间的联系。

10.4　现场设备租赁的管理

10.4.1　现场设备租赁的种类

现场设备租赁包括视听设备、家具设备、冷藏设备、供水设备、电力设施、电话网络、绿化植物、压缩空气设备等。

现场设备和展具租赁可以向指定搭建商预订,也可以直接向服务商预订。主办机构一般仅在现场服务点设立收费处,现场服务人员不会到展台上向参展企业或施工单位收取任何费用。若有人现场收费,这一般属于欺诈或者违规,为维护自身利益,参展人员应该及时取证并拨打主办机构电话举报。注意需要提前预订和确认,临期预订会加收30%~50%的加急费。

以广交会为例,它设置了客户服务中心现场服务点,主要服务项目有:标准展台拆改、展具出租、水电安装、花木出租、备案资料补录文字制作、电话业务、网络接入、加班申请、收费及开具发票、退押金等服务。其中展具出租规定为,参展企业租用的台椅到位后当天退租的,收20元手续费,从第二天起租金不退。花木出租收费根据绿色植物高度,分为40 cm以下、40~70 cm、70~90 cm、90 cm以上几个档次,每盆租赁价格在40~70元。另可提供花篮、台面插花、各种类型鲜花等,价格视具体要求而定。广交会电话安装租赁规定见表10-1。

表 10-1　广交会电话安装租赁规定

广交会参展展位 无线电话机配置说明	室内展馆					户外露天展场
	标准展位	特装展位(同一企业连片展位数)				
		1~4个	5~7个	8~10个	10个以上	
无线电话机配置标准	1	1	2	3	4	不配置 无线电话机
加装无线电话机	不受理电话加装业务	参展商需填写《广交会特装展位无线电话机加装业务申请表》,并于开幕前5天内提交客户服务中心现场服务点或行政办公楼A601通信统筹科,业务咨询电话020-××××××××				
无线电话机功能	市内电话、国内长途					
其他情况说明	1.展位电话在每日开、闭馆时间内(9:00—18:00)可以使用,其中,4月19日、4月27日和5月5日当天的使用时间为9:00—15:00 2.展位无线电话机在每期闭幕当天15:00开始由大会派员回收。撤展时请参展商不要带走无线电话机,并配合回收工作 3.非展位(如交易团、商会办公室)电话基本功能有内部通话、市话和国内长途 4.展馆驻会商务单位各配有线电话1部,基本功能为内部通话和市话,由大会派员安装及回收					

广交会展馆内提供免费无线网络服务。但是由于无线用户数量多,存在大量干扰信号,往往会出现无法接入或网速缓慢等情况。参展企业可以在每期开展前一天的12:00前申请有线宽带接入服务。而光纤专线则需在每期开展前5天的12:00前申请,设施于开幕前完成安装调试。有线宽带和光纤专线接入服务不包括室外展馆。参展企业在申请截止前登录广交会官方网站"参展易捷通"申请网络接入服务,通过在线支付后,保留支付确认短信到现场领取发票。参展企业还可在筹展期到展馆客服中心现场服务点申请网络接入服务,现场

缴费并领取发票。需多台电脑上网的可申请有线组网。同时,广交会还提供台式电脑、笔记本电脑、平板电脑、LCD 屏等数码设备出租服务。广交会严禁用户私自使用无线设备自行组网,不得干扰展馆无线网络信号。其网络接入服务的具体价格见表 10-2。

表 10-2　广交会网络接入服务价格

序号	项目	单位	费用	押金	备注
1	有线网络接入	条	250 元/展期		带宽 2M,提供 HTTP、QQ、MSN、E-mail 服务
2	有线网络组网	台	200 元/展期	500 元/个	在申请一条有线网络接入的前提下,方可申请有线网络组网。配一个网络接入端口,一个集线器,可连接电脑 2~7 台。须如实申报上网计算机台数,禁止私自组网,经检查发现超出申报台数需补交相关费用,并追究相关责任
3	权限端口开放	个	300 元/展期		开放证券、特殊软件等网络端口,BT、迅雷、游戏等网络端口除外(仅限有线网络接入)

10.4.2　相关注意事项

提前做好规划,根据参展的实际需要确定租赁内容和数量。所有设备租赁好后一定要通过书面确认,防止租赁设备没有及时到位带来的参展混乱和额外费用。如果展台比较大或有大型机器,则需要租赁照明设施,同时需要增加照明电源箱的租赁。如果租赁绿化植物,在挑选植物时应注意气质、颜色、形态和大小与展台配合,如叶小、枝呈拱形伸展的植物可使狭窄的展台空间显得更宽敞。出国参展,如果能够自己带的展示器材尽可能自行携带,这样可以节约不少成本。

总之,参展后勤工作特别需要参展企业相关部门间的紧密协作。首先要做好整体工作协调。财务部门要负责预算审核,确认差旅标准,制订餐饮、交通和通信等费用标准;行政部门要配合差旅服务和物料准备,需要向参展工作人员对一些注意要点和特殊要求详细精确地了解核实后执行,物料准备数量不仅要满足市场部的规划,最重要的是要征求销售经理的意见,在展会期间尽量配合销售部门的工作,每天听取销售员工的意见,及时提供需要补充的物料和其他帮助;市场部要监督销售人员在展台接待客户和散发资料的情况,并提出完善和改进意见。其次是做好参展人事协调。部门之间要选派合适人员组成参展团队,安排最有竞争力的人力资源,并组织好培训工作。参展人员之间要统筹安排好后勤工作,要制订好一些文件和细则。最后是展后跟进协调。应尽快做好参展工作总结,并向公司管理层进行汇报,同时向公司不同部门反馈参展信息及建议;要配合销售部做好一些重要数据和文件的备份,并为销售提供相应的展后跟进支持。

思考题

1.如何做好参展人员的住宿安排？

2.如何做好宴请客户的餐饮安排？

3.简述商务考察与观光休闲的差异。

4.简述哪些财务预算可以削减。

第 11 章
展后客户跟进管理

【学习要求】

理解客户资料整理与分析的作用,掌握客户资料整理与分析的内容,掌握重点客户的具体跟进策略,理解客户维护中观众的分类和信息类型,掌握客户跟进方式与渠道,掌握客户跟进的 8P 策略组合,掌握参展客户关系管理的概念,了解客户关系生命周期的阶段,掌握开发新客户的策略,掌握留住老客户的策略。

展会结束,企业参展工作并未完全结束。相反,它正意味着一个更为重要的新阶段的开启。我们常说:展会结束是企业参展工作的一个新起点!美国著名参展专家阿伦·科诺帕奇博士在一项研究中发现,观众对参观情况的记忆在两周后会迅速下降,程度与艾宾浩斯遗忘曲线一致(图 11-1),参展企业必须在展会闭幕后两周内趁热打铁,及时进行展后客户工作。一些企业高度重视展后客户跟进工作,把超过 10% 的参展预算经费用于展后客户分析与跟进工作。作为参展企业巩固参展效果的重要阶段,客户分析与跟进的主要目的是:对参展效果进行初步评价;对所获客户信息进行分类;为后期客户跟进提供策略;为未来参展决策提供依据。

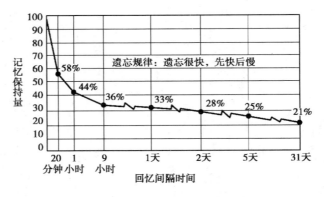

图 11-1 艾宾浩斯遗忘曲线

展后跟进是企业参展工作的一个核心内容。提升展后工作的有效性是参展工作的重中之重,为此需要做好:整理参展资料,如成交合同、新客户名单、接待记录、市场信息等;总结参展工作,如有何准备不足或工作不到位的地方,有哪些新发现和新启示,有哪些问题参展者本人无法解决,需要其他部门的配合等;开展市场分析,如市场前景、竞争态势、应对措施等。

11.1　客户资料的整理与分析

　　由于展会现场观众众多,洽谈时间相对有限,因此,展会期间,参展企业可以侧重对观众信息的搜集,以备展后跟进联系;展会结束后,参展企业应投入足够精力和时间对参展所获得的观众信息加以整理分析,及时做好客户跟进,以巩固及扩大参展成果。这个阶段就是展后客户资料的整理与分析工作。

11.1.1　客户资料整理与分析的作用

1)进行数据挖掘,以获得有价值的客户信息

　　展会的显著聚焦效应,使得大量的人流、物流及信息流在短时间内集聚,带来大量商机。信息爆炸也意味着信息匮乏,过多的信息也是工作效率低下的直接原因。参展企业在展会结束后及时对所获得的信息进行处理,并筛选出有效客户的信息,是先人一步抢占市场先机的关键步骤。

2)识别有效客户,进行有针对性的管理

　　识别有效客户并进行针对性的管理是企业获得成功的重要保证。客户可以分为正式客户、潜在客户和无效客户三大类。正式客户是指已经订购产品的老客户。潜在客户是指对产品有明确订购意向,需进一步跟进,确定一些细节即可订货的客户。无效客户是指在展会留下名片却没有实际采购需求,目的仅是收集一些资料的客户。

3)维护客户关系,制定市场应对策略

　　客户关系管理是一个长期的过程。发掘一个新客户的成本是维护一个老客户成本的 9 倍以上。因此,企业不仅要积极发掘新客户,更要维护好老客户,降低客户的流失率。通过客户数据的分析及跟进,参展企业能够更加具体地了解客户的需求,有针对性地采取策略。老客户对企业的发展至关重要,他们是业绩的保障,但是企业的展期工作重点一般放在新客户的开拓上。

4)分析客户价值,为参展决策提供依据

　　当面临众多的展会以供选择时,选择合适的展会参展成为关键。客户价值分析是参展企业选择合适的展会的重要依据。通过对客户价值的分析,参展企业可借此信息来衡量观众的质量,判断展会的价值含量,从而为未来的参展决策提供依据。

11.1.2　客户资料整理与分析的内容

1) 开展数据库建设

数据库建设是企业信息化建设的重要环节,是客户资料整理与分析的技术基础。建设一套完善的观众信息数据库,是提升客户数据整理效率的法宝;数据库积累的大量客户信息也将是企业最宝贵的财富。

2) 分类甄别客户

通过数据挖掘从海量数据中找出潜在的有效客户,并对其进行分类整理。具体可以按照行业属性将客户分为经销商、同行企业、行业人士等类型进行分类整理;按照所在区域对客户进行分类整理;按照客户价值高低进行分类整理。参展企业应根据企业自身的实际情况,在展会前事先制订观众分类标准,并在参展过程中有针对性地搜集客户相关信息。

3) 制定针对性的客户跟进策略

展会是参展企业和买家理想的交流与沟通平台,但要从信息沟通走向实际交易还需要一个有针对性的客户跟进过程。为了在展期初步沟通基础上真正达到贸易成交,参展企业应该在展会结束后,制定出有针对性的跟进策略,进一步跟进有效客户,特别是集中优势资源争取具有较高价值的客户。在客户跟进之前,应该查看客户网站进一步了解客户,大致了解客户的经营范围、历史、规模等信息,有针对性地推荐产品和维护关系,切忌拿着名片直接发邮件。对于客户需要的某些款式、目标价、采购数量等,应该在最短时间内回复处理。

4) 尽快做好客户数据的整理与分析

客户数据的整理与分析工作应该尽快完成。通常情况下,在展览结束后一周内就应该开始联络有意向的买家。专业观众信息的分类与整理工作应该在展会结束后 3 天内完成。在实际工作中,参展企业对于观众信息的整理并不是到展会结束后才开始。由于在参展期间有非常多的观众来访,因此,必须在信息技术的支持下每天进行客户资料和信息的更新与整理。要登记好邀约跟进记录表,包括客户提出的疑问、不满意解答的原因、本次邀约跟进总结(满意之处、待改进之处)、下次邀约跟进计划等。

不同的老客户和近期有订单的重点客户,要讲求跟进策略,注重效率。对于老客户和近期有订单的重点客户,其业务性质属于返单,跟进时应该争取在展会期间与老客户确定下单品项、数量等,形成采购订单、采购协议,并及时提供给客户,通过书面形式将客户的采购计划确定下来。对于有近期订单的客户,要作为重要客户跟进。对重要客户跟进日不仅要对公司网站、客户职位、邮箱、商标等名片信息进行整理,更主要的是对其经营范围、销售渠道、主要产品、公司规模、业务范围等公司信息进行深度研究。在一般情况下,他们会同时找其他供应商索取报价,所以参展企业应该争取第一时间报价,对于其需求和问题优先处理,抢占先机,获得优先考虑权。具体跟进策略从以下 4 方面展开(图 11-2)。

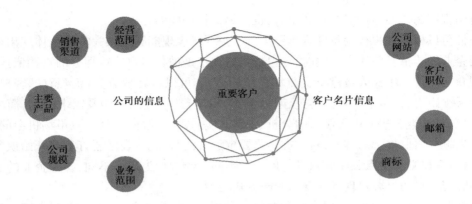

图 11-2　主要客户的信息搜集

①灵活调价。如客户提出价格偏高并且给出目标价,那么应该在最短时间内给客户回复是否能降价或达到目标价,否则可能失去机会。

②邮件+电话跟进。如遇在报价后没有回复,可以立即追发邮件。超过两天未收到回复,一定要电话跟进,这样才能清楚客户的想法,以免丢失潜在订单。

③紧追不放。有人可能觉得追得太紧不好,但考虑到展会期间客户收到的邮件报价极多,若能重复多发几次邮件,客户看到你邮件的机会就大大提高,也会让客户更重视你。所以,展后对重要客户应该紧追不放。

④重点突破。参加展览的企业代表一般为企业采购部门的管理者,甚至是企业高层管理者,不同身份的观众拥有不同的决策权限。因此参展企业要对具有决策权的专业观众进行重点突破,从而提升参展效益。

11.1.3　客户资料整理与分析的对象

1) 不同类型的客户

根据观众身份进行分类,我们可以把客户分为同行竞争者、中间代理商、终端消费者,以及一般观众。同行竞争者是来自与参展企业同属某一行业的客户,他们与参展企业构成竞争关系。在客户资料整理与分析方面,同行竞争者不是参展企业重点关注的对象。中间代理商是连接参展企业与终端消费者的服务机构,他们与参展企业构成合作关系。由于中间代理商能够较为高效地为参展企业打开区域市场,创造销售渠道,能够在较短时间内为参展企业创造经济价值。因此,中间代理商是参展企业需要重点关注的观众类型之一。终端消费者是参展企业产品或服务的最终用户,分为企业级终端消费者、个体终端消费者。由于企业级终端消费者一般需求量都很大,因此,参展企业与企业级终端消费者进行直接业务联系可促进销售实现,降低市场推广成本,获得较为理想的口碑效应。基于此,参展企业应该密切关注企业级终端消费者的需求,并力争与其建立有效的沟通渠道与业务联系。一般观众是指出于了解行业、观察市场、好奇心态前来参加展会的观众。对于这类观众,参展企业应该尽量获取名片,通过客户分析对能够成为潜在客户的一般观众做好后续跟进。参展人员应该把主要精力放在中间代理商、终端消费者身上,特别是中间代理商,同时要防范同行竞争者的情报行为。当然面对同行竞争者,也需要保持必要的礼貌。

我们可以根据客户行为特征进行分类。客户现场表现能够在很大程度上体现出该客户对参展企业的热情及关注度。同时,客户现场表现也是进行客户等级划分的重要依据之一。按照观众在现场与工作人员进行交流和洽谈的方式,可以将客户分为:仅观看的客户,对这类客户无须跟进;只留下名片的客户,对这类客户进行针对性的回访及需求问询;简单交谈过的客户,对这类客户需进行深入的分析,了解其实质需求,继而达到争取市场机会的目的;有采购兴趣并索取报价的客户,对这类客户要重点关注和维护;表示要订货并开始谈判的客户,对这类客户则需重点关注和跟进。但由于不同人士的行为风格不同,参展企业的工作人员也不能完全只通过客户现场表现来判断客户类型。

根据客户价值,我们可以把客户分为高价值客户、高潜质客户、无价值客户等。高价值客户是指那些具有很高知名度和行业影响力的大型采购商及供货商。通常可以利用“二八原则”来判断客户的价值。如果20%的客户带来80%的利润,那么这20%的客户就是企业最具价值的客户。高潜质客户是指有潜力发展为行业影响力大、经济效益好的客户。无价值客户是指无法为参展企业带来有价值信息或者经济效益的客户。

根据观众参展频率,我们可以把客户分为首次观展接触的客户、重复观展接触的客户、频繁参展接触的客户等。首次观展接触的客户是参展企业重点争取的对象,但要获得新客户需要付出较高的客户运营与维护成本,因此工作重点是了解其基本需求并尽可能获取跟进信息。重复观展接触的客户已有前期沟通与交流,易达成采购协议,工作重点是深化客户了解,加强客户关系的维护与管理工作,努力达成成交意向。频繁参展接触的客户则需要持续跟踪并力求达成其长期合作的价值与意愿,工作重点是发掘其频繁观展的原因和需求,并制定有针对性的沟通策略(图11-3)。

1.观众身份角度	2.客户行为特征角度	3.客户价值角度	4.观众参展频率角度
同行竞争者 中间代理商 终端消费者 一般观众	仅观看的客户 只留下名片的客户 简单交谈过的客户 有采购兴趣并索取报价的客户 表示要订货并开始谈判的客户	高价值客户 高潜质客户 无价值客户	首次观展接触的客户 重复观展接触的客户 频繁参展接触的客户

图 11-3　不同角度的观众的分类

2) 客户维护中涉及的信息类型

客户维护中涉及的信息类型主要包括客户基本信息、客户现场沟通情况信息、客户的抱怨及投诉信息。

客户基本信息也称为客户原始记录,是指观众的基础性资料。它是参展企业在展会获得的第一手资料。客户基本信息包括客户名称、代码、地址、邮政编码、联系人、电话号码、公司网址及邮箱、银行账号、使用货币、付款条款、发票寄往地、付款信用记录、客户类型等。参展企业需要制订出相应的客户登记表或数据库模板,用于客户基本信息的整理。客户基本信息还可分为静态数据、动态数据。静态数据,即客户的基本特征,如公司名称、公司地址、联系方式、主营业务等。动态数据,即客户的消费行为资料,如购买记录、历史消费记录、流失或转到竞争对手记录、与企业接触的历史记录等。

客户现场沟通情况信息是客户维护中涉及的很重要的信息类型之一。客户现场沟通情况是较为理想的区分客户的指标,能更有效地识别客户。为此,参展企业应该设计规范性的表格用于记录特定客户在展会中,与工作人员交流时的主要行为特征,如展台的停留时间、与工作人员沟通的时间、感兴趣的产品、前往展台的次数等。

客户的抱怨及投诉信息是客户针对企业产品或现场服务提出的抱怨或表示的不满。展台工作人员应该详细记录客户的抱怨及投诉信息,并提出展后的跟进建议,通过真诚对待来提升客户满意度及忠诚度。

11.2　客户跟进方式与策略组合

11.2.1　客户跟进方式与渠道

1)低参与度的信息跟进

低参与度的信息跟进主要是指在客户的维系与管理过程中,不需要客户进行相应回复及反应的跟进方式。其优点是对客户的正常工作与生活干扰较小。常见的低参与度的信息跟进方式有直接邮寄、图文传真、短信平台、网络平台、电子邮件等(图 11-4)。

 低参与度的信息跟进

不需要客户进行相应的回复,干扰度小。

- 直接邮寄
- 图文传真
- 短信平台
- 网络平台
- 电子邮件

 中参与度的互动跟进

对客户有一定干扰和影响,要做好充分准备。

- 电话联系

 高参与度的直接跟进

成本大,沟通效率高,成交概率大,一般面向重要客户。

- 登门拜访

图 11-4　客户跟进方式与渠道

①直接邮寄。直接邮寄通过实物信件向客户传递企业信息及贸易意向,帮助客户更进一步了解参展企业的具体情况,建立信任关系。邮寄的内容包括企业资料、产品信息、产品样品,以及贺卡、生日卡、祝福卡、小礼物、活动邀请函、参观券等。虽然直接邮寄属于较为传

统的客户跟进方式,但是效果良好,其地位目前仍然无法被取代。

②图文传真。图文传真在商务领域内的应用十分普及,其信息传递效率较高,能够实现个性化定制,并且对于技术及设备要求不高,只要拥有传真设备就可以实现信息的互动与交流。虽然互联网技术的发展对图文传真发展产生了较大的冲击,但作为较正式的商务联络方式,图文传真仍然是商务领域的重要联系方式。利用图文传真进行客户跟进,要注重信息的完整性与清晰性;要表现出良好的专业素养,为后期的互动环节做好准备。在客户跟进时,如有客户要求传真公司的产品基本资料时,需要第一时间整理好产品基本资料,并附上后期的联络方式传真给客户。当传真发出之后,要及时跟客户确认是否收全、有无遗漏、是否清晰、是否完整等,这样增加了交流机会,增进了彼此了解,有利于交易达成。

③短信平台。短信平台跟进是指利用短信服务平台的优势与特点,在较短的时间内具有针对性地发出大量信息。短信平台一般用于普通信息的发布,具体形式包括短信提醒、短信通知、短信问候等。短信的特点是既能及时有效地传递信息,又不需要接收者当即做出回答;对接收者打扰很小,比较含蓄,比较符合中国人的心理特点。利用短信平台进行信息发布具有高效、经济、覆盖面广等特点,但也易造成客户的反感甚至投诉。因此要掌握好度,不宜太过频繁。

④网络平台。网络平台跟进具有信息量大、形式丰富及目的性强等特点,适合根据客户的个性化要求进行信息定制。在电子商务日渐兴盛的时代,网络平台跟进具有广泛的应用前景。网络跟进的方式主要有3类:构建完善的网络服务平台,为潜在客户提供较为充分的信息及服务;借助多媒体技术,将企业或产品有关的文字、图片、动画、视频等要素展示于客户面前;利用社交媒体工具,如微信朋友圈等传递信息。

⑤电子邮件。电子邮件跟进是指采用电子邮件与客户互动跟进,推进交易的达成。联系客户的电子邮件要注意单独发给客户,要有针对性,不要群发;重点客户重点联系,优先联系;邮件中需保留上次邮件沟通的内容;如有与客户在展会中合影,则在附件处添加。

回复客户的电子邮件前需要认真阅读客户的邮件,在掌握客户的真实想法基础上及时复信。在这个过程中,往往会涉及报价的问题,这时应注意报价单的制作技巧:第一,报价单命名宜用"报价单+客户名字+日期"。这样命名的好处是让客户认为这是专门为他做的报价单,同时便于自己能够快捷地找到这份报价单。第二,报价单顶端左侧为公司的 Logo,右侧为公司名称及联系方式。第三,报价单具体内容包括产品名称、图片、单价、特征、规格及包装方式等,底端为一些条款。再次跟进的电子邮件,如果客户对公司的产品及价格比较满意,则要引导对方订购产品,比如询问订购的数量、时间、交易条件等来引导客户进入正题。如果发出电子邮件,客户没有反应,则隔几天后再发一封与上次有所变化的邮件。如果客户仍旧没有回复,则需要考虑一下客户是否对你的产品感兴趣。频繁地发邮件会引起客户的反感,因此在接下来的邮件中可加上"如果贵公司不希望收到此类邮件,请回复告知"的话语。

2) 中参与度的互动跟进

中参与度的互动跟进主要指采用的跟进方式对客户正常的工作有一定的影响,但是影响程度相对较低,因此采用该类客户维护方式,需要经过充分的准备。

较为常见的中参与度的互动跟进方式主要是电话跟进。电话是较为直接的人际交流方式,但在骚扰电话严重困扰人们生活的当下,这种方式被回绝和拒接的可能性很大。因此,在利用电话进行沟通时需要:应尽量考虑客户的工作行为模式与习惯,避免因为电话而干扰对方的正常工作;应尽可能选择拥有丰富的沟通技巧、较强应变能力、较深行业知识和素养、经过良好训练的人员;精心设计电话沟通的语言及流程,特别是设计出通过简短开场(一般不超过 30 秒)激发客户兴趣的高效交流方式;深化对客户信息的熟悉程度,这也会在很大程度上影响电话跟进的效果。

3) 高参与度的直接跟进

高参与度的直接跟进主要是指登门拜访,与客户进行面对面交流。登门拜访能够有效地了解客户需求,并且能够通过观察获得更多的客户相关信息,是成功率最高的一种客户跟进办法。但登门拜访的成本相对比较高,且较为耗时,此外还需要有事先的沟通作为基础。因此,比较适合相互之间有一定了解的客户。

对展会期间表示出浓厚兴趣的重要客户,参展企业应该尽量争取登门拜访的机会。需要注意的是,登门拜访的人员需要掌握一些技巧和方法,如要掌握基本的拜访礼节、注重自身形象、关注拜访对象、找好拜访理由、细心观察客户办公室摆设及风格、了解客户习惯、通过现象来分析客户,以及查看公司实力等。

11.2.2　客户跟进的策略组合

客户跟进,应该采用 8P 策略组合,即制订参展规划(Planning)、加强企业推广(Promotion)、参展员工培训(People)、管理流程制订(Process)、客户需求探寻(Probe)、提供优势价格(Price)、高效产品创新(Product)、尊重客户个性化(Personality)。

1) 先期关注阶段的 2P 策略组合

制订参展规划(Planning)。制订参展规划是参展企业明确参展目标及期望的必要环节。参展企业在正式与展会客户接触前,必须要明确企业自身的参展定位与期望,如企业参展的目标、企业参展的规模、企业参展的资源投入等。制订参展规划能够有效指导后期的客户跟进和关系管理,在很大程度上决定着客户关系管理和跟进的方法与成效。

加强企业推广(Promotion)。参展企业应该采取适当措施以提升企业的行业知名度及市场关注度,从而更好地在展会现场吸引更多的人流量。为此,利用适当的渠道和方式在展会前期增加企业的曝光度,吸引相关潜在客户的关注是十分重要的。企业推广有多种方式和渠道,如策划企业事件并配合适当的媒体宣传;在展会现场招贴广告,以及在会刊页面刊登广告或进行专题报道。

2) 直面关联阶段的 3P 策略组合

参展员工培训(People)。展会现场工作人员的谈判能力、沟通能力、协调能力非常重要。企业应该通过持续性的培训来提升参展员工的综合素质,大力加强对员工在专业素养、礼仪形态、语言表达、观察能力等方面的培训,力求培养出经验丰富、沟通能力较强的员工作为参展主力。

管理流程制订(Process)。为了更好地管理客户,参展企业应该制订出完善的现场管理流程,做好客户接待工作,以及客户信息记录工作的规范化管理,以保证重要客户信息被记录。参展企业的展会现场客户接待流程表、客户接待信息登记表、客户行为登记表等表格应与企业的客户信息管理系统协调对接,以便企业更好地进行客户信息化管理。

客户需求探寻(Probe)。客户需求是客户跟进的重要依据,因此,参展企业不仅要在现场工作中获得足够的客户信息,还要对客户信息进行深入分析,找出客户的特征和真实需求,促进交易达成。参展工作人员通过交谈、观察、信息分析等方式深入挖掘客户的潜在信息,并在此基础上对客户进行分类与整理。参展企业可以在展台区域设置视频监控点,利用行为观察法分析客户行为,深度探寻客户需求。

3) 兴趣激发阶段的 2P 策略组合

提供优势价格(Price)。具有竞争力的价格是最为直接有力的竞争工具,是吸引潜在客户的关注并最终留住客户的首要前提。参展企业无论是在展会举办过程中,还是在展览结束之后,都需要根据市场的竞争态势制定出相对灵活且具有竞争力的价格策略。

高效产品创新(Product)。潜在客户的需求多种多样,参展企业在迎合潜在客户多样化需求方面应该具备高效的产品创新能力。参展企业的现有产品体系不一定能够满足所有潜在客户的需求,但是作为优秀的参展企业,应该能够在企业现有资源的基础上,快速地分析潜在客户需求并提供有针对性的解决方案。为此,参展企业的研发部门最好能够跟进参展工作,为潜在的重要客户快速设计出针对性较强的创新产品,这样必定能够产生较显著的效果。

4) 深入了解阶段的个性化策略

尊重客户个性化(Personality)。首先要注重直观性。深入了解阶段双方的需要是建立坚实信用的基础,因此该阶段的主要策略包括寄送样品、邀请潜在客户进行商务访问等,以帮助潜在客户更加直观地掌握自己所关注的信息。其次要重视方便性。买卖双方相互之间的深入了解需要挑选合适的时间,较为常见的时间段是在展后一周到两周,并且需要尽量选择工作日中的非繁忙时段,一般来说,周二至周四较佳。最后要强调亲情化。尽管展后客户的跟进是参展企业的商务活动,在增进双方了解时,还需要注重利用情意和诚意来打动客户,对待客户不要一味着眼于生意与工作,从生活等侧面进行切入,有时效果更佳。

为了更好地做好展后跟进,展中就应该为展后工作做好铺垫,有经验的参展企业通常会抓紧展会闭幕后到离开展出地之间的宝贵时间,进行商务考察,拜访新结识的当地客户。这既是为了第一时间抢在竞争对手之前做跟进工作,也是为了加深潜在客户对参展产品和服务的印象。否则,企业通过展期收集到的名片联系客户,发出去的邮件会石沉大海。即便有一些主动咨询的邮件,认真回复后也有可能没有下文,销售订单转化率很低。因此,在展中必须考虑到这两个问题:如何在展期内识别有效客户? 如何在展会上众多的参展企业中脱颖而出,让只有一面之交的买家印象深刻? 只有这两个问题解决好了,才能有效地通过展后跟进,将潜在客户转化为现实客户,并建立长久的合作伙伴关系。

同时,持续性跟进是保持和实现长期合作关系的重要手段,是客户关系管理的基本要求。客户跟踪次数与销售额比例呈明显的正相关关系。随着跟进次数的递增,销售额比例直线上升(表 11-1)。

表 11-1　客户跟踪次数与销售额比例的关系

销售额比例/%	客户跟踪次数	备注
2	0	第一次接洽就成交比例较低
3	1	第一次跟踪后成交
5	2	第二次跟踪后成交
10	3	第三次跟踪后成交
80	4~11	持续性跟踪产生的效果

11.3　参展客户关系管理策略

11.3.1　参展客户关系管理

所谓参展客户关系管理(Customer Relationship Management,CRM)就是要在全面了解客户的基础上,通过企业内部的资源整合,对客户提供创新服务,与客户建立互利、互信和合作双赢的关系来促进企业长期稳定发展。它是指参展企业通过收集客户信息,在分析客户需求和行为偏好的基础上,积累和共享客户知识,并有针对性地对不同客户提供个性化的专业服务,以此来培养客户对企业的忠诚度,实现企业与客户的合作共赢共荣。

参展客户关系管理体现的是"以客户为中心"的核心理念。参展企业销售的产品是服务,高质量的服务必须以客户为中心,个性化地满足客户的需求。因此,从企业整体的战略高度上看,参展客户关系管理是一种现代企业经营管理战略。这种战略强调"以客户为中心",将客户视为和企业的设备、资金一样重要的企业资产。参展客户关系管理不仅是市场和销售部门的事,也是技术支持和后勤服务部门的事。CRM 应用软件系统只是一种应用工具和手段。而"以客户为中心"的服务思想是核心与关键。从企业营销策略上看,参展客户关系管理是一种"以客户为中心"的企业营销战略。通过对客户的有效识别,发展与特定客户之间的良性、长期和有利可图的关系。同时,由于不同的客户具有不同的价值,参展企业的个性化营销策略的重点是那些对企业价值最大的客户,必须用差别化的措施,最大限度地满足他们的个性化需求。另外,从参展企业技术支持的微观层次上看,参展客户关系管理意味着一套基于数据库、互联网、计算机联机数据分析处理、数据挖掘和聚类分组算法等信息技术而形成的 CRM 应用软件系统(图 11-5)。

业务操作管理系统

将参展企业的市场、销售以及客户服务等工作利用信息系统进行整合。

客户合作管理系统

针对企业与客户接触的各环节,获取、传递、共享、使用客户信息以及对客户管理的渠道进行信息化处理。

信息技术管理系统

对CRM的硬件设备、系统软件以及应用软件进行管理。

数据分析管理系统

向企业提供经营决策的相关支持。

图 11-5　CRM 的基本框架

11.3.2　参展客户关系管理相关概念

1) 客户关系生命周期的阶段

客户关系生命周期可分为 5 个阶段。

(1)关系培育阶段

针对客户需求采取有效的营销手段来吸引他们对企业产品和服务的注意,使目标客户逐步对企业产品和服务产生一种认知。在关系培育阶段,企业要做好产品和服务的宣传推广等营销工作,提升潜在目标客户对企业产品和服务的认知。

(2)关系确认阶段

客户通过对购买企业产品和服务所期望获得的价值及准备付出的成本进行评估,决定是购买该企业还是其他企业的产品和服务。客户一旦购买了企业的产品和服务,则与企业之间的关系就得到初步确认。在关系确认阶段,企业要提高企业产品和服务的效果,满足客户需求,增加客户价值。

(3)关系信任阶段

客户刚开始采用某一个企业产品和服务,很多时候可能是出于一种尝试,即他们对企业产品和服务还并不是特别信任,他们必须通过自己的亲身经历来增强自己对企业产品和服务的判断:该企业产品和服务是否值得购买?如果购买几次企业产品和服务以后,客户已经完全信任该企业产品和服务能满足自身的需要,那么他们就会成为企业的忠实客户,企业与客户之间的信任关系就得以建立。在关系信任阶段,企业要跟踪客户的需求变化,及时采取措施满足客户变化的需求,保持信任并延长信任时间。

（4）关系弱化阶段

客户的需求和购买产品及服务的目标是随着时间的变化而变化的,除非企业能不断创新以满足客户的需求,否则客户在购买企业产品和服务几次之后必然会发现其对自己已经没有吸引力,抱怨购买企业产品和服务的所得很小而成本很大。这时,他们对企业产品和服务就会由信任而改变为不信任。一旦客户对企业产品和服务产生不信任,客户与企业的关系就将开始弱化。在关系弱化阶段,企业要采取措施消除使客户不满的因素,重新赢得客户的信任。

（5）关系消失阶段

一旦客户与企业的关系开始弱化,如果不及时采取补救措施,那么该关系就会继续弱化,当这种弱化的客户关系达到某一个客户不能容忍的临界点时,客户就将不再购买该企业的产品和服务。这时,客户就会流失,企业与客户的关系就会基本结束。如果企业采取过挽留措施之后,客户还是难以挽回,那么,企业就将失去该客户,企业与客户的关系就会消失。在关系消失阶段,企业要继续进行客户挽留或在流失后继续联系,有针对性地改进企业产品和服务,尽量消除客户流失给企业带来的不利影响,通过创新继续保持本企业的产品和服务的吸引力和竞争力。

可以说,客户关系生命周期是指企业与客户的关系所能维持的时间。对于新客户,其对企业的产品和服务一般都会有一个从不信任到信任、从不熟悉到熟悉的过程;对于老客户,他们对企业的产品和服务也会有一个从信任到不信任、从熟悉到陌生的过程。客户从对企业产品和服务的不信任到信任,从信任到不信任的过程,就是客户关系生命周期的变化过程。延长客户关系生命周期是参展客户关系管理的重要任务之一。

2) 客户满意

客户满意是指客户购买企业产品和服务后对企业的综合满意程度。参展企业必须把满足客户的现实需求和潜在需求作为企业发展的重要组成部分,并在产品和服务提供的各个环节中尽可能地满足客户的需求。同时,企业还要及时跟踪研究客户对产品和服务满意度的变化,并据此改进服务、研究定位、调整业务流程,以稳定老客户,赢得新客户。

客户满意度是客户在购买企业产品和服务前对购买企业产品和服务的期望,与其在购买企业产品和服务后对企业的实际感受的吻合程度来决定的。基本公式为:客户满意度＝购买企业产品和服务的期望所得－购买企业产品和服务的实际所得。

"购买企业产品和服务的期望所得"是客户在购买企业产品和服务前,根据种种信息而对其产生的期望,或者说是客户认为自己购买企业的产品和服务能够实现的利益;"购买企业产品和服务实际所得"是客户购买企业的产品和服务后的真实所得,即他们购买企业的产品和服务而得到的实际利益。如果前者大于后者,客户就不满意;如果前者与后者基本吻合,客户就基本满意;如果前者小于后者,客户不仅会感到满意,而且还会产生意外的惊喜。参展企业对客户满意度的追求目标不是客户基本满意,而应该是"客户惊喜",即努力使客户购买企业产品和服务的实际所得大于其期望所得。

客户满意度与客户期望紧密相关。参展企业对产品和服务的宣传推广是客户期望值形成的重要信息源,尤其是在客户对企业产品和服务的了解还不多的时候,这些信息能极大地影响客户期望的形成。例如,参展企业言过其实地宣传自己的产品和服务,结果必然会导致客户产生过高的期望,等到客户购买企业的产品和服务,发现自己上当,由此也必然产生不满;如果参展企业实事求是地宣传自己的产品和服务,客户对企业产品和服务产生的期望必然与购买企业的产品和服务的实际所得相接近,客户就会对企业基本满意;如果参展企业在宣传自己的产品和服务时有意识地留有余地,客户购买企业的产品和服务后,必然发现自己的所得超出当初参展的期望,他们岂不喜出望外。有鉴于此,参展企业可以有意识地调整自己的宣传推广策略,引导客户对自己产品和服务形成适当的期望值。参展企业对自身产品和服务的宣传切不能言过其实,并且只宣传自己能办到的事情,一旦对外宣传就务必兑现承诺。

企业必须深刻理解客户对产品和服务的期望,以及客户购买产品和服务的不同需求,理解客户对产品和服务满意的不同层次。通常,客户在采购买产品和服务时,鉴于以往的参展经历和采购经验,往往会事先认为应该理所当然地获得某些收益、享受到某些服务;购买企业的产品和服务以后,即使这些收益和服务得到满足,客户通常也只是基本满意,他们并不会感到特别满意。同样,大多数参展企业并不能让客户特别满意,因为他们的工作往往按部就班。如果每件事情都按部就班,那么企业为客户所做的可能就是不够的。只有超出客户的期望,让他们惊喜,才能在激烈的市场竞争中高人一等。所以,企业必须为客户提供与众不同的个性化服务。

3) 客户关系的营利性

客户关系的营利性是指在客户关系生命周期里,客户能给企业带来收益的可能性。并不是所有的客户都能给企业带来利润。客户关系到底能不能赢利,取决于客户关系给企业带来的价值和企业发展该关系所付出的成本之间的差额。基本公式为:客户关系的营利性=客户关系给企业带来的价值-企业发展客户关系所付出的成本。

客户关系能给企业带来 4 个方面的价值。

①经济价值。即客户能直接带给企业的经济效益,主要表现为其经济营利性。经济营利性是所有商业性企业在考虑客户关系时首先考虑的因素,因为,如果客户不能给企业带来利润,也就失去了经济价值这一根本价值。

②示范价值。即某一特定客户购买企业的产品和服务后,给行业带来的示范效应。在每一个行业里都有一些大的知名企业,这些企业的一举一动深受行业同行的关注,如果这些企业购买某个企业的产品和服务,则可以带动一大批企业跟进;如果这些企业不购买某个企业的产品和服务,将极大地影响其他企业购买该企业的产品和服务的积极性。

③推荐价值。即某一特定企业购买某个企业的产品和服务后,向行业同行进行的口碑传播作用。有些客户在购买企业的产品和服务后会充当推荐人的作用,积极向同行推荐该产品;有些客户则相反,他们会积极劝告同行不要采购该产品。

④能力价值。即企业通过维持与该客户的关系而从他们身上学到和吸收自身缺乏的知识的价值。例如,有些客户经常参加世界各地的展会,他们会将别的企业好的做法告诉本企业,帮助本企业改进参展思路和方式;有些客户对行业了解很深,他们能给企业提供很多良好的改进建议等。

可见,不同的客户给企业带来的价值是不同的,即使是同一客户,给企业带来的价值也不是唯一的。企业发展客户关系不能只着眼于经济价值，还要兼顾示范价值、推荐价值和能力价值，这在企业的大客户管理方面表现得尤其突出。这些大客户往往具有极大的行业号召力，他们的示范价值很大。还有一些客户，如行业专业杂志和行业协会，企业在他们身上基本无利可图，但他们的推荐价值和能力价值却很大。

企业发展客户关系所需付出 3 种成本：

关系的初始投入成本。即企业与客户建立起最初关系所耗费的成本，它主要花费在客户关系的培育阶段。

关系的维持成本。即客户关系建立后，企业为持续维护和培育该关系所花费的成本，它主要花费在关系的确认阶段、信任阶段和弱化阶段。

关系的结束成本。企业与客户的关系结束时，企业并不是就对客户置之不理，而是要对客户施加积极的影响，以免客户给企业散布负面的影响。企业为此而花费的成本是关系的结束成本，它主要发生在客户关系的消失阶段。

从长期看，只有能给企业带来赢利的客户关系才是值得延长的客户关系。客户关系的营利性反映的是该关系主体能给企业创造利润的能力。影响关系营利性的主要因素包括：客户购买企业的产品和服务频次、客户消费能力、客户消费份额、协议价格、生产成本、关系策略、客户忠诚度等。

11.3.3　开发新客户

1) 开发新客户基本步骤

开发新客户基本步骤分为 3 步。

第一，在目标市场中寻找潜在客户。

参展客户关系管理的新客户开发方法是：通过市场细分选定特定的目标市场，经过特定的渠道收集目标客户资料，然后将这些资料输入客户数据库，通过聚类分组将客户按需求分成不同群体，再通过数据挖掘技术，从大量的数据中发现有用的信息，寻找企业的潜在客户。

第二，与潜在客户沟通。

与潜在客户进行卓有成效的沟通是将潜在客户转化为现实客户的第一步。他们最终是否认可我们的产品，并成为我们的新客户，还需要我们与潜在客户进行有效的沟通。

第三，将潜在客户转化为现实客户。

企业还要通过各种营销手段将产品的有关信息传递给潜在客户，以便促使他们向企业现实客户转化。企业必须站在客户的角度考虑问题。一方面，企业可以借助于 CRM 软件系统仔细分析客户的需求和欲望，跟踪客户的动态，了解客户的采购决策阻力；另一方面，企业可以根据已经掌握的客户信息制定有针对性的营销和客户沟通策略，促使潜在客户认知和接受企业，成为企业的现实客户。

为了更好寻找潜在客户，需要从以下几方面入手。

确定目标市场。根据产品用户特征，经过细分市场确定目标客户的范围。

收集客户信息以编制客户数据库。确定目标客户范围以后，可以通过行业企业名录、商会和行业协会、政府主管部门、专业报刊、同类展会、外国驻华机构、专业网站、电话黄页、朋友熟人和社会行业知名人士搜集企业目标客户的具体信息。

通过聚类分组和数据挖掘技术找到潜在客户。我们可以借助于 CRM 软件系统的帮助，先通过将客户进行聚类分组来分析、统计和归类客户的行业属性、所需产品特性和需求特点，然后通过数据挖掘技术筛选出符合企业产品定位的潜在客户，并将他们作为企业开发新客户的来源。

2) 与潜在客户沟通

与潜在客户沟通，需要讲求策略，做好有针对性的客户沟通，提升跟进效率。

确定与谁沟通。沟通的第一步是首先要弄清楚我们将与哪类客户打交道，也就是说，要按照产品定位的需要，将经过上述筛选的客户进行再分类：他们哪些是潜在的客户？潜在客户需要采购什么产品？这些潜在客户分布在什么地方？有什么特点？

确定预期沟通目标。要有计划地一步一步实现我们的沟通目标。在与客户进行接触交流的时候，有 5 个阶段的反应过程：知晓、认识、接受、确信、采购决策。只要我们每次接触都能达到上述 5 个目标中的一个，这个潜在客户就有可能最终转化成为我们的新客户。

设计好沟通信息。沟通要想达到预期的目标，就必须根据产品的优势和特点，结合客户的需求来精心设计沟通的信息。对于那些理性诉求倾向较强的客户，我们的信息应该着重描述产品的优势、特点，以及能给客户带来什么样的利益；对于那些情感诉求倾向较强的客户，信息设计就应努力激发起客户的某种特定情感；对于那些道德诉求倾向较强的客户，信息设计就应利用客户的道德感来强化他们购买本产品的理由。

选择合适的沟通渠道。要根据潜在客户接收信息的渠道偏好来选择合适的沟通渠道，可以多渠道同步与客户沟通。对于一些重点客户，面对面的沟通是非常必要的。同时，要特别注意沟通的连续性和一致性，沟通的信息在实体上和心理上要彼此关联。通过不同渠道沟通的信息要遵从产品定位的统一要求，要采用统一口径和企业 Logo，要有统一的客户利益主张和企业定位诉求。只有这样，才更有利于与潜在客户进行有效的沟通（图 11-6）。

有针对性的跟进技巧

 1 暂时不需要下单的客户

跟进技巧：
关心客户生产经营情况，实时通报产品动态，保持联系。

 2 不及时回复邮件的客户

跟进技巧：
通过继续发送新产品样式或者新报价的方式来保持联系，让买家对产品留有印象，即使暂时不需要产品，日后也有可能发展成客户。

 3 讨价还价的客户

跟进技巧：
可根据具体价格情况回复客户，或通过询问客户订单量大小来做可能范围内的让步。

 4 可能暂时不需要产品，但会问其他产品或者具体咨询一些与产品相关的问题

跟进技巧：
根据公司的实际情况积极回复，提供专业建议，暂时不能成为客户也可以先做朋友，期待以后的合作机会。

图 11-6　针对性的跟进技巧

3）促进潜在客户向现实客户转化

重视客户的需求。必须从客户的需求出发,强调产品的特点和品质与客户需求之间的一致性;在与客户沟通时,要对潜在客户的采购需求、客户的个性品位、客户对产品的评价标准等进行充分了解,根据这些信息制定营销和沟通策略。

完整地传播产品信息。企业可以通过精心策划产品的营销,以及多渠道和多途径的营销来完整地向潜在客户传播产品的信息,使潜在客户对产品有一个全面而完整的认识,从而促进他们采购。

尽量降低客户的成本付出。客户采购产品的成本不仅仅包括货币支出,还包括客户为此而付出的时间成本、精力成本和心理成本。因此,尽量要考虑到客户各个方面所要付出的成本,并尽量降低客户的成本付出。

重视与客户的每次接触。企业与客户的接触通道包括人员接触和媒体接触两种。对于不同的客户,企业可以选择不同的接触通道。针对以媒体接触为主的客户,企业首先就要了解客户的媒体接触习惯和类型;针对以人员接触为主的客户,企业要选择合适的接触地点、时间和方式,强化接触的主题。不管以哪种通道与潜在客户接触,企业都要解决两个重要问题:最能影响潜在客户信息传递的关键通道是什么? 最能影响潜在客户采购决策的关键通道是什么?

了解客户的采购决策阻力。在潜在客户准备采购的决策过程中往往会遇到各种阻力,这些阻力可能来自经济方面,也可能来自社会、时间、心理和竞争者的影响等其他方面,它们影响着潜在客户的采购决策。企业要及时了解潜在客户所面临的采购决策阻力,做好客户意见收集和整理分析工作,并及时采取措施。对企业的营销和客户沟通策略进行有针对性的调整,尽量消除潜在客户的采购决策阻力,促使他们采购。

尽量提供采购决策便利。由于多数潜在客户没有采购企业产品的经历,他们对如何采购企业产品,如何办理各种采购手续,如何解决参观展会期间的食、住、行等问题基本不了解。企业要站在潜在客户的角度考虑如何解决这些问题,并将解决这些问题的方案信息传递到潜在客户手中,以便让他们以最便捷的方式进行采购。

11.3.4 留住老客户

忠实的老客户是企业最为有价值的资产。开发一个新客户比留住一个老客户的成本要高出许多倍,而一个老客户为企业所带来的利润比一个新客户要高出许多。因此,留住老客户比开发新客户更重要。

1）客户容忍的范围

企业与老客户之间的很多互动和交往经常发生在一定的范围里,时间一长,双方对这些互动和交往中的许多做法就习以为常,它们也就成为彼此今后交往和互动的惯例。若企业的服务和收益都在这个范围,客户就基本接受该企业;若企业的服务和收益低于这个范围,客户就不能接受;若企业的服务高于这个范围,客户就会获得意外的收益和惊喜。这里的范围就是客户"容忍的范围"。从本质上讲,客户"容忍的范围"代表着客户购买企业的产品和服务过程中所隐含的一系列期望。这些期望的产生,与客户认为的企业提供的必要服务和收益,以及客户购买企业的产品和服务所获得的意外服务和收益有关,这两者之间存在的区域就是客户容忍的范围。

客户对企业不满意,往往是因为他们采购企业产品所实际享受到的服务和获得的收益低于某一个特定的合理界限,即他们潜在的收益期望,这是他们所不能容忍的。相反,客户对企业基本满意,是因为他们采购企业产品所实际享受到的服务和获得的收益基本符合他们潜在的收益期望,这是他们可以容忍的。

2) 识别正在弱化的客户关系

企业与很多客户的关系处于不断变化之中。一旦企业与客户之间的联系或沟通出现什么意外,这些脆弱的关系就可能弱化。正在弱化的客户关系是客户准备从企业流失的前兆。企业必须定期评估自己与特定客户之间的关系是否健康,定期为企业的客户关系把脉。通常,当一个客户关系开始弱化或者出现裂痕时,它往往会显现出某些信号。企业的客户管理人员要善于识别这些信号。

客户关系弱化的显著信号是:客户参展面积减少;客户投诉增多;客户对企业的不满增加;客户与企业的接触减少;客户觉得自己受到了不公正的待遇。一旦发现某个客户与企业的关系正在弱化,在采取挽救措施之前,企业还必须慎重地分析该关系的价值,判断是否需要通过努力挽救这种关系,还是让该关系继续衰退直至消失。分析该关系的价值,要弄清楚下述问题:挽救并修复该客户关系对企业有多重要? 如果成功挽救了该关系它能给企业带来什么回报? 要挽救该关系并得到该回报企业需要付出什么? 什么样的策略才可以挽救并加强该关系?

弄清这些问题所需要的信息,一部分可以取自客户关系管理数据库,另一部分需要企业工作人员的亲自调查。面对正在弱化的关系,只要企业留住一个老客户的边际成本低于获取同样条件的一个新客户的边际成本,那么就应该采取有效措施对其进行挽救。否则,企业可以决定终止该关系。要终止该关系,除了要确认终止该关系对企业基本无伤害外,还应该确保终止该关系不会影响和威胁企业与其他有价值的客户的关系,也不会影响企业的口碑。

3) 赢返流失的客户

流失的客户类型可分为企业有意摈弃的客户、需求无法满足的客户、被竞争对手吸引的客户、低价格寻求型客户、条件丧失型客户、服务流失型客户等。一般而言,即使暂时有客户流失,企业也不会立即放弃该客户,而是会继续跟踪该客户,并希望通过努力赢返他们。对于流失的客户,企业要赢返他们,既有优势又有困难。优势在于企业已经拥有该客户的大量信息,可以很方便地分析出该客户的特征和偏好;困难在于企业要重新树立该客户对企业的信心。

并不是所有的流失客户都值得赢返。企业希望赢返的客户主要是需求无法满足的客户、被竞争对手吸引的客户和服务流失型客户3种。如果企业认为他们值得赢返,就要注意倾听他们的意见,处理好他们的投诉,并针对各客户的特点制订客户接触计划,促使流失客户赢返。在与流失客户的沟通中,要特别注意对他们流失原因的回应,要消除他们对以前促使他们流失的原因存在的担忧,增强他们对企业的信心。

赢返流失客户的策略包括:①健全产品功能,改善产品服务。产品独特的功能和良好的产品服务对客户最具有吸引力,这也是企业的核心竞争力,企业健全产品功能和改善产品服务能赢返大批流失的客户。②寻求与客户建立某种社会连接。企业将客户购买企业的产品和服务赋予一种社会责任,让客户与企业之间建立起一种超乎商业关系以外的,更为亲近的关系,客户会将购买企业的产品和服务视为自己的一种必然。③寻求与客户建立某种结构连接。例如,与客户建立一种合作伙伴关系,或者提高客户退出关系的转换成本,将客户的发展和企业的兴旺紧紧捆在一起,客户就不会轻易流失。

企业也可以采用降低价格的办法赢返流失的客户。虽然降价策略常常会被参展企业采用,但是采用这种办法,企业需要特别考虑和平衡忠诚客户的感受和利益,同时把精力放在产品的核心优势和服务的提升上。

4)增加客户价值

增加客户价值最基本的方法有两个方面,一方面是积极提高客户感知的价值收益,另一方面是千方百计降低客户感知的成本支出。企业最终是否为客户创造了更多的价值并不是由企业说了算,客户才是最终的评判者。只有客户才能判定企业所采取的各种措施是否为自己增加了价值。要为客户创造更多的价值,企业首先必须了解客户的需求和期望,然后有的放矢,对症下药,这样才能真正地给客户增加更多的价值,才有利于留住老客户。

①提高客户感知的价值收益。第一是提高产品本身的价值,即健全产品的功能,提高产品的品质,完善产品的品牌形象,突出产品的优势和特色,提高客户的采购需求。产品本身的价值是客户价值的第一构成要素,是客户购买企业产品和服务的核心价值所在。第二是改善产品的服务。产品服务一定要为客户量身定制,如为专业买家提供有针对性的解决方案。第三是提高人员价值。加大对企业工作人员和服务人员的培训,使他们在语言、行为、服饰、服务态度、专业知识、服务技能等方面得到提高,让客户满意。第四是提高企业形象的价值。良好的企业形象可以降低客户的采购风险,增强其购买企业产品和服务的信心,使客户获得超出购买企业的产品和服务所获收益以外的社会收益和心理收益。第五是增加个人价值。通过企业开展相关活动等手段,增加客户个人知识和社会阅历,为他们扩大社会关系网络提供平台。

②降低客户感知的成本支出。第一是降低客户购买企业产品和服务的货币成本。企业可以帮助客户降低运输费、人员费和相关宣传费用。第二是降低客户购买企业产品和服务的时间成本。对重要客户购买企业产品和服务的时间安排提出合理的建议,尽量帮助客户合理安排好其花费在购买企业产品和服务上的时间。第三是降低客户购买企业产品和服务的精力成本。尽量为客户着想,帮助和指导客户安排好交通、住宿、吃饭、安全等问题,节省客户为了解决这些问题而花费的时间和精力。第四是降低客户购买企业产品和服务的心理成本。企业可通过营销和人员沟通等手段降低客户对购买企业产品和服务可能面临的各种风险的担忧,通过良好的现场布置降低展区内的噪声和拥挤对客户造成的影响,使客户购买企业的产品和服务时心情舒畅。

5) 与客户合作双赢

与客户建立合作伙伴关系,形成企业与客户共荣和双赢的局面,是参展客户关系管理的终极追求,也是企业长期稳定健康发展的客观需要。通过参展客户关系管理,经营好客户这一核心资产,必将为企业的持续快速发展开辟出一条捷径。

成功的参展客户关系管理是通过各种客户工作,使客户自愿与企业结成合作伙伴关系,最终实现企业与客户的合作双赢。一旦企业与客户形成了一种合作伙伴关系,这个客户就将成为企业最忠实的客户。

要与客户建立一种合作伙伴关系,企业必须向客户提出一个客户所喜爱的,且富有吸引力的客户价值主张。这个主张可能是企业的定位、品质和功能,也可能是企业在客户营销策略组合中所处的位置。但不论是什么,这一主张一定要为客户所接受和喜爱。

企业的主张要为客户所接受和喜爱,与企业的责任感和客户对企业的信任感有很大的关系。一方面,富有责任感的企业,自己承诺过的事情就一定会去实现,更能为客户着想,因此更能为客户所接受和喜爱;另一方面,客户对企业的信任是建立在客户价值持续实现的基础上的,客户价值得以实现,必定会为客户所接受和喜爱。所以,建立一种合作伙伴关系,首先离不开责任感和信任感。影响企业与客户建立合作伙伴关系的其他因素还有:第一,轻松感和互动频率,即客户购买企业产品和服务的感觉和客户与企业之间彼此互动的频繁程度;第二,接近程度,即企业和客户之间的亲和力、熟悉程度和亲近的感觉;第三,相似程度,即企业和客户之间拥有相同或相似的价值观、态度和目标;第四,相互关系,即企业与客户因有共同的愿望而相互联系在一起的一种关系;第五,相互依赖感,即企业和客户为了达到彼此的目标而对另一方的依赖。

企业与客户建立合作伙伴关系的目标是实现合作双赢,企业为客户所做的一切都在向这个方向努力。当客户得到很好的服务,客户的采购目标得以很好地实现时,自然也会给企业以丰厚的回报:持续的采购;给企业组织改进提供良好的建议;发挥自己在行业里的影响力,传播企业的口碑;向有关企业和行业人士推荐企业等。企业只有在自身利益与客户利益之间找到平衡点,提高产品的品质和功能,充分为客户着想,满足客户的需求,才能最终实现与客户的精诚合作,实现与客户的共荣和双赢。

思考题

1. 简述重点客户的具体跟进策略。
2. 简述客户维护中观众的分类。
3. 客户跟进方式与渠道有哪些?
4. 简述客户跟进的 8P 策略组合。
5. 如何开发新客户和留住老客户?

第12章
参展效果评估

【学习要求】

　　掌握参展目标的类型,掌握量化评价指标,理解参展成本费用构成,理解成本收益分析模型,掌握参展效果优化,理解参展总结的作用,掌握参展总结的内容。

12.1　参展目标评价

　　进行参展目标评价,必须在参展前设定好参展目标、评价依据。在此过程中,科学地做好数据搜集。

12.1.1　明确参展目标

　　企业是否有明确的参展目标并能否严格执行,是参展能否取得成功的重要前提之一,也是参展目标评价的基础。只有那些设定了明确的参展目标,并使用定量方法评估参展效果的企业,才更可能取得理想的参展效果。据统计,70%左右的参展企业既没有明确的参展目标,也没有明确的参展策略。有的企业虽然制定了参展目标和参展策略,但却没有在展会期间严格执行。

　　参展绩效与参展目标息息相关。首先要明确参展目标,才能做出正确的绩效评估并取得企业所需的参展绩效。研究表明,可量化参展目标的制订与参展效益之间存在相关性,即缺少明确的、可考核的参展目标将导致展前规划的混乱和无力。成功参展需要设定多维目标,没有制订明确且可量化的参展目标是导致参展效果不佳的因素之一。

1) 商务目标

　　参展企业利用展会平台,展示企业形象,发展人际关系,接触新客户,拓宽客户资源,联系老客户,增进客户关系。商务目标侧重参展企业的形象展示,立足长远而非直接的经济往来。商务目标的核心是专业观众,只有吸引更多的专业观众才有可能进一步拓展未来的业务渠道和业务量。为了实现这个目标,企业需要选择具有龙头地位的展会参展,并搭建特装展台展示企业形象、企业文化和社会责任。

2) 信息目标

展会是市场调研的好时机,因为展会聚集了业界同行、专业观众和专业媒体,还有各类研讨会和发布会可以网罗到最新的行业信息。参展企业可以借展会来了解最新的客户需求、产品趋势、竞品价格等,把握整个行业的发展动态,挖掘新兴市场和空白的细分市场。为了实现这个目标,企业需要在展会期间加强行业信息、市场动态和商业情报的搜集。

3) 宣传目标

宣传目标是指参展企业在展会上进行新产品或品牌的推广,提升新产品或品牌的知名度和美誉度,激起观众对新产品的兴趣和购买欲,培养客户的品牌忠诚度。展会为众多企业提供了专业性强、集中度高的推广平台,在这样的环境下进行宣传推广,其重点与受众都比普通的推广方式更有效。同时,专业性的媒体对展会的关注度是最高的,传播效果也是最高效的。为了实现这个目标,企业需要在展会期间举办新品发布会、新老客户见面会等。

4) 销售目标

销售目标关注的是展中和展后较短一段时期内的销量变化,其目标就是通过展会促销,赢取订单,提升销量。展会上形成的销量能较为直观地显示展会的短期直接经济效果,潜在客户的后期订单量能在一定程度上显现出参展的后续经济效益。为了实现这个目标,企业需要选择贸易功能突出的展会参展,并在参展期间加强贸易洽谈工作。

为做好参展目标评价,需要扎实做好筹展、展期、展后3个阶段的各项对应工作(表12-1)。

表12-1 目标评价各阶段工作分解

筹展阶段	展期阶段	展后阶段
• 明确参展目标 • 制订绩效考核指标和目标值 • 了解各指标的含义与统计方法 • 对数据收集统计工作进行安排	• 按照指标释义进行现场数据搜集与统计	• 在规定时限完成数据统计工作 • 根据实际数据考核参展绩效 • 比较绩效指标与实际数值

参展目标可以进行进一步的细化分类,具体可以包括如下细化目标(表12-2)。

表12-2 参展细化目标

• 销售产品,提供服务 • 获取高质量客户线索进行展后跟进 • 为市场介绍新产品和服务 • 进行新品、服务演示 • 进行已有产品、服务的新功能演示 • 为客户提供与专家见面的机会 • 为公司高层领导提供与客户见面的平台 • 与买家面对面洽谈	• 提供网络服务机会 • 介绍新的促销活动 • 介绍新服务 • 培训客户 • 介绍新技术 • 使公司在市场上重新定位 • 为业界介绍新员工 • 学习行业新趋势

● 打开新市场	● 和同事进行网络工作
● 销售人员以不同于平时商务的个性化方式与客户见面	● 和行业专业人士进行网络工作
● 寻找决策者	● 展示新品和推广服务
● 了解客户购买决策程序	● 推进市场计划
● 向决策影响者提供支持	● 散发产品、服务信息
● 搜集已有产品市场反馈	● 召开销售会议
● 进行市场调研	● 对比竞争对手
● 寻找经销商、分销商、代理	● 获取竞争对手创意
● 培训经销商、分销商、代理	● 解决客户难题
● 寻找个体	● 搜集新品市场反馈
● 教育个体	● 和国际买家建立业务关系
● 为经销商、分销商、代理发现客户线索	● 向媒体介绍公司高管
● 加强公司形象	● 向经销商、分销商、代理提供支持
● 创立公司新形象	● 测试国际购买业务
● 创建客户数据库	● 创造高的投资回报率机会
● 支持所在产业	● 对客户态度施加影响
● 重点推荐新品、服务,并积极主动与媒体沟通	● 寻找新的业务机会
● 加强品牌意识	● 寻找合资机会
● 进行新品牌发布活动	● 派发产品样品
	● 处理客户投诉

除了参展目标评估之外,参展企业还应该进行如下的参展工作评估。

参展效率评估,一种是计算参展人员实际接待参观客户的数量在参观客户总数中的比例,另一种是计算参展总开支与实际接待的参观客户数量之比。

人员状态评估,包括参展人员的工作态度、工作效果、团队精神等,一种方法是通过询问参加展会的观众来了解和统计,另一种方法是计算参展人员每小时接待观众的平均数。

展台设计评估,分为定量评估和定性评估。定量评估内容有展台设计的成本效率、展出和设施的功能效率等。定性评估内容有公司形象如何、展会资料是否有助于展出、展台是否突出和易于识别等。

展品工作评估,包括展品选择是否合适、市场效果如何、展品运输是否顺利、增加或减少某种展品的原因等。通过评估可以了解哪种产品最受关注,以便在之后的展出工作中予以更多的重视。

宣传工作评估,包括宣传和公关工作的效率、宣传效果、是否比竞争对手吸引了更多的观众、资料散发数量等。对新闻媒体的报道也要评估,包括刊载、播放次数,版面大小,时间长短等。

管理工作评估,包括参展筹备工作的质量和效率、参展管理的质量和效率、工作有无疏漏等。

12.1.2 量化评价指标

1）三大类评价指标

参展目标评价有三大类评价指标：观众质量指标、观众活动指标、展会有效性指标。观众质量指标包括潜在客户数、净购买影响、总购买计划和观众兴趣因素值。观众活动指标包括在每个展台花费的平均时间、观众密度。展会有效性指标包括客户转化率、每个观众的沟通成本、记忆度和潜在客户产生的销售等。

2）具体关键指标

净购买影响，即最终声称购买、确定购买或推荐购买一种或多种展出产品的观众比例。

总购买计划或购买意向，即在参展接下来的 12 个月内计划购买一种或多种展出产品的观众比例。

观众兴趣因素值，是指感兴趣展台的观众在总的观众中所占的比例。随着展会规模和展品范围的扩大，观众兴趣因素值会变小。这是因为观众数量不会按比例增长。

在每个展台前花费的平均时间，表示为总的参观时间除以平均参观的展台数。统计数据表明，在过去的 10 年，它一直是个常数，为 20 分钟。

观众密度，观测大约每 10 m^2 展出面积容纳的平均观众人数，一般在 3~4 人变动。当观众密度达到 8 时，展馆就非常拥挤。

每个观众的沟通成本，等于总的参展费用除以达到展台的观众人数。

记忆度，指参观过产品并在 8~10 周后仍记得公司产品的观众比例。

潜在客户产生的销售，是指确定展会中的潜在客户产生的销售。

随着科技的发展，特别是智慧会展的落地，相关评价指标、具体关键指标的数据越来越容易搜集。

12.2　成本收益分析

12.2.1　参展成本费用构成

参展成本费用包括基础费用、沟通交流费用、客户服务费用、交通运输费用、货物流通费用、办公费用、展会同期活动费用、设施租赁费用、不可预见费用等。其中，基础费用包括展位租金、展会赞助费、冠名费、广告费、水电供应费、电话和传真设备费、招待工作人员费、员工服装费、餐饮费、保安费、保险费、采购费、保留费等。沟通交流费用包括展台设计搭建费、展示费、摄影费、翻译费、印刷资料费、物品租赁费等。设施租赁费用包括会议室、接待室租赁费等。

12.2.2　成本收益分析模型

1) 投资回报率评估模型

投资回报率即投入产出比,简单来说就是企业所投入资金的回报程度。对于参展企业而言,ROI(Return on Investment)的大小主要取决于所获客户线索的数量和质量。Jack Phillips 提出了两种典型的"ROI 计算法"。一种是用参展投资额比参展成交额,另一种是用参展投资额比建立新客户关系数。Jack Phillips 提出的"ROI 计算法"的重要特点在于,它不是建立了一个或两个目标,而是构建了一个有层次的目标体系,从上到下分别有影响力目标、观众目标、学习目标、环境目标等。正是多层次的目标体系保证了可以从多角度、全过程来评价参展效果。

2) 成本利润率评估模型

成本利润率是反映企业投入产出水平的指标,可以综合衡量参展企业投入成本和参展的全部得失的经济效果,并为不断降低参展成本和提高利润率提供参考。其计算方法是:签订买卖合同后,用成交总额减去参展总开支和产品总成本,得出利润,再用参展成本比利润,即成本/利润。参加纯粹的订货会,可以将成本、利润作为评估内容。

3) 成交评估模型

用展出成本与展出成交相比较的方法可计算成交的成本效益。成交评估的内容包括:是否达到销售目标、成交金额、成交数量、实际成交额、意向成交额、与新客户成交额、与老客户成交额、新产品成交额、老产品成交额、展会期间成交额、预计后续成交额等。需要指出的是,参展成交可以作为评估的参考指标,但是这只是一种参考评估方法,因为它存在不准确、不可靠的因素,如很多成交不是在展会期间而是在展会之后实现的,另外有些成交不参展也能实现等。因此,要慎重评估并慎重使用评估结论。

4) 接待客户评估模型

接待客户评估有 3 种方法:第一种方法是统计参观展台的观众数量,可以细分为接待观众数、现有客户数和潜在客户数,其中潜在客户数是重点。第二种方法是统计参观展台的观众质量,可以按照评估内容和标准分类统计观众的订货决定权、建议权、影响力、行业、区域等。然后,根据统计情况将观众分为极具价值、很有价值、一般价值和无价值等。第三种方法是接待客户的成本-效益,计算方法是用参展总支出额除以所接待的客户数或者所建立的新客户关系数。

5) 销售额评估模型

销售额评估采用参加展会支出除以展会现场销售额来反映展出效果,即参展总支出额/总销售额。主要适用于消费性质的展会。

6)公众吸引度评估模型

公众吸引度评估,即总支出额/宣传资料发放总量,重点考察吸引了多少公众、对公众的宣传做到了什么程度、对公众发放了多少宣传资料等,适用于消费性质的展会评估。

12.3 参展效果优化

12.3.1 参展目标定位

参展目标定位是企业最基本的商业战略。业务目标必须覆盖企业所有的业务领域,包括市场营销、技术创新、人力资源、财务资源、实体资源、生产能力、社会责任和利润需求等。要把公司使命落实到具体行动的思考层面来选择适合的参展目标;要有精确的目标定位,将所选的目标缩减到一个或两个,以便集中精力和资源实现这些目标。

12.3.2 量化所定位的目标

企业要通过基本指标、长期指标量化所定位的目标。基本指标包括总收入、净利润、市场份额、投资回报率和目标回报率等。长期指标包括关注企业品牌的长期发展、培养客户的消费理念和行为,以及增加客户的忠诚度等。量化所定位的基本指标、长期指标,需要建立在短期内便可测量的指标基础之上。设计的机制简单,操作便利,可以在短期内搜集相关数据。

12.3.3 设定合适的评估指标

参展评估可以设定不同的评估指标,只要适合自己企业的特点即可(表 12-3、表 12-4)。

表 12-3　常见的参展目标评估指标(一)

参展目标	评估指标
销售成交	获取新客户线索 现场取得订单合同 对老客户进行销售
客户关系管理	建立潜在客户名单 加强和现有客户的联系 进行客户培训 客户满意度调查 再次赢得流失的客户

续表

参展目标	评估指标
市场宣传	新品/服务市场宣传 建立品牌意识 品牌(重新)定位 证明收益 宣传财务/投资者预期 开发新市场 发表文章 建立与记者、编辑的良好关系 了解竞争信息,行业趋势 检验市场反应 调研品牌预期
合作伙伴计划	寻找新的经销商、合作伙伴 支持已有老客户 建立合作伙伴口碑

表 12-4　常见的参展目标评估指标(二)

评估标准	指标数额
新客户的数量	展会现场开发的新客户数量 每位新客户开发的平均成本
展览现场的销量	现场签单的数量 客户签单率
咨询和洽谈的次数	每次洽谈的成本 产生后续咨询的洽谈数量
品牌知名度的提高	观众接触到的总的品牌信息 观众感知的变化

12.3.4　推算实际的目标值

我们假定一家企业参加的展会参观总人数为 5 000 人,潜在客户数量为 500 人,与每位观众交谈时间的平均值为 10 分钟,展会活跃期为 20 小时,那么,展台工作人员每小时会见 6 个客户,再乘以展会现场的活跃时间 20 小时,意味着有可能会开发 120 个新客户。

但需要注意的是,展台工作人员往往会在非目标观众身上浪费很多时间。假定该比例为 90%,那么实际开发新客户的目标就变成了 12(120×10%)人。听起来数量并不多,但这可能会给企业带来极大的效益。

此外,要思考提高展台员工效率的方法,如放置更吸引人的招牌、开展营销活动、投放赞助广告等。增加这些额外因素,会将90%的停工期降为60%或者70%,那么实际的目标就变成18~24人了。

12.3.5 建立评价标杆

对每个参展的展会项目都应建立一套参展效果评估的基准测试法则。利用基准测试,不仅可以指导未来的企业参展计划,还可以对企业参展的效果进行持续的优化。评价基准大多来自先前的参展经验。参展企业应该专注于核心的绩效指标,采用高效测试的工具和流程(表12-5)。

表 12-5　参展效果评估的基准测试工具

评估指标	测试工具	评价标杆	应用范围
新客户的数量	手动观众检索系统 电子观众检索系统	12个潜在客户	参展选择的一种工具 帮助进行展会的预算
开发新客户的平均成本	展会预算 买家调查(已接待客户的数量)	10 000/200 = 500	通过减少展会预算或增加接待数量减少客户的平均开发成本
企业品牌信息的认知水平	展台出口调查(你是怎样评价我们公司的产品或服务的?)	曾提到过关键信息的受访者的比例	回顾企业的品牌信息 改善沟通的效果

12.4　参展总结报告

12.4.1　参展总结的作用

进行及时的参展总结,对于总结经验教训、改进业务流程和继续做好下一届参展具有重要的作用。参展企业必须充分重视和做好该项工作。

1)总结经验,发扬光大以求持续成长

企业实现成功参展,需要经过大量的工作,如参展决策立项工作、筹备工作、展期工作到展后跟进工作等。在上述各种工作中,一定会涌现出一些富有创意的参展做法,对于这些好的做法,参展企业要好好总结。如果这些好的做法富有普遍性,可以将它们吸收进参展筹备的正式业务流程,在以后的工作中继续发扬;如果它们是针对某一问题的良好的解决办法,可以将它们作为备案保存,以备今后需要时使用。通过经验总结,可以将各业务人员的智慧整合为公司的智慧,将各工作人员的经验汇集为公司的经验,这样,今后的参展筹备工作将

越来越顺利。

2) 发现问题不断改进以求查漏补缺

参展工作是一项系统性很强的工作,环节繁杂,涉及人员众多,牵涉面广,在筹备工作中难免会出现这样或那样的问题。对于这些问题,参展企业要通过及时总结,对发现的问题进行分析和解决,以便在后续的工作中能提前预防,减少类似问题的发生。通过总结,可发现现有工作流程中某些不合理的做法,以便在后续工作中加以改进。

3) 为继续做好下一届参展做准备

进行参展总结,固然是为了发现好的做法,避免问题继续存在,但进行参展总结的一个根本目的是为下一届参展做好准备、铺平道路。参展总结,可以使本届参展的一些好的做法在下一届继续发扬,让本届参展出现的一些问题不至于在下一届再次出现。参展总结,对于吸取本届参展的经验教训,改进下一届参展的策划、筹备、服务,以及现场管理等具有重要作用。

12.4.2　参展总结的内容

进行参展总结的一般形式是:组织所有参加展会举办、筹备和管理的人员召开一个总结大会,让大家就一些议题畅所欲言。在发言中,既可就自己所负责的工作进行总结,也可以对其相关工作进行评估。对于各种发言,大会派专人做好记录,会后整理成文。同时,要求每个工作人员会后就自己的发言写一份书面总结材料,参展企业再将会议记录和该书面材料相结合,整理成一份完整的总结报告(表 12-6)。

表 12-6　参展总结报告基本格式

标题:
开头:概括说明举办展会的背景、依据、指导思想、基本条件等。
主体:
一是本届展会的特点,组织工作的具体做法、效果和成绩。
二是企业参展特点、优势、体会。
三是存在的问题和教训。
四是结尾,指明努力方向,提出改进意见,或者表明信心等。

参展总结报告不仅要总结出好的经验和不足之处,还要注意针对不足之处提出改进的意见和建议。对不足之处,要做到能发现问题、分析问题并提出解决问题的建议和方法,不能只是将问题罗列出来,全部交给领导去解决。

不管是会议发言还是提交的书面总结材料,总结的内容一定要实事求是,切忌只表功不记过。要注意不要让参展总结会议开成了表彰大会,也不要将参展总结会议开成了批评大会。如果需要表彰,参展企业可以另开一个表彰大会,但一定不要将表彰大会和参展总结会议混为一谈;如果需要批评,参展企业或展会项目的负责人可以单独找有关人员进行交谈,交换彼此的意见,探讨改进的办法。

12.4.3　后续工作

在参展总结会议结束时,参展企业一般还会布置参展结束以后需要完成的一些后续工作。展会的后续工作既是本届展会的收尾工作,也是下一届展会的开始,主要有以下 6 个方面。

1) 向客户寄送展会总结并致谢

展会结束以后,要及时给所有来到展台的客户邮寄他们感兴趣的产品资料,并对他们参加本展会表示真诚的感谢。另外,产品资料也需要邮寄给那些暂时还没有来参加本展会的目标客户,争取更多的贸易机会。感谢函可以只邮寄给来到展台的客户,但对于那些曾经帮助过企业参展的机构和个人,如各协办单位、支持单位、消防保安部门等也要致谢。对于一些重要的客户和机构,参展企业还可以派专人亲自登门致谢,并进一步商谈贸易。邮寄产品资料和感谢函可以采用信函、电子邮件和电话传真等。

2) 更新展会客户数据

一届展会完毕,参展企业的客户数据库可能会发生很大的变化,如新客户的加入、老客户的流失、客户的信息发生变更等。参展企业要根据本届展会客户的实际情况,及时准确地更新客户数据库,并根据客户信息的变化,及时调整工作的方向和方式。参展成功的往往是那些客户工作做得出色的企业。

3) 进行参展总结性宣传

参展结束以后,可以就参展的整体情况进行一次总结性宣传,参展企业可以将参展的情况准备一份总结性的新闻稿,提供给专业媒体,让参展工作"有始有终"。很多参展企业都不注意展后的总结性宣传,其实,参展总结性宣传不仅是将本届参展的举办成果对社会和客户做一个"交代",更是为下一步贸易商谈制造舆论准备。进行参展总结性宣传,往往会获得比较好的效果。

4) 发展和巩固客户关系

展会期间,尽管参展企业有机会和客户面对面地进行交流,但由于参展企业和客户各自的时间都很紧,业务也很多,双方很多时候在参展期间都不能进行很好的交流和沟通。参展结束以后,参展企业要继续保持与客户的联系,加强与客户的交流和沟通,发展和巩固客户关系。对于一些重要的客户,参展企业应该派专人登门拜访。

5) 处理参展遗留问题

企业在展会期间,由于时间有限,业务又较多,可能会遗留一些问题,如有些客户的款项可能还没有完全付清、有些客户的投诉还没有处理完毕、有些客户还需要到工厂进行商务考察等。参展结束以后,企业要组织力量,及时处理展后遗留问题,尽量第一时间处理完成,绝不能让这些问题影响接下来的贸易洽谈。

6) 准备下一届展会

本届展会结束以后,参展企业要开始着手准备下一届展会的各项筹备工作。例如,准备下一届展会的策划方案,制订下一届展会的招商办法,策划好下一届展会的宣传推广方案,编印下一届展会的观众邀请函、展位申请等。下一届展会和上届相比,各项工作在参展总结的基础上有了更多的创新和改进。

每次参展都是企业及其参展工作人员成长的历程。只有静心总结,不断创新,企业参展才会成为企业持续发展的动力。

思考题

1.参展目标的类型有哪几种?

2.如何量化评价指标?

3.如何理解成本收益分析模型?

4.如何优化参展效果?

5.参展总结包括哪几个部分?

参考文献

［1］巴利·西斯金德.参展实务［M］.刘林艳,宋宏杰,译.重庆:重庆大学出版社,2018.

［2］丁烨.企业参展管理［M］.2版.天津:南开大学出版社,2015.

［3］韦樟清.外贸参展实务［M］.北京:经济管理出版社,2017.

［4］卢小金.参展商实务［M］.3版.大连:东北财经大学出版社,2017.

［5］钟景松.外贸参展全攻略——如何有效参加 B2B 贸易商展［M］.3版.北京:中国海关出版社,2015.

［6］蓝星,罗尔夫·米勒-马丁.出国参展指南:国际参展成功之道［M］.北京:中国旅游出版社,2016.

［7］陈海涛.中小企业国际商务参展 200 问［M］.武汉:武汉大学出版社,2014.

［8］赵永秀.中小企业海外参展指南［M］.北京:人民邮电出版社,2015.

［9］莫志明.参展管理实务［M］.北京:机械工业出版社,2011.

［10］王春雷.参展管理:从战略到评估［M］.武汉:华中科技大学出版社,2016.

［11］韩晶玉.国际市场营销［M］.北京:对外经贸大学出版社,2015.

［12］萝薇.商务礼仪［M］.长春:吉林教育出版社,2019.

［13］特伦斯·A.辛普,张红霞.整合营销传播:广告与促销［M］.8版.北京:北京大学出版社,2013.

［14］付伟.团队建设能力培训全案［M］.3版.北京:人民邮电出版社,2014.

［15］乔纳森·莱蒙德.高效管理［M］.何正云,译.北京:北京联合出版公司,2018.

［16］刘刚.危机管理［M］.北京:中国人民大学出版社,2013.

［17］苏朝晖.客户关系管理:建立、维护与挽救［M］.2版.北京:人民邮电出版社,2020.

［18］刘艳华.沟通心理学［M］.天津:天津科学技术出版社,2017.

［19］安雪梅.知识产权管理［M］.北京:法律出版社,2015.

［20］王胜会.高绩效团队管理实务全案［M］.北京:化学工业出版社,2014.

［21］董鸿安.外贸企业商务接待实训手册［M］.北京:中国人民大学出版社,2013.

［22］杨海芳,李哲.国际货物运输与保险［M］.3版.北京:北京交通大学出版社,清华大学出版社,2018.

［23］肖芦,郭常明.展台创意设计精选 77 例［M］.上海:上海人民美术出版社,2015.